铃木大拙禅论集之 三

# 菩萨行处

[日]铃木大拙 著

徐进夫 译

Essays In Zen Buddhism (Vols 3)
by D. T. Suzuki
Third Series: Copyright © The Estate of D. T. Suzuki, 1934
Simplified Chinese translation Copyright © 2017 Hainan Publishing House Co. Ltd., China

版权合同登记号：图字：30-2011-173
图书在版编目（CIP）数据

铃木大拙禅论集之三／（日）铃木大拙著；徐进夫译.－－海口：海南出版社，2017.2（2023.1 重印）
书名原文：Essays In Zen Buddhism（Vols 3）
ISBN 978-7-5443-6701-1

Ⅰ.①铃… Ⅱ.①铃…②徐… Ⅲ.①禅宗－文集 Ⅳ.① B946.5-53

中国版本图书馆 CIP 数据核字 (2016) 第 195505 号

## 铃木大拙禅论集之三
LINGMUDAZHUO CHANLUNJI ZHI SAN

| 作　　者： | ［日］铃木大拙 |
| --- | --- |
| 译　　者： | 徐进夫 |
| 责任编辑： | 张　雪 |
| 执行编辑： | 张　雪 |
| 装帧设计： | 张海军 |
| 责任印制： | 杨　程 |
| 印刷装订： | 三河市祥达印刷包装有限公司 |
| 读者服务： | 唐雪飞 |
| 出版发行： | 海南出版社 |
| 总社地址： | 海口市金盘开发区建设三横路2号 |
| 邮　　编： | 570216 |
| 北京地址： | 北京市朝阳区黄厂路3号院7号楼101室 |
| 电　　话： | 0898-66812392　010-87336670 |
| 电子邮箱： | hnbook@263.net |
| 经　　销： | 全国新华书店经销 |
| 版　　次： | 2017年2月第1版 |
| 印　　次： | 2023年1月第4次印刷 |
| 开　　本： | 787mm×1092mm　1/16 |
| 印　　张： | 18.25 |
| 字　　数： | 260千 |
| 书　　号： | ISBN 978-7-5443-6701-1 |
| 定　　价： | 42.80元 |

【版权所有，请勿翻印、转载，违者必究】
如有缺页、破损、倒装等印装质量问题，请寄本社更换。

# 目录

编者序　001
前言　003

## 第一篇　从禅说到《华严经》

一、禅与华严教义　003

二、初期禅匠与《华严经》　005

三、禅与中国人的心性　006

四、达摩的"无心法"与道信的"舍身法"　007

五、慧能的无念禅　011

六、神会的无念禅　014

七、大珠慧海的禅　017

八、赵州从谂的禅　020

九、临济义玄的禅　022

十、唐宋时代其他禅匠的禅　025

十一、禅与经典研究　031

十二、三本《华严经》的异同及其要义　035

## 第二篇 《华严经》、菩萨的理想与佛陀

- 一、完全改观的华严景象　041
- 二、本经特有的观念　044
- 三、相入相即的教义　048
- 四、菩萨与声闻　052
- 五、相异的因缘　054
- 六、譬喻　055
- 七、《华严经》的大乘本质　056
- 八、经中所说的佛陀与禅匠所见的佛陀　058

## 第三篇 菩萨的住处

- 一、来处与去处　067
- 二、大乘经典的"无住"与禅匠　071
- 三、作为菩萨住处的毗卢遮那楼阁　076
- 四、善财童子的楼阁颂　078
- 五、楼阁的描述　084
- 六、阐示善财得入楼阁的譬喻　089
- 七、菩萨的来去　090

八、毗卢遮那楼阁与法界　092

九、四重法界　094

十、菩萨的智慧与神力　100

十一、菩萨的故乡及其亲属　102

十二、禅匠谈菩萨的住处　104

## 第四篇　《华严经》所说的发菩提心

一、发菩提心的意义　109

二、海云比丘与《十地经》所说的
发菩提心与开悟的要素　116

三、弥勒菩萨谈发菩提心　122

四、弥勒菩萨谈发菩提心（续）　128

五、接前说喻并加结语　132

六、发菩提心的要义　137

七、《十地经》所说的发菩提心　140

## 第五篇　《般若心经》对禅的意义

一、《般若心经》的梵典及其汉文与英文译本　145

二、本经的分析　169
三、作为禅悟经验的心理记述　174

## 第六篇　般若的哲学与宗教

引言　183
一、般若的哲学　185
二、般若的宗教　224
三、结述　248

## 第七篇　祖师西来密意——禅悟经验的内容

# 编者序

日本京都大谷大学佛教哲学教授铃木大拙博士，生于1870年，可说是现存佛教哲学的最大权威，不用说，也是现代哲学的泰斗（译按：此序写于距今三十余年之前，铃木博士已于1966年7月在日本逝世，享年96岁）。直到目前为止，他谈佛教的英文著述，重要的已有一打以上，而尚未为西人所知的日文著作，至少已有十八部之多。尤甚于此的是，正如他的英文禅学著作年表所明白显示的一样，他是日本以外的禅学开山导师，除了忽滑谷快天的《武士的宗教信仰》(*Religion of the Samurai*, Luzac and Co.; 1913) 之外，直到1927年《禅学论丛》第一系列出版，除了《东方佛徒》杂志的读者之外，一直没有人知道世上有名为"生活体验的禅"这种东西。

铃木博士以权威的资格写作。他不但研究了梵文、巴利文、中文，以及日文的原文典籍，而且对于德文、法文，以及说、写皆极流畅的英文西方思想著述，亦有最新的认识。尤甚于此的是，他不只是一位学者，同时也是一位佛教弟子。他虽不是任何一宗的法师，但在日本的每一座寺院中，悉皆受到尊崇，此盖由于他对精神问题所得的认识，不但直接而且深切吧，这是大凡曾在他的座下亲聆教旨的人都可作证的事实。他一旦谈到高深的意境，他的发言吐气便如其中人一般，而他使得进入他的心灵边缘的人所得的印象则是：他是一位寻求知识符号、描述"非知可及"的悟境的学者。

对于无缘在他座下闻教的人而言，那就只有以拜读他的著述作为补偿了。但所有这些，到了1940年，英国方面已经绝版了，而在日本的剩余存书，亦于1945年在一场焚毁京都四分之三的大火之中付之一炬了。因此之故，我于1946年携同内人代表伦敦佛社到达日本时，便着手与作者商量出版他的文集事宜，一方面重印旧有的好书，一方面尽快印行他于战争期间隐居京都家中所写的许多新作的译品。

但这个工作所需资金甚巨，实非伦敦佛社的力量所可企及，因此，我们寻求骑士出版公司（Rider and Co.）的协助，因为他们有哈钦森（the House of Hutchinson）的庞大财富为其后盾，有能力支付此项重大工作所需的一切。

谈到禅的本身，我不必在此多言，有关这方面的专书，例如阿伦·瓦兹（Alan Watts）的《禅的精神》（The Spirit of Zen），我本人的《禅的佛教》（Zen Buddhism），以及一系列中文禅籍的英文译本，乃至本社所印的一些著述，这些书籍的日渐畅销，足以证明西方人对于禅的兴趣正在迅速上升之中。但因禅是一门极易引起误解的学科，因此之故，先请一位公认的高明发言，乃是当务之急。

伦敦佛教协会会长韩福瑞

1950年

# 前言

在《禅学论丛》第三系列这部书中，笔者尝试追究的，是禅与《华严经》(*The Gandavyūha*)、《般若经》(*The Prajñāparamitá*)这两部大乘大经的关系，以及印度佛教在适应中国人心方面所发生的转变。中国人是一种注重实际的民族，与具有高度抽象能力以及无穷无尽想象力的印度人民，大异其趣。因此之故，大乘教学为了使其本身获得中国人的欣赏而作如此的改变，乃是理所当然、势所必然的事情。此处所谓的改变，是指将这两部大经改成禅的问答或对白。

至于禅对日本文化的贡献，已有专集[①]为之阐示。纵观日本的文化史，如果除了佛教，尤其是撇开镰仓时期以后的禅宗，便没有什么重大的意义可叙！佛教已经深入日本人民的血液之中了。笔者在此所做的，只是尝试而已。《绘画里面的禅悟生活》(*The Zen Life in Pictures*)一文，亦只是一种提示而已，待有机会，再作较为充分、较有系统的讨论。

这个系列中的部分材料，由于在本书正在印刷时始行到手，故有少数几件事实必须在此略加说明：(1) 第三及十九页附注中述及的敦煌手卷本《神会和尚语录》已有摹写本流

---

[①] 详见《禅及其对日本文化的影响》(*Zen buddhism and its Influence on Japanese Culture*, 1938) 一书。

通，校正本不久亦将印行。(2)对于这部敦煌手卷本，矢吹庆辉博士（Dr. Keili Yahuki）已有专书详加解说，收录于他的《鸣沙余韵》（*Echodw of the Desert*）之中，给我们提供了不少有用的资料。(3)所有述及《华严经》的页次，不是指泉芳璟氏（the Idzuni）所藏写本，就是指皇家亚洲学会（the R.A.S）所藏手卷。(4)本书所述《六祖坛经》敦煌本即将印行，公诸大众，届时将附以康正寺（the Koshji）本出版。康正寺本是日本复印的古本（约印于十五到十六世纪），它的中国原本大概印行于十或十一世纪的某个时候。《坛经》流行本的序文中所说的"古本"，可能就是这个本子。它的历史意义已是无可争论的了。

跟以前一样，作者在此不但要向为他校稿的妻子碧翠丝（Beatrice Lane Suzuki）表示谢意，同时也要向费心为他校对的艾富瑞夫人（Mrs.Ruth Fuller Everett）表示感激。

善友安宅弥吉（Yakichi Ataka）对于笔者的慷慨鼓励，亦不可忘，因为他对作者的一切要求，总是毫不迟疑地给予慨允，以使禅的教义能在文字解说的可能限度之内传扬天下。

第一篇

# 从禅说到《华严经》

# 禅

《华严经》起初与禅之间并没有特殊的关联。说到底，禅的修持在于契会万法之本的"无心"，而此"无心"正是"唯心"，此在《华严经》中亦然。在中国人的心中，《华严经》中所描绘的光明晃耀、充满不可思议之光的天宫，变成灰色大地的色彩。而禅的里面既无污秽或不净，亦无任何功利主义的色彩。这是中国人用自己的方式表现的一种领会。

## 一、禅与华严教义

考诸史籍，禅与《华严经》之间，起初并没有像它与《楞伽经》与《金刚经》那样具有特殊的关系。菩提达摩曾将《四卷楞伽》交给他的中国上首弟子慧可，因为此经里面含有与禅密切相关的教说，故慧可之后多为禅者研习。《金刚经》为禅者所习，始于弘忍与慧能的时代，约在达摩圆寂一百五十年后。而身为慧能大弟子之一的神会甚至宣称：中国禅宗之父（达摩）传给二祖慧可的经书，实际上就是《金刚经》①。虽然，此种供述并无史实依据，但我们不妨说，《金刚经》在当时（亦即公元七世纪之末）对习禅曾经有过很大的影响。《华严经》与禅的关系，直到华严宗四祖、曾在神会弟子无名座下习禅的澄观（738—839）时代，始行展开。澄观是一位伟大的哲学家，曾经努力将禅的教理融入他自己的华严哲学体系之中。继其祖位的，是亦曾习禅的圭峰宗密（780—842），他依据华严宗的哲理，为《圆

---

① 据最近发现的敦煌写本，其中含有《神会和尚语录》。这部手卷不久将由本书作者编辑、印行，公之于世。

觉经》造了一部大疏。此外，他还造了一部《禅源诸诠集》，解释各派禅者对禅所做的种种不同体认，可惜如今只传下了一篇"都序"。他的目的在于指出禅的要义，并与当时流行的误解做了一番抉择性的区别，不仅关于禅的本身而已，禅与佛教哲理之间的关系，也做了一番申述。禅就这样透过圭峰宗密而与《楞伽经》和《金刚经》以外的经典，特别是与《华严经》发生了关系。

就在华严宗学者以本身的办法运用禅宗的直观法门时，禅宗的大师们则对《华严经》所说的相即相入的哲理发生了兴趣，并尝试将这种哲理融入他们自己的说法之中。譬如，石头希迁（699—790），在他所著的《参同契》中描述"明暗交参"的道理；洞山良价（806—859）则在其所著的《宝镜三昧》中申述"偏正回互"的关系，与《参同契》所说略同，因为，石头和洞山这两位大师，皆属青原行思（寂于 740 年）下面的曹洞宗一系。毫无疑问的是，此种相即与回互的道理，并皆出于华严哲学，而华严宗第三祖法藏大师（寂于 712 年）作了有力的组合。由于石头与洞山皆系禅师，故其表现方式也就不同于玄学家了。临济义玄的"四料拣"，也许亦系源自法藏的哲学体系。

华严哲学对于禅者的影响，随着时代的进展而愈来愈显著，至公元十世纪顷，华严宗五祖圭峰宗密圆寂后，达到顶点。法眼宗的开山祖师清凉文益禅师（885—958），将华严哲学引入他的禅观之中；他本人虽不属于华严宗，但他曾经受到杜顺（寂于 640 年）、法藏等华严哲人的重大影响，则殆无疑问；因为现有迹象证明，他曾要他的弟子研读他们的著述，以为习禅之一助。此外，他还为石头的《参同契》做过注解，而《参同契》这篇作品亦系依照华严的形而上学写成，这点我已在前面提过了。

此种运动——使禅结合华严哲学或法华教理而进行的融通运动——于永明延寿（904—975）写出他的百卷《宗镜录》，达到高潮。永明延寿在这部巨著之中所做的，是尝试将佛教思想的一切差异之点，融合汇集于"唯心"（Mind-only）的教义之中——以"心"体会自知自觉的究竟实相，但此心并非吾人经验意识的基址。但我们不可将此种"唯心"与瑜伽派的"唯识"（the Vijñaptimātra）混为一谈，因为永明所遵循的思想潮流，系由《楞伽经》

《华严经》以及《起信论》等等经论而来①。

## 二、初期禅匠与《华严经》

　　准确地说，禅有其本身的领域，以最便于其本身的方式发挥其功能；它一旦越出了这个领域，便丧失了它本有的色彩，乃至不再成为禅了。如果它企图以哲学的系统解释它的本身，它也就不再是纯朴的禅了；已被掺杂某种不完全属于它自己的东西了——无论那种解释多么合理，一经解说，便被搞砸了。因此之故，禅师们一向虎视眈眈，不容许它与任何宗派的玄学混为一谈——不论那是佛教的、道教的，还是儒家的形而上学。纵然达摩曾将《四卷楞伽》传给二祖慧可，后者及其门人亦不肯为它去做任何性质的注疏或解说。虽然，六祖慧能似乎曾经依照他自己的见地说过《金刚经》。但他的后代子孙完全略而不谈，只管朝另一个方向开展他们的讲述和问答。不用说，他们经常引用各种经论，自由自在，毫无拘束，但他们总是小心谨慎，尽量避免陷入文字的葛藤窝中，以免使禅染上某种不伦不类的哲学色彩和观念。

　　虽然，禅匠们甚至早在华严宗初祖杜顺和尚之前就引用《华严经》了，因为，据《楞伽师资记》所说，二祖慧可曾经广引该经的经文，借以证成他的"一遍法界"的观点，而与杜顺同代的四祖道信，亦曾从该经引过一节经文，说明"于一尘中具无量世界"的道理。但是，因为他们本身都是禅师，都不想将禅的直观法门加以哲理的系统说明；他们只是引用一两句与他们的禅观互相调和的权威经文而已。因此之故，他们所引的东西并不限于《华严经》；他们只要发现可用的东西就拈来使用，不拘一格。譬如，《法华经》《维摩经》《金刚经》《楞伽经》《般若经》《法句经》等等，莫不有引例者。不过，就以《华严经》而言，引句所指，并不限于某一特定的局部，

---

① 不妨顺便在此一提的是，禅者注释《华严经》，早于公元七世纪之初即有所著，据中文的"三藏目录"所载，圆寂于706年的神秀禅师，曾经著有《华严经》注疏三十卷。

同时亦涉及遍布全经的整体思想。由此看来,禅师们自始就将此经视为支持禅悟经验的一部经典,其重要性可与《楞伽经》和《金刚经》不相上下。但因他们的着眼点在于高举该经的精神而非重视它的文字,故而也就没有极端到依照它的教学构合一套禅的哲学了。他们总是小心谨慎地避免脱离事实而与观念为伍。因为,他们引用《华严经》:

"譬如贫穷人,昼夜数他宝,自无一钱分:多闻亦如是。"又,读者暂看,急须并却:若不舍还,同文字学,则何异煎流水以求冰,煮沸汤而觅雪?是故诸佛说,或说于不说;诸法实相中,无说无不说。解斯则举一千从。《法华经》云:"非实非虚,非如非异。[①]"

## 三、禅与中国人的心性

大凡经典,尤其是大乘经典,都是精神体验的直接表现;其中所含内容,皆是掘入"无心"深处所得的直观见地,而非经由知识媒介所做的传述。假如它们看来似是推理和逻辑举证的话,那也只是偶然的巧合而已。所有一切的经典,悉皆述说佛徒心中的至深直观所见;因为它们皆是初期印度大乘行者亲自体验的结果。因此之故,当此等经典宣称万法皆空、无生、超于因果之时,这种宣示并不是由玄学的推理而得的结果。这就是何以有那么多的佛教学者依照逻辑法则努力理解或解释此种直观见地而无所成的原因;他们可以说是佛教经验的门外汉,故而往往就只有言不及义,语不中的了。

此等经典的直观经验,与禅师们的禅悟经验,并无二致,因为它们皆是佛教的体验。假如其间有何表现上的差异的话,那也只是因为印度人与中国人的精神心理有别而已。就禅乃是一种移植中国的印度佛教而言,它的经验与佛教的经验从根本上就没有两样。只是,当此种经验开始地区化,借以适应它所开拓的新环境时,民族性之间的心理差异,便显露出来了。

---

[①] 详见《楞伽师资记》所载二祖慧可所做的一次讲述。

此种差异的历程，可从禅匠们远离来自印度的第一位导师的直接影响之后所留的言教之中找到明白的朕迹。禅一旦摸到了中国人的心性，它的表现也就逐渐变成为典型的中国人的表现了，乃至使人怀疑到它与原来的精神在本质上是否一致了。当此种差异愈演愈烈，乃至极端到看来好似自相矛盾之时，禅师们便出而弥补此种损伤，使之与它的本源互相沟通。这便是第八、九世纪，例如宗密或法眼下面所推行的那种运动本身所明白显示的真实意义。

且让我举例说明菩提达摩——一位来自印度、大约寂于528年的高僧——将禅引入中国之后五百年间所产生的禅观表上的渐变情形。下面所录各节，引自各宗禅匠在这五百年间所留的言说，可使我们明白看出从经典的讲述方式到中国禅宗的探发办法之间所显示的递变情况。

## 四、达摩的"无心法"与道信的"舍身法"

且让我们从身为中国禅宗之父的达摩开始，他在谈到"无心"的时候说道：[1]

夫至理无言，要假言而显理；大道无相，为接粗而见形。今且假立二人，共谈无心之论矣。

弟子问和尚曰："有心无心？"

答曰："无心。"

---

[1] 下文截自矢吹庆辉博士的《鸣沙余韵》（第七十七页），此书里面收有部分敦煌佛经写本的珂罗版影本，原迹现存大英博物馆。这篇被推定出于达摩之手文字，为现存任何禅宗史籍所未提及，故而它的真伪亦无法判定。此本的手迹称不上最好。

"无心"一词是无法翻译的难解中文用语之一。"无"字是个否定的字眼，而"心"字则含义多歧，含有"心灵"（mind）、"心脏"（heart）、"灵魂"（soul）、"一种调节原则"（a regulating principle）、"一种心理的态度"（a mental attitude）、"意识"（consciousness）、"意愿"（voluntariness）等意。就以此处的意思而言，所谓"无心"，系指一般经验中所说的一"无念"（unconsciousness），同时亦指支持包括知觉与下觉的一切身心作用在内的"无心"（the unconsciousness）。在这篇译文中，此词将依上下文所含的意义加以意译。

问曰:"既云'无心',谁能见、闻、觉、知①?谁知'无心'?"

答曰:"还是'无心',既能见、闻、觉、知,还是'无心'能知'无心'。"

问曰:"既若无心,即合无有见、闻、觉、知。云何得有见、闻、觉、知?"

答曰:"我虽无心,能见,能闻,能觉,能知。"

问曰:"既能见、闻、觉、知,即是有心,那得称无心"

答曰:"只是见、闻、觉、知,即是无心。何处更离见、闻、觉、知,别有无心?我今恐汝不解,一一为汝解说,令汝得悟真理。假如见终日见,由为无见,见亦无心;闻终日闻,由为无闻,闻亦无心;觉终日觉,由为无觉,觉亦无心;知终日知,由为无知,知亦无心;终日造作,作亦无作,作亦无心。故云:见、闻、觉、知,总是无心。"

问曰:"若为能得知无心?"

答曰:"汝但仔细推求看,心作何相貌?其心复可得,是心不是心?为复在内、为复在外、为复在中间?如是三处推求,觅心了不可得;乃至放一切处推求觅亦不可得——当知即是无心。"

问曰:"和尚既云,一切处总是无心,即合无有罪福,何故众生轮回六趣、生死不断?"

答曰:"众生迷妄,于无心中而妄生心,造种种业,妄执为有,是故致使轮回六趣、生死不断。譬如有人于暗中见杌为鬼,见绳为蛇,便生恐怖——众生妄执,亦复如是:于无心中妄执有心,造种种业,而实无不轮回六趣。如是众生,若遇大善知识,教令坐禅,觉悟无心,一切业障,尽皆销灭,生死即断——譬如暗中,日光一照,而暗皆尽;若悟无心,一切罪灭亦复如是。"

问曰:"弟子愚昧,心犹未了。审一切处,六根所用者,应答言语,种种施为;烦恼、菩提、生死、涅槃,定无心否?"

---

① 所谓"见、闻、觉、知"(梵语 drista-sruta-mata-jñāta),广义地说,综括整个心灵作用,"知"即意识活动。要紧的是,不可将"无心"与心理和生物学中所说的"无意识"或"潜意识"(the unconsciousness)混为一谈。

答曰:"定是无心。只为众生妄执有心,即有一切烦恼、生死、菩提、涅槃;若觉无心,即无一切烦恼、生死、涅槃。是故,如来为有心者说有生死:菩提对烦恼得名;涅槃对生死得名,此皆对治之法——若无心可得,即烦恼、菩提为不可得,乃至生死、涅槃为不可得。"

问曰:"菩提、涅槃既不可得,过去诸佛皆得菩提,此谓可乎?"

答曰:"但以世谛文字之言得,于真谛实无可得。故《维摩经》云:'菩提者,不可以身得,不可以心得。'又《金刚经》云:'无有少法可得。'诸佛如来,但以不可得而得。当知:有心即一切有,无心一切无。"

问曰:"和尚既云,一切处尽皆无心,木石亦无心,岂不同于木石乎?"

答曰:"而我无心,不同木石。何以故?譬如天鼓,虽复无心,自然出种种妙法,教化众生。又如如意珠,虽复无心,自然作种种变现——而我无心,亦复如是:虽复无心,善能觉了诸法实相;具真般若,三身自在,应用无妨。故《宝积经》云:'以无心意而现行。'岂同木石乎?夫'无心'者,即'真心'也;'真心'者,即'无心'也。"

问曰:"今于(无)心中,作若为修行?"

答曰:"但于一切事上觉了,无心即是修行,更不别有修行。故知无心即一切,寂灭即无心也。"

弟子于是恍然大悟,始知心外无物,物外无心,举止动用,皆得自在,断诸疑网,更无挂碍。即起作礼,而铭无心,乃为颂曰:

心神向寂,无色无形;
睹之不见,听之无声;
似暗非暗,如明不明;
舍之不灭,取之无生。
大即廓周法界,小即毛竭不停;
烦恼混之不浊,涅槃澄之不清。
真如本无分别,能辨有情无情;
收之一切不立,散之普遍含灵。

妙神非知所测，正觅绝于修行；
灭则不见其坏，生则不见其成。
大道寂号无相，万像窈号无名；
如斯运用自在，总是无心之精。

和尚又告曰："诸般若中，以无心般若而为最上。故《维摩经》云：'以无心意无受行，而悉摧伏诸外道。'又《法鼓经》云：'若知无心，法即不可得，罪福亦不可得，生死涅 亦不可得，乃至一切尽不可得——不可得亦不可得。'"乃为颂曰：

昔日迷时为有心，尔时悟罢了无心，
虽复无心能照用，照用常寂即如如。

重曰：

无心无照亦无用，无照无用即无为。
此是如来真法界，不同菩萨为譬喻。
……

通常被视为中国禅宗第四代祖师的道信（寂于651年），说有下引的"舍身法"[①]：

凡舍身之法，先定空空心，使心境寂静。铸想玄寂，令心不移。心性寂定，即断攀缘。窈窈冥冥，凝净心虚，则夷泊恬矣，泯然气尽，住清净法身，不受后有。若起心失念，不免受生也。此是前定心境，法应如是。

此是作法。法本无法，无法之法，始名为法。法则能作，夫无作之法，真实法也。是以经云："空无作，无愿，无相，则真解脱。"以是义故，实

---

① 载于最近在敦煌发现，于1932年在北平印行的《楞伽师资记》中。

法无作。舍身法者，即假想身根，看心境明地，即用神明推策。

大师云："庄子说，'天地一指，万物一焉。'《法句经》云：'一亦不为一。为欲破诸数，浅智之所闻，谓一以为一。'"故庄子犹滞一也。

老子云："窈兮冥兮，其中有精。"外虽亡相，内尚存心。《华严经》云："不著不二法，以无一二故。"《维摩经》云："心不在内、不在外、不在中间，即是证。"故知老子滞于精识也。

在另一个地方，道信又以如下的方式说明空与寂的意义：

先当修身审观，以身为本。又此身是四大、五阴之所合，终归无常，不得自在；虽未坏灭，毕竟是空。《维摩经》云："是身如浮云，须臾变灭。"

又常观自身空净如影，可见不可得。智从影中生，毕竟无处所。不动而应物，变化无有穷。

空中生六根，六根亦空寂；所对六尘境，了知是虚幻。如眼见物时，眼中无有物；如镜照面像，了了极分明，空中现形影，镜中无一物。当知人面不来入镜中，镜亦不往入人面。如此委曲，知镜之与面，从本以来不出不入，不来不去，即是如来之义。如此细分判，眼中与镜中，本来当空寂。镜照眼照同，是故将为此。鼻舌诸根等，其义亦复然。

## 五、慧能的无念禅

显而易见地，达摩与道信系从不同角度述说相同的东西。达摩所说的"无心"，就是道信所讲的"空""寂""窈窈冥冥"，等等。前者运用心理学上的术语，而后者则取《般若经》的哲理。达摩所说的"无心"，也许可以视为仍与印度人的思想方式一致，而道信则或多或少带有道家思想的色彩。但到此为止，他俩之间还没有真正属于禅的东西出现。直到慧能及其弟子，禅在表现及诠释两个方面，始有显著的中国特色。

禅悟的意识，尤其是"顿悟"无念的意识，系在慧能的心中展现。假如达摩曾用"无心"一词代表无念的话，慧能则以"念"之一字取代"心"字。"念"通常含有"记念"(memory)、"忆念"(recollection)、"思念往事"(thinking of the past）等等意思，故被用作梵文"smrti"的同义语。因此，此字如果与"无"字连用而成"无念"一词，便成了梵文的"asmrli"，含有"无记"或"遗忘"的意思，而梵文经典中亦取此意。运用"无念"一词，取其"无意识"之意，但含有甚深的灵性意义，据我所知，系以慧能为始。"无念"一词在此，并不只是遗忘或失念而已，它并不只是一个心理学的术语而已。当慧能将"无念"视为禅悟生活的根本事实之时，它的意思便与三解脱空、无相、无愿（the Triple Emancipation-Śūnyatā animitta, and apranihita）相当——因为，对于禅者而言，了悟无念，即得解脱。而这个术语，本质上是中文的用语。

慧能创始的另一个观念是"顿悟"，亦即当下了悟实相的教义。依照他的意思，禅悟的特点在"顿"，因为这是般若本身的特性。他的对手神秀所主张的"渐悟"之说，不适用于习禅所产生的直观境界。般若的功用要以直观的方式发生，因此，如有所悟当下便悟，其间没有任何调整、思虑，或中断的历程。他说："我此法门，以定、慧为本。第一勿迷、言定、慧别。定、慧体一不二。即定是慧体，即慧是定用。即慧之时，定在慧；即定之时，慧在定。善知识，此义，即是定慧等。"慧能以此教导他的弟子以般若慧光透视经验意识的硬壳，沉入实相的深渊之中。禅修的目的并不只是沉入实相的深渊之中而已；除非禅那在一次顿悟中达到顶点，否则的话，其中便无禅悟可言。下面且看慧能对于"无念"这个问题究竟说些什么：

> 善知识，我此法门，从上以来，顿、渐皆立无念为宗，无相为体，无住为本。
>
> 何名无相？无相者，于相而离相。无念者，于念而不念。无住者，为人本性，念念不住；前念、今念、后念，念念相续，无有断绝；若一念断绝，法身即离色身。念念时中，于一切法上无住，一念若住，念念即住，是名系缚。于一切法上念念不住，即无缚也，是无住为本。
>
> 善知识，外离一切相，是名无相；但能离相，法体清净，是以无相为体。
>
> 善知识，于一切境上心不染，名为无念。于自念上离境，不于境

上生心。莫只百物不思，念尽除却。一念绝即死，别处受生，是为大错。学道者思之！若不识法意，自错犹可，更劝他人，自迷不见，又谤经法，是以立无念为宗。

云何立无念为宗？只缘口说见性迷人，于境上有念，念上便起邪见，一切尘劳妄念，从此而生。然此教门立无念为宗。世人离见，不起于念。若无有念，无念亦不立。

无者，无何事？念者，念何物？无者，离二相诸尘劳。真如是念之体，念是真如之用。真如自性起念，虽有见闻觉知，不染万境而常自在。《维摩经》云："外能善分别诸法相，内于第一义而不动。"[1]

依照慧能的说法，所谓"无念"，不仅是表示究竟实相的名字而已，同时亦代表实相呈现的意识。只要吾人的个体意识脱离支持它的实相，它的努力就会在知或不知的情况之下以自我为其中心，而其结果便是一种孤独和痛苦之感。倘非如此，念与无念之间就得具有某种关联；否则的话，就得体会此种关联，而这种体会就是无念，直译之，即是一种"没有念头"（thoughtlessness）的状态。

中文或梵文术语，一经直译之后，往往会招致重大的误解。"无念"一词亦然，因为，不用说，"没有念头"作为禅修的目标而言——实际上应作为任何精神修炼的目标而言——乃是一种非常要不得的心境。纵然是"无意识"（the unconscious）这个译语，也不是一个非常适当的字眼。且让我们再听听慧能所说的话吧，因为他对他所指的"无念"继续解释道：

善知识，一悟即至佛地。自性心地，以智慧观照，内外照彻，识自本心。若识本心，即是解脱；既得解脱，即得般若三昧；悟般若三昧，即是无念。

何名无念？无念法者，见一切法，不著一切法；遍一切处，不著

---

[1] 所云"智慧"或"般若"，为慧能又一重要观念。

一切处。常净自性，使六贼从六门走出，于六尘中不离不染，来去自由，即是般若三昧，自在解脱，名无念行。若百物不思，当令断绝，即是法缚，即名边见。

　　悟无念法者，万法尽通；悟无念法者，见诸佛境界；悟无念顿法者，至佛地位。①

"无念"之教与"顿悟"之说，为慧能师生时代的重要课题。"顿悟"是中国人对般若的直觉智慧所做的一种意译，而"无念"则是中国人对体悟"性空"（Śūnyatā）与"无生"（anutpāda）之理所做的一种描述。从某一方面来看，老子的"无为"之说亦可说是活在慧能的"无念"之教里面。诚然，佛教哲学的里面含有"无相"（anutpāda）、"无愿"（apran ihitā）、"无住"（anabhisaṁskara）、"无功用行"（anābhoga）等等的思想，因此，"无念"亦可视为出自此等观念②。然而，毫无疑问的是，道家对于禅宗的建立亦有某种贡献，因此，我们认为禅显然是中国天才的一种精心之作。

## 六、神会的无念禅

　　神会（686—760）③是慧能的上首弟子之一，其师死后，以他那一派最为兴盛，因为他毫无畏惧地针对慧能的对手、亦即神秀的"渐派"，树立了

---

① 所引文字见于《坛经》（具名"南宗顿教最上大乘摩诃般若波罗蜜经六祖慧能大师于韶州大梵寺施法坛经"——译者）敦煌手卷本，收于《大正大藏经》中，编为二〇〇七号。
② 我们在《八千颂般若经》（The Astaśahasrika，Mitra 版第五页）中读到：Punarapargm bhagavan bodhisatrcna manāsatvcana prajñāpāramitāṁācaratāprajñāpār amitāyaṁ bhāvayatā eraṁ Śiksitavyaṁ yathāsauŚiksyamāṇa tcnāpi bodhicittcna na mmanyeta. Tat kasya hetos tathā hi tac cittam acitaṁ prakritiś cittasya prabhāsvarā. 又（第十九页）有云：Kena kāranena āyusman subhūtc tatrāpi citte aśakto 'paryāpannah. Subhùtir āha: Acittatvàd ayusman sāriputra tatrāpi citte aśakto' par yāpannan. 其中 Na manycta&acittatva 两字，可以说相当于中文的"无念"和"无心"。又梵文 manaskāra 一字，通常译为"作意"，而它的否定式 amanakāra，则被译为"无作意"或"不作意"，而"无作意"所表示的意思，本质上与中文的"无念"并无两样。
③ 他是颇值注意的人物之一，在早期的禅宗思想史上占有重要的地位。

"顿宗"的标准。下录各节,引自神会的语录[①]:

张燕公[②]问曰:"禅师日常说'无念法'劝人修学。未审'无念法'有无?"

答曰:"'无念法',不言'有',不言'无'。"

问:"何故不言有、无?"

答:"言其有者,即同世有;言其无者,即同世无。是以无念不同有、无。"

问:"唤作是没(什么)物?"

答:"不唤作是物。"

问:"作勿生是?"("作何解释才是?")

答:"亦不作勿生。是以,无念不可说。今言说者,为对问故;若不对问,绝无言说:譬如明镜,若不对'象',镜中终不现'象';尔今言现'象'者,为对物故,所以现'象'。"

问曰:"若不对'象',照不照?"

答曰:"今言照者,不言(不论)对与不对,俱常照。"

问:"既无形'象',复无言说——一切有、无,皆不可立:今言'照'者,复是何'照'?"

答曰:"今言照者,以镜明故,有自性照;以众生心净故,自然有大智慧光,照无余世界。"

问:"作没(么)生得见无物?"

答:"但见'无'。"

问:"既无,见是物?"("是物""是勿""是没""什么"以及"甚么",在此为同义语。)

答:"虽见,不唤作是物。"

---

① 胡适先生曾于1930年以敦煌石窟所发现的资料印行一册《神会和尚遗集》。此处所引文字,虽亦为敦煌石窟所藏古代写本之一,但此之胡适所印的本子,仍有一些不同的地方。此处所录出自笔者所编的本子;读过胡本的读者当可看出若干显明的差异来。
② 参见胡适的《神会和尚遗集》第二五至二六集。

问:"既不唤作是物,何名为见?"

答:"见无物,即是真见,常见。"

少顷又云:"云何无念?"

答曰:"不念有、无,不念善、恶,不念有边际、无边际,不念有限量、无限量。不念菩提,不以菩提为念;不念涅槃,不以涅槃为念,是为无念。是无念者,即是般若波罗蜜,般若波罗蜜者,即是一行三昧①。

"诸善知识,若在学地者,心若有念起,即便觉照。起心既灭,觉照自己,即是无念。是无念者,即无一境界②。如有一境界者,即与无念不相应……

"见无念者,六根无染;见无念者,得向佛知见;见无念者,能生一切法;见无念者,能摄一切法……

"决心证者,临三军际,白刃相向下,风刀解身,自见无念,坚如金刚,毫微不动;纵见恒沙佛来,亦无一念喜心,纵见恒沙众生一时俱灭,亦不起一念悲心。此是大丈夫,得空、平等、心(Śunyatā and samacitatā)。'

嗣道王问曰:"无念法是凡人修?是圣人修?何故劝凡夫修无念法?"(他显然怀疑此法对凡夫的价值。)

答曰:"无念法是圣人法。凡夫修无念法,即非凡夫。"

"无念"一词,不仅是指一切个体意识求得最后住处的究竟实相本身,同时亦指这个实相在吾人心中的功用。吾人之经验的心理意识之所以能够深入实相,就凭这个功用。因此,这个功用与实相或无念不相分离。是以,所谓的"念头",亦可视为无念作用的所在。但是,当我们将吾人的心意想成一种独立而又究竟的实体时,我们便与这个本源隔断而岔开了,不知

---

① "一行三昧"这个名称出于《文殊所说般若经》(The Śaptaśatikā-prajñāparamitā),参见本论丛第二系列第一一八页附注。
② 所谓"境界",系指相当明白的心境;开悟亦属此等境界之一,可为志求无念者达到。

何去何从了,而其结果便是陷入极度的精神不安之境。且不论此意如何,但是:

> 嗣道王问曰:"'无'无何法?是'念'者念何法?"
> 答曰:"'无'者,无有二法;'念'者,唯念真如。"
> 又问:"念者与真如有何差别?"
> 答:"亦无差别。"
> 问:"既无差别,何故言'念真如'?"
> 答:"所言'念'者,是真如之用;'真如'者,是'念'之体。以是义故,立'无念'为宗。若见(达)'无念'者,虽有见、闻、觉、知,而常空寂。"

## 七、大珠慧海的禅

到了马祖的弟子大珠慧海(寂于788年),"无念"仍是一个受到讨论的重要问题。尽管他的观点并无特别新颖之处,但我们不妨从他的《顿悟入道要门论》[①]中节录一段,做一番比较和研究。他不但将"邪念"与"正念"做了一番择别,并认为"无念"之中只有"正念"而无"邪念"。

> 问:"云何是正念?"
> 答:"正念者,唯念菩提。"
> 问:"菩提可得否?"
> 答:"菩提不可得。"
> 问:"既不可得,云何唯念菩提?"
> 答:"只如菩提,假立名字,实不可得,亦无前后得者。为不可得故,即无有念。只个无念,是名真念。菩提无所念。无所念者,即一切处

---

① 此论是禅在慧能之后得到充分发展之时最有教益、最富启示性的作品之一。

无心，是无所念……但知一切处无心，即是无念也；得无念时，自然解脱。"

在这节文字中，慧海显然视"无心"与"无念"为一种东西，既然所指相同，我们也就不妨依照文意将它们译作"the unconscious"或"to be unconscious"。"无心"二字为达摩所用，而"无念"则为慧能和神会所取。慧海在此将这两个词当作术语加以运用，以它们解释"菩提"和"解脱"的道理。且不论此理如何，禅修的究竟目标，运用比较通俗的话说，就是一切不着，因为，属于这个万象世界的一切，多少皆可预言，故而总非究竟。究竟的真实超于一切范畴，故而不可思议，亦不可得，因此不可形诸名言——除了以形容词或名词的意义将它形容为"无心"或"无念"之外，别无他法。下面所引之例，可以说明慧海向诸方门人举示他的"无念"或"无为"之教所用的办法：

师谓学徒曰："我不会禅，并无一法可示于人，故不劳久立，且自歇去。"时学侣渐多，日夜叩击，事不得已，随问随答，其辩无碍。

时有法师数人来谒，曰："拟伸一问，师还对否？"

师曰："深潭月影，任意撮摩。"

问："如何是佛？"

师曰："清潭对面，非佛而谁？"

众皆茫然。良久，其僧又问："师说何法度人？"

师曰："贫道未曾有一法度人。"

曰："禅师家浑如此？！"

师却问曰："大德说何法度人？"

曰："讲金刚般若经。"

师曰："讲几座来？"

曰："二十余座。"

师曰："此经是阿谁说？"

僧抗声曰："禅师相弄，岂不知是佛说耶？！"

师曰："'若言如来有所说法，则为谤佛，是人不解我所说义'，若言此经不是佛说，则是谤经。请大德说看。"

僧无对。师少顷又问："经云：'若以色见我，以音声求我，是人行邪道，不能见如来。'大德且道：阿那个是如来？"

曰："某甲到此却迷去。"

师曰："从来未悟（英译大意：根本没有"悟"这回事），说什么却迷？"

僧曰："请禅师为说。"

师曰："大德讲经二十余座，却不识如来？"

其僧再礼拜，曰："愿垂开示！"

师曰："如来者，是诸法如义①。何得忘却？"

曰："是。是诸法如义。"

师曰："大德，'是'亦未是。"

曰："经文分明，那得未是？"

师曰："大德'如'否？"

曰："'如'。"

师曰："木、石'如'否？"

曰："'如'。"

师曰："大德'如'同木、石'如'否？"

曰："无二。"

师曰："大德与木、石何别？"②

僧无对。乃叹云："此上人者，难为酬对！"良久，却问："如何得大涅槃？"

---

① 此语引自《金刚经》本身，故而是一种反证。
② 参见《顿悟入道要门论》第三十八节，慧海反对读经语。《神会和尚语录》中，在谈到法身与翠竹、般若与黄花之间的关系时，亦有与此相类的论证。并见《顿悟入道要门论》第十暨第十六节。

师曰:"不造生死业。"

对曰:"如何是生死业?"

师曰:"求大涅槃是生死业;舍垢取净是生死业;有得有证是生死业;不脱对治门是生死业。"

曰:"云何即得解脱?"

师曰:"本自无缚,不用求解;直用直行,是无等等。"

僧曰:"如禅师和尚者,实为稀有!"礼谢而去。

## 八、赵州从谂的禅

由于本文无意成为唐代(618—922)禅宗的思想史,故而笔者在此也无意援引太多的禅匠、除了赵州从谂(778—897)和临济义玄(寂于867年)等人之外。因为,单就这些大师,亦已足以举示当时的禅风趋向,以及禅师们究竟如何努力使之与经中的印度语法和思维方式取得调和了。

下面所引,是赵州从谂上堂时所做的一次示众:

金佛不度炉,木佛不度火,泥佛不度水—真佛内里坐。菩提、涅、真如、佛性,尽是贴体衣服,亦名烦恼。实际理地,什么处着?一心不生,万法无咎。汝但究理而坐二三十年,若不会,截取老僧头去!

梦幻空花,徒劳把捉!心若不异,万法一如!既不从外得,更拘执什么?如羊相似,更乱拾物安口中作么?老僧见药山和尚道:"有人问着,但教合取狗口!"老僧亦道:"合取狗口!"取我是垢,不取我是净,一似猪狗相似,专欲得物吃,佛法向什么处着?一千万人,尽是觅佛汉子,觅一个道人也无!若与空王为弟子,莫教心病最难医!

未有世界,早有此性;世界坏时,此性不坏。从一见老僧后,更不是别人,只是个主人公。这个更向外觅作么?正与么时,莫转头换脑,若转头换脑,即失却也!赵州和尚的语录中大都是"问答",所含上堂示众之语不多,有亦很短,多半简洁扼要。

……

上堂，良久："大众总来也未？"

对云："总来也。"

师云："更待一人来，即说话。"

僧云："候无人来，即说似和尚。"

师云："大难得人！"

师示众云："'心生，即种种法生；心灭，即种种法灭。'你诸人作么生？"

僧乃问："只如不生不灭时如何？"

师云："我许你这一问。"①

师因参次，云："明又未明，道昏欲晓：你在阿那头？"

僧云："不在两头。"

师云："与么即在中间也。"

云："若在中间，即在两头。"

师云："这僧多少时在老僧这里，作与么语话，不出得三句里。然直饶出得，也在三句里。你作么生？"

僧云："某甲使得三句。"

师云："何不早与么道？"

师示众云："大道只在目前，要且难睹。"

僧乃问："目前有何形段令学人睹？"

师云："任你江南、江北。"

僧云："和尚岂无方便为人？"

师云："适来问什么？"

师上堂谓众曰："此事的的，没量大人出这里不得。老僧到沩山，僧问：'如何是祖师西来意？'山云：'与我将床子（坐椅）来。'若是宗师，须以本分事接人始得。"

---

① 参见达摩等人所说的"无心"或"无念"之教。

时有僧问:"如何是祖师西来意?"

师云:"庭前柏树子。"

僧云:"和尚莫将境示人!"

师云:"我不将境示人。"

云:"如何是祖师西来意?"

师云:"庭前柏树子!"

师又云:"老僧九十年前,见马祖大师下八十余员善知识,个个俱是作家,不似如今知识,枝蔓上生枝蔓;大都是去圣遥远,一代不如一代。只如南泉寻常道:'须向异类中行。'且作么生会?如今黄口小儿,向十字街头说葛藤、博饭童、觅礼拜,聚三五百众,云:

"我是善知识,你是学人!"

师问南泉:"离四句绝百非①外,请师道。"

泉便归方丈。

师云:"这老和尚,每当口吧吧地,及其问着,一言不措!"

侍者云:"莫道和尚无语好?"

师便打一掌。

泉便掩却方丈门,便把灰围却门外,问僧云:"道得即开门。"

多有人下语,并不契泉意。

师云:"苍天!苍天!"

泉便开门。

## 九、临济义玄的禅

临济义玄禅师,是第九世纪时的伟大禅匠之一,而直到如今仍在日本和中国流行的一派,就是由他开创的临济宗——虽然,禅本身在中国已经略显衰相了。许多人都把他的语录视为现存禅录中最为有力的禅学论文。

---

① 简而言之,是问:"如何是绝对(the Absolute)?"

他的一篇"示众"讲词说：

今时学佛法者，且要求真正见解；若得真正见解，生死不染，去住自由；不求殊胜，殊胜自至。

道流！只如自古先德，皆有出（助）人底路。如山僧指示人处，只要你不受人惑。要用便用，更莫迟疑。如今学者不得，病在甚处？病在不自信处。你若自信不及，即便忙忙地，徇一切境转，被他梦境回换，不得自由；你若能歇得念念驰求心，便与祖佛不别。

你欲得识祖佛么？只你面前听法底是也。学人信不及，便向外驰求。设求得者，皆是文字名相，终不得他活祖意！

莫错，诸禅德！此时不遇，万劫千生轮回三界；徇好境掇去，驴牛肚里生！

道流！约山僧见处，与释迦不别。今日多般用处，欠少什么？六道神光，未曾间歇！若能如是见得，只是一生无事（无烦恼之事）人。

大德，三界无安，犹如火宅，此不是你久停住处；无常杀鬼，一刹那间，不拣贵贱老少！你要与祖佛不别，但莫外求：你一念心上清净光，是你屋里法身佛；你一念心上无分别光，是你屋里报身佛；你一念心上无差别光，是你屋里化身佛——此三种身，是你即今目前听法底人，只为不向外驰求，有此功用。

据经论家，取三种身为极则。约山僧见处不然：此三种身是名言，亦是三种依。古人云："身依义立，土据体论"。法性身、法性土，明知是光影。大德，你且识取弄光影底人，是诸佛之本源，一切处是道流归舍处。

是你四大色身不解说法听法，脾胃肝胆不解说法听法，虚空不解说法听法。什么解说法听法？是你目前历历底，勿一个形段孤明，是这个解说法听法：若如是见得，便与祖佛不别；但一切时中更无间断，触目皆是—只为情生智隔、想变体殊，所以轮回三界受种种苦。若约山僧见处，无不甚深，无不解脱。

道流！心法无形，通贯十方：在眼曰见，在耳曰闻，在鼻嗅香，在口谈论，在手执捉，在足运奔—本是一精明，分为六和合。一心既无，随处解脱。山僧与么说，意在什么处？只为道流一切处驰求，心不能歇，上他古人闲机境！

道流！取山僧见处，坐断报化佛头；十地满心犹如客作儿；等妙二觉，担枷锁汉，罗汉辟支，犹如厕秽；菩提涅槃，如系驴橛！何以如此？只为道流不达三祇劫空，所以有此障碍。若是真正道人，终不如是。但能"随缘消旧业，任运着衣掌"；要行即行，要坐即坐；无一念心希求佛果！缘何如此？古人云："若欲作业求佛，佛是生死大兆！"

大德，时光可惜，只拟傍家波波地学禅学道，认名认句，求佛求祖，求善知识，意度！莫错！

道流！你只有一个父母，更求何物？你自返照看！古人云："演若达多失却头，求心歇处即无事！"

大德，且要平常，莫作模样。有一般不识好恶秃奴，便即见神见鬼，指东划西，好晴好雨！如是之流，尽须抵债，向阎老前吞热铁丸有日在！好人家男女被这一般野狐精魅所著，便即捏怪。瞎屡生，索饭钱有日在！

由上可见，临济可说是一位打击陈规佛学的战士，因为这种滥套的佛学通常皆以印度的术语为其观念的窝窟。他对一般经论家用迂回的方式讨论佛教的经验颇为不满；他爱单刀直入，不喜欢"绕路说禅"。他摧毁了每一种通达大道的障碍；他挥舞着"金刚王宝剑"，左右开弓，不但要斩尽杀绝那些主知主义分子，就是对于与他同时的某些禅匠也不相饶。他巍巍然屹立于他的同代之中，而毫无疑问的是，他这种态度深得中国人心的归向。中国人的心理非常切实，不愿被太多知识等等的陈烂葛藤所困。它不但推出了老庄，同时也提出了禅宗，尤其是临济的禅法。临济与禅搏斗，袪除了一切虚饰，赤心片片，给人的印象十分鲜明，十分生动。

但在同时，我们也应该记住：禅对佛典和佛理所持的这种态度，亦有轻视系统研习、忽视经典及其所含玄理的倾向。

## 十、唐宋时代其他禅匠的禅

下面所引各节文字,是唐末和宋初时代若干禅匠的语句,目的在于展示禅宗在中国逐渐取代其他宗派时所显示的禅教发展趋势,并使我们看清这些禅师的语录问答与有印度色彩的经教之间究竟有什么样的关系。

  庐山归宗智常禅师,上堂云:"吾今欲说禅,诸子总近前!"大众近前,师云:"汝听观音行,善应诸方所!"
  僧问:"如何是观音行?"
  师乃弹指云:"诸人还闻么?"
  僧曰:"闻。"
  师云:"一队汉向这里觅什么?"以棒趁出,大笑归方丈。①

  洪州亮座主,本蜀人也,颇讲经论,因参马祖,祖问曰:"见说座主大讲得经论,是否?"
  亮云:"不敢。"
  祖云:"将(拿)什么讲?"
  亮云:"将心讲。"
  祖云:"'心如工伎儿,意如和伎者。'② 争(怎)解讲得经?"
  亮抗声云:"心既讲不得,虚空莫讲得么?"
  祖云:"却是虚空讲得!"
  亮不肯,便出:将下阶,祖召云:"座主!"
  亮回首,祖云:"是什么?"
  亮豁然大悟,便礼拜。
  祖云:"这钝根阿师,礼拜作么?"

---

① 详见《传灯录》卷第七。
② 语见《楞伽经》(The Laṅkāvatāra)。

亮归寺，告众云："某甲所讲经论，谓无人及得。今日被马大师一问，平生功夫冰释而已！"乃隐西山，更无消息。①

杭州大慈山寰中禅师上堂云："山僧不解答话，只能识病。"

时有一僧出师前立，师便下座归方丈。

法眼云："众中唤作：病在目前不识。"

玄觉云："且道大慈识病不识病？此僧出来，是病不是病？若言是病，每日行住，不可总是病；若言不是病，出来又作么生？"②

荆南白马昙照禅师常云："快活！快活！"及临终时叫："苦！苦！"又云："阎罗王来取我也！"

院主问曰："和尚当时被节度使抛向水中，神色不动。如今何得怎么地？"

师举枕子云："汝道：当时是？如今是？"

院主无对。③

邓州香严下堂义端禅师谓众曰："语是谤，寂是诳。寂、语向上有路在。老僧口门窄，不能与汝说得。"便下堂。又云："假饶重重剥得净尽，无停留。权时施设，亦是方便接人；若是那边事，无有是处！"④

袁州仰山慧寂禅师上堂示众云："汝等诸人，各自回光返顾，莫记吾言。汝无始劫来，背明投暗，妄想根深，卒难顿拔。所以假设方便，夺汝粗识，如将黄叶止啼，有什么是处？亦如人将百种货物与金玉作一铺货卖，只拟轻重来机。所以道，石头（和尚）是真金铺，我这里是杂货铺；有人来觅鼠粪，我亦抬与他；来觅真金，我亦抬与他。"

时有僧问："鼠粪即不要，请和尚真金。"

师云："啮镞拟开口，驴年亦不会！"

僧无对。

师云："索唤则有交易，不索唤则无。我若说禅宗，身边要一人相伴

---

① 详见《传灯录》卷第八。
② 详见《传灯录》卷第九。
③ 详见《传灯录》卷第十。
④ 详见《传灯录》卷第十。

亦无,岂况有五百七百众耶?我若东说西说,则争头向前拾。如将空拳诳小儿,都无实处。我今分明向汝说圣边事,且莫将心凑泊,但向自己性空如实而修,不要三明六通。何以故?此是圣末边事。如今且要识心达本:但得其本,莫愁其末。他时后日自会去在——若未得本,纵绕将情学他亦不得。汝岂不见沩山和尚云:'凡、圣情尽,体露真常,事、理不二,即如如佛。'"①

澧州药山惟俨禅师,一日有僧问曰:"学人有疑,请师决!"

师曰:"待上堂时来与阇黎决疑。"

至晚间上堂,大众集定。师曰:"今日请决疑底上座在什么处?"

其僧出众而立,师下禅床把却(抓住)曰:"大众,这僧有疑!"便托开,归方丈。

师一夜登山经行,忽云开见月,大笑一声,应澧阳东九十里许,居民尽谓东家,明晨迭相推问,直至药山。徒众云:"和尚山顶大笑。"他的在家弟子朗州刺史李翱,特地为他作了一诗,以志其事:

选得幽居惬野情,终年无送亦无迎。
有时直上孤峰顶,月下披云啸一声!②

潮州大颠和尚,石头弟子也,却后辞往潮州灵山隐居,学者四集。下面是他上堂示众的语录之一:

夫学道人须识自家本心;将心相示,方可见道。多见时辈只认扬眉瞬目、一语一默、蓦头印可,以为心要,此实未了。

吾今为汝诸人分明说出,各须听受:但除却一切妄运、想念、见量,即汝真心。此心与尘境,及守认静默时全无交涉;即心即佛,不待修治。何以故?应机随照,冷冷自用,穷其用处,了不可得。唤作妙用,乃是本心。

---

① 详见《传灯录》卷第十一。
② 详见《传灯录》卷第十四。

大须护持，不可容易！①

潭州道吾山圆智禅师，与云岩昙晟侍立药山和尚时，药山曰："智不到处，切忌道着：道着即头角生！智头陀（即圆智）怎么生？"师便出去。

云岩问药山曰："智师兄为什么不只对和尚？"

药山曰："我今日背痛。是他却会，汝去问取。"

云岩即来问师曰："师兄适来为什么不只对和尚？"

师曰："汝却去问取和尚！"

其后，有僧问云居禅师："'切忌道着'意怎么生？"

云居云："此语最毒。"

僧云："如何是最毒底语？"

云居云："一棒打杀龙蛇！"②

云岩昙晟的弟子洞山良价，是曹洞宗的开山祖师，有时垂语曰："直道'本来无一物'犹未消得他衣钵。这里合下得一转语。且道下得什么语？"

有一上座，下语九十六转，不惬师意，末后一转，始可师意。师曰："阇黎何不早恁么道？"

有一僧闻，请下语上座举，如是三年执侍中瓶，终不为举。后上座因病，其僧曰："某甲三年请举前话，不蒙慈悲。善取不碍，恶取！"遂持刀向之曰："若不为某甲举，即便杀上座也！"

上座悚然曰："阇黎，且待我为汝举。"乃曰："直饶将来，亦无处着！"

其僧礼谢。③

福州南禅契璠禅师上堂曰："若是名言妙句，诸方总道了也。今日众中还有超第一义者，致将一问来？若有，即不孤负于人。"

---

① 详见《传灯录》卷第十四。
② 详见《传灯录》卷第十四。
③ 详见《传灯录》卷第十五。

时有僧问:"如何是第一义?"

师曰:"何不问第一义?"

曰:"见问。"

师曰:"已落第二义也!"①

南岳金轮可观禅师,见众夜参后下堂,召曰:"大众!"

众回首,师曰:"看月!"

大众看月,师曰:"月似弯弓,少雨多风!"

众无对。②

福州玄沙师备禅师,一日上堂时久,未发一言,大众尽谓"不说法",一时各归,师乃呵云:"看总是一样地,无一个有智慧;但见我开两片皮,尽来簇着,觅语言意度,是我真实为他,却总不知!看怎么,大难!大难!"

又一次,师上堂良久,谓众曰:"我为汝得彻困,也还会么?"

僧问:"寂寂无言时如何?"

师曰:"呓语作么?"

曰:"本分事请师道!"

师曰:"瞌睡作么?"

曰:"学人即瞌睡,和尚如何?"

师曰:"争得恁么不识痛痒?"③

坐在讲坛上沉默不语(良久),是许多禅师爱用的一种手段。另举一例:

杭州五云山华严道场志逢大师,一日上堂,良久曰:"大众,看!看!"便下座,归方丈。④

台州瑞岩师进禅师上堂,大众久立,师曰:"愧诸禅德,已省提持。若

---

① 详见《传灯录》卷第十九。
② 详见《传灯录》卷第十九。
③ 详见《传灯录》卷第三十八。
④ 详见《传灯录》卷第二十六。

是循声听响，个如归堂向火。珍重！"①

福州怡山长庆藏用禅师上堂，众集，师以扇子抛地上曰："愚人谓金是土，智者作么生？后生可畏，不可总守愚去也。还有么？出来道看！"

时有僧出，礼拜，退后而立。

师曰："别更作么生？"

僧曰："请和尚明鉴。"

师曰："千年核桃。"②

福州永隆院彦端禅师上堂，大众云集，师从座起作舞，谓大众曰："会么？"

众曰："不会。"

师曰："山僧不舍道法而现凡夫事，作么生不会？"③

漳州众汉宣法大师上堂曰："尽十方世界，无一微尘许法与汝作见、闻、觉、知，还信么？然虽如此，也须悟始得，莫将为第闭！不见道：'单明自己，不悟目前，此人只具一只眼。'还会么？"

僧问："纤尘不立，为什么好、丑现前？"

师曰："分明记取，别处问人。"

问："大众云集，谁是得者？"

师曰："还曾失么？"

问："如何是佛？"

师曰："汝是行脚僧。"④

杭州永明寺道潜禅师，初诣临川谒净慧，慧一见异之，便许入室。一日，净慧问曰："子于参请外看什么经？"

师曰："看华严经。"

净慧曰："总、别、同、异、成、坏六相，是何门摄属？"

---

① 详见《传灯录》卷第二十二。
② 详见《传灯录》卷第二十二。
③ 详见《传灯录》卷第二十二。
④ 详见《传灯录》卷第二十五。

师对曰："文在十地品中。据理，则世、出世间一切法，皆具六相。"

曰："空还具六相也无？"

师懵然无对。

净慧曰："子却问吾。"

师乃问曰："空还具六相也无？"

净慧曰："空！"

师于是开悟，踊跃礼谢。

净慧曰："子作么生会？"

师曰："空！"

净慧然之。

师后住永明，上堂谓众曰："佛法显然，因什么却不会去？诸上座，欲会佛法，但问取张三、李四；欲会世法，则参取古佛。"[1]

洪州观音院从显禅师，某日上堂，良久谓众曰："文殊深赞居士，未审居士受赞也无？若受赞，何处有居士耶？若不受赞，文殊不可虚发言。大众作么生会？若会，真个纳僧！"

时有僧问："居士默然，文殊深赞。此意如何？"

师曰："汝问我答。"

曰："恁么人出头来又作么生？"

师曰："行到水穷处，坐看云起时。"[2]

## 十一、禅与经典研究

关于禅在慧能之后三百年间如何以其特有的方式发展下来，我已举示了足够的上堂问答之例。将所有这些随手撷自唐末禅师史传的案例做一番检视之后，我们不妨说，禅在以中国人的心理经验为基础建立其自身方面，

---

[1] 详见《传灯录》卷第二十五。
[2] 详见《传灯录》卷第二十五。

已经获得了相当的成功。这不仅是在禅师们用以表现本身的术语方面如此，在他们用以传达本身经验的方式方面亦然。禅在宗教史以及一般神秘主义史上已经有了独特的开展。

就以此点而言，我想特别说明的一件事情是：禅之轻视经教、因而忽视了学理，结果在第十世纪时开始显出了一种要不得的倾向。我的意思是指：禅师们，尤其是他们的徒众们，卑视经典的研究，超过了必要的程度——视经典如敝履——这种态度，对于禅的体悟，与其说是一种助益，毋宁说是一种障碍。从某一方面来说，他们之所以持取这种态度，自然有其适当的理由，但是，如作过分的推演——这也许正是无知禅徒所做的——禅就成了道德律放弃论（antinomidmism），而其放纵恣肆就与"精神自由"的运动混而不分了。

有一部叫作《释门正统》（计有八卷）的中国佛教史书，完成于十三世纪初期，作者从天台宗的立场，对禅宗做了一次严厉的攻击，几乎斥之为"魔"为"贼"了。

闻政论云："教（在此指经论的注释和讲解）变则禅，禅弊为魔，魔炽为贼。"真知言哉！是知傍附经论之弊犹轻，槌提（轻毁打击）经论之弊实重。唯圣君贤相，凡百君子，反经常之道以救之！经正则庶民兴，庶民兴，斯无邪慝矣！这部史书的作者，在另一个地方又引了一节他显然颇有同感的文字说。

"……讲席益衰，禅宗盛行，其失尤甚！村墅愚氓，栖止丛林，闻善知识之风而悦之，曾不深究始末，即斓斑其衣，摄齐升堂，非毁圣贤，诋呵经教，虚辞滥说，欺惑愚众，搢绅寡识，亦乐其遥庭而师范焉！"

上面所引对于禅的批评，因出自天台宗，故而或可视为一面之词，但我们不难想象的是禅变质之后可能发生的情形。禅对文字所取的特有态度，也许始自慧能的亲传弟子，他们曾以中国禅宗第六代祖师的头衔加以推崇。表现之一就是，他们使慧能成为一个没有学问的樵夫，以他的纯朴心地与他那博学多闻的对手神秀，做一鲜明的对比。他们的语录和著述，包括被推定属于慧能的作品在内，都含有不少轻视同代佛教学者和理论家的言句。

这些学者和理论家虽然多半都是所谓的"学语之流",但其中曾去参见禅师的座主,皆被写成吃过某种败仗的人。除此之外,禅师们有没有真的禁止过读经呢?在大珠慧海的语录中,我们可以读到如下一段:

僧问:"何故不许诵经?唤作客语?"

师曰:"如鹦鹉只学人言,不得人意;经传佛意,不得佛意而但诵,是学语人,所以不许。"

曰:"不可离文字语言,别有意耶?"

师曰:"汝如是说,亦是学语。"

曰:"同是语言,何偏不许?"

师曰:"汝今谛听,经有明义:'我所说者,义语非文;众生说者,文语非义。'得意者越于浮言,悟理者超于文字。法过语言文字,何向数句中求?是以发菩提者,得意而忘言,悟理而遗教,亦犹得鱼忘筌,得兔忘蹄也。"

又,药山禅师传中亦有记载云:

师看经次,僧问:"和尚寻常不许人看经,为什么却自看?"

师曰:"我只图遮眼。"

曰:"某甲学和尚,还得也无?"

师曰:"你若看,牛皮也须穿!"①

禅师们轻视经典研究,早在慧能时代就已显出征候了。据现今流行的《坛经》说,慧能不识字,因此,有人请他讲解《涅槃经》和《法华经》时,他说,"字即不识,义即请问。"或云:"吾不识文字,汝试取经诵之一遍,吾当为汝解说。"诚然,佛教徒正如基督徒一样,对于经典,其中确有不少鹦鹉般的学语之流,但我们也不能完全忽视文字,因为,文字不仅是传达思想的重要工具,同时也是表达感情和精神经验的重要媒介。

已经悟达的禅匠们固然没有问题,但他们那些似悟未悟的愚昧徒众,却也想要超越此等限制,乃至宣称效法其师而暴露其本身的无知。因此,在大师们之间建立某种运动,借以调和习禅与研经之间的冲突,也就是一

---

① 昔仰山答沩山问云:《涅槃经》四十卷。(引于《禅家龟鉴》一书中。)

种自然而然的事情了。这句话的意思是说，这些中国的天才要有印象的想象予以滋补和充实。

如此，则华严等经被系统地用来对禅悟经验作哲理的解说，也就不会使我们感到讶异了。这些经典，尤其是意象富丽、非任何中国文学所可匹敌的《华严经》，及时为禅的健全发展提供了适当的支持。

假如禅一直抱持着不用文字完成其事的观念的话，中国佛教徒在生活上所获得的历史成就，也就不会很大了。当然，超越华美的文词和纯粹的抽象概念，其本身并不是一件易事；因为，目标一旦达到，这个工作也就可以说已完成十之八九了。但我们也不可忘记的是：这里还有一件积极的工作，需要禅师们完成。他们对实相所得的明悟，必须组成一种直观的体系，以使它的内容日渐丰富。明悟本身并无内容可言，因为，没有内容就是它的实质；它的里面一旦有了某种东西，也就不能称其为明悟了。但禅悟的此种没有内容，并不是一种抽象的概念。假如它是一种抽象概念的话，那它就变成一种玄学或形而上学的观念了，那就要被当作玄学或形而上学加以处理，也就是说，要依照认识论的论理学加以讨论了。如此，禅便失去其存在的理由了。说实在地，这种明悟是富于动力的；换句话说，它以流动性为特质。是故，它系以与其直观方式相关的办法而得其意义，因为，这是佛徒生活的要旨。因此，禅徒不可忽视经典的研究——不论他们对于这种事情如何反对。

使森罗万象的一切存有化而为空，是《般若经》的一大成就，也是印度心灵的最高业绩之一。高举自觉圣智境界（Pratyātmāryajñānagocara）作为佛徒生活的基础，就禅对它所做的解释而言，乃是《楞伽经》的使命，而这却是达摩来华之前的中国佛教徒尚未完全明白的事情。不过，除此之外，如果禅师们对于本身的任务没有强化的话，禅的生活在塑造远东人民的整个精神生活方面，也就不会获得如此重大的成就了。构成"华严"实质的宏大直观——言其宏大，不仅是指它的深度而已，同时也指它的透彻度——乃是印度心灵为整个人类精神生活所建立的纪念碑，极为雄伟，极为动人。就这样，无可避免地，禅也就以"华严"的富丽王宫建筑作为住处了。禅成了它的无数"庄严"(vyūhas)之一。从另一方面来说,禅发展而成庄严整个法界的一切庄严了。

## 十二、三本《华严经》的异同及其要义

下面,我想描述三个重要观念。因为,这三个观念系依《华严经》分别佛徒的生活尤其是得悟禅理之后的生活。这三个观念是:菩萨道(Bodhisattrahood),发菩提心(bod hicittopāda),以及菩萨的住处(vihāra),此三者在这部经中皆有充分的叙述。

不用说,在完成这项工作之前,读者自然很想对于"华严"(the Gaṇḍavyūha or Ataṭamsaka)先有一个大概的认识。那么,就让这一篇文字的这最后一节来说明此经及其题材、风格、结构,以及译文吧①。

先说此经的经题。在这几篇文章中,梵名 the Gaṇḍavyūha of the Avataṁsaka 被不太分明地译作汉文的"华严"与藏文的 phal-po che。就汉文的"华严"两字而言,Gaṇḍavyūha 一词与之似颇相当:gaṇḍa 相当于汉文的"华",亦即通常的"花",而 vyūha 则相当于汉文的"严",亦即"严饰"或"庄严"的意思。据法藏所著《华严经探玄记》(卷第三)说,梵名 gaṇḍa-vyūha,音译汉文为"健拏标诃",语音相近。法藏解释说,"健拏"意为"杂花"亦即通常的花,"标诃"意为"严饰",亦即庄严校饰之意。另一方面,Avataṁsaka 的意思则是"花环"或"花饰",故而亦可视为"华严"两字的一个同义语。此词见于《翻译名义集》第六十四及二百四十六节。同书第二百三十七节则以"花耳严"三字说明梵文 avatam saka 一词。

这里有些混淆的是,有一部名叫《Gaṇḍavyūha》的大乘经,是尼泊尔

---

① 《华严经》的梵文原本,如今仍难得到。若干年前,大谷大学的泉芳璟教授曾从河口慧海先生处录得一份尼泊尔文写本,之后又以此本与京都帝国大学图书馆所藏的另一份尼泊尔文写本此对校勘。距今五年前,泉芳璟教授允许本文作者油印他的写本,目前大约有二十份这种复印本流通于世,多半是在日本。虽然,本文作者现已获得剑桥与亚洲学会所藏写本的旋印本,但在本书中所述及的《华严经》,除非特别指明者外,皆指这份于 1928 年复印的滚筒油印(MMG)本。

的九十部佛经之一。它属于中文的《华严经》（*Hua-yen-ching*，日语读作 Kegon-kyo）群，但实际上只是《六十华严》（六十卷本华严经）与《八十华严》（八十卷本华严经）的最后一品，相当于般若三藏所译的《四十华严》（四十卷本华严经）。这最后一品在汉文与藏文经典中皆被称为《入法界品》（he chapter on *Enteringinton the Dhanmadhātu*，梵名 dharmadhātupraresa）。

为了避免混淆，较好的办法是用梵文 *Avatamsaka* 这个经名代表整个《华严经》群，而以梵文 *Gaṇḍavyūha* 表示《四十华严》。如此，则 the Avataṁsaka 可以包括 the Gandavyu ha 了，而后者则是为《入法界品》而保留的专有经名了，筐管有法藏的权威解说，亦属无妨。

在龙树所著的《大智度论》中，Gandavyuha 被引于《不思议解脱经》（*Acintyavimoksha*）的项下，而这正是汉译《四十华严》的副标题。

汉译佛典中有三部名为《华严经》，亦即六十卷本、八十卷本，以及四十卷本的《华严经》。如前所述，最后一部，亦即四十卷本，相当于梵文的 Gaṇḍavyūha。《六十华严》有三十四品，而《八十华严》则含三十九品。第一部的译者是佛陀跋陀罗（Buddhabhadra），译于 418 至 420 年；第二部的译者是实文陀（Śikshananda），译于 695 至 699 年；第三部（相当于梵文的 Gaṅdavyūha）的译者是般若（prajñā）三藏，译于 796 至 797 年。

据载，早在佛陀跋陀罗所译的第一部《华严经》出现之前，来自印度的初期佛教传道士之一，曾于公元 70 年间将类似梵文《十地经》（*Oaśabhūmika*）的典籍译成中文，可惜的是，这部经的译文已经散佚了。大约九十年后（167 年），来自月支国的支娄迦谶，将亦为《华严经》一部分（相当于《如来名号品》）的《兜沙经》（*Tushāra Sntra*）译成中文。再后，支谦、达摩洛文、聂承远及其子聂道真、竺佛念等人，陆续译出了属于华严经群的许多经典，但直到 420 年，佛陀跋陀罗才完成他的六十卷大本，将所有这些以及其他许多单独的经典，纳入一部含容广大的《华严经》（*Avataṁsaka*）之中。

我们可从这个事实看出，《华严经》中的某些品原是独立的经典，但这部大经的编者或编者们认为，将它们全部纳入一个经题之下，以使它们得到系统的安排,乃是一件方便的事情。因此之故,《十地经》和《入法界品》,至今仍然保持着独立性。藏文的《华严经》,跟中文的八十或六十华严一样,也是一部包含多经典的经书①。

这部《华严经》所传的信息是什么呢？此经通常被视为大乘经典之王。下面所引,是法藏依照一篇名为《妄尽还源观》的论文对于此种信息所做的解说。

显一体：即一心自性清净圆明体；起二用：即一海印森罗常住用,二法界圆明自在用；示三遍：即一尘普周法界遍,二尘出生无尽遍,三尘含容空有遍。

对于这个客观世界,菩萨修行四德,即一随缘妙用无方德,二威仪住持有则德,三柔和质直摄生德,四普代众生受苦德,以使无明众生消除幻妄,烦恼成为智性,彻底净除污染,而使如如的大圆镜保持明净。

但只修这些德行,仍不足以完成虔修的生活,故须入五止：即一照法清虚离缘止,二观人寂怕绝欲止,三性起繁兴法尔止,四定光显现无念止,五事理玄通非相止。

又,单修五止,仍不足以使人进入圆满自得之境,故而法藏认为,欲入华严境界,须起六观：即一摄境归心真空观,二从心现境妙有观,三心境秘密圆融观,四智身影现众缘观,五多身入一境像观,六主伴互现帝网观。

在法藏这篇论文的帮助之下,我们不但能够明白"华严"的究极教义,同时亦可看出它与禅的关系。说到尽处,禅的修持在于契会万法之本的"无心",而此"无心"不是别物——只是"唯心",此在《华严经》乃至《楞伽经》之中皆然。此"心"一旦不以可得之心而得,唯以超于二边之心而得,便会发现诸佛、菩萨,以及一切众生,皆可还原为此"心",亦即"无心"。印度的天才使它发展而成"一真法界",以毗卢遮那楼阁及其所含的一切严饰 (vyūhas) 与庄严 (Alaṅkaras) 描绘它的雄伟与富丽。在中国人的心中,《华严经》中所描绘的这种光明晃耀,充满不可思议之光的天宫,再度变化而

---

① 详细的比较,参见樱部所编的《大谷甘珠目录》(*Sakurahe's Otani Kanjur Catalogue*, 1932)。

成这个灰色大地的色彩。天上的神仙不再出现，这个人间只有饱受折磨的人类。但禅的里面既无污秽或不净，亦无任何功利主义的色彩。尽管实事求是，但它的里面亦有一种玄妙与灵性的气息，并在后来发展而成一种自然的神秘之教。中国学者胡适认为，禅是中国人的心理对于深奥的佛教玄学所做的一种反叛。但实在说来，这不但不是一种反叛，而是一种深切的领会。只是这种领会，只可用中国人的方式、而非其他任何方式，加以表现。

第二篇

# 《华严经》、菩萨的理想与佛陀

禅

从某一方面说，《华严经》就是普贤菩萨内在宗教意识的发展史，以智眼、修行以及本愿引导一切众生走向究竟的解脱，使得智慧之光照遍整个宇宙，这也是普贤菩萨修行生活的主要内容。大乘理想或菩萨理想与小乘理想或罗汉理想相比，更加重视实际且与人们的俗世日常生活具有直接的关系，中国的禅者们更使佛陀重返人间，和光同尘，混俗而居。

## 一、完全改观的华严景象

我们一旦读罢了《楞伽经》，或者《金刚经》，或者《涅槃经》，甚或读罢了《法华经》和《无量寿经》之后，再来拜读《华严经》[①]时，便会发现，上演大乘宗教戏剧的舞台景象，一下子完全改观了。至此，我们既看不到任何冷酷的事物，也看不到灰色或土色的东西，更看不到人世的卑陋；因为，我们在这部经中所接触到的每一样东西，悉皆发出无可超越、无可比拟的光辉。于是，我们不再处身于这个局限、昏暗而又障蔽的人世之间了；我们已被神奇地提升到天上的星河之间了。这个灵

---

① 指 the Gaṇḍavvūha 或 Avataṁsaka，中文泛称《华严经》，代表大乘思想的一大宗派，据传，此经系佛陀开悟后在甚深禅定之中所说。但在这部经中，佛陀除了对文殊或普贤等等大菩萨所做的陈述以"善哉！善哉！"（sādhu！ sādhu！）表示印可或视情况需要而从身体某一部放射不可思议的超自然光线之外，他本人并未以任何题目作过讲述。梵文的 Gaṇḍ avvūha 专门叙述善财（Sudhana）童子在文殊菩萨指导之下出发行脚的经过。这位志求无上正觉的青年行者到处寻师问道，一共参访了五十多位善知识（或大导师），目的在于体悟菩萨所行的菩萨道或其修行生活。此经（指《四十华严》或《入法界品》）约占《华严经》（指《六十华严》或《八十华严》）的四分之一有余，其本身亦颇完全，故可证明有其独主的出处。详见上文最后一节。

界就是光辉的本身。给孤独园或逝多林（Jetarana）的那种人间阴暗，释迦狮子坐以说法的那撮枯草，穿着破烂衣衫听他讲述"我空"之理的那群乞士——所有这些，都在此处消失得无影无踪了。佛陀一旦入了某种三昧，他所处的那个帐篷，就忽然扩展开来，而至充满整个宇宙；换句话说，整个宇宙的本身都融入佛陀的本身之中了：宇宙成了佛陀，而佛陀变成了宇宙。而这既不仅是空性的扩张，更不是它缩入一粒原子之中；因为整个大地都铺上了钻石；柱子、屋梁、栏杆等等，悉皆嵌以种种宝石，光明灿烂，且互相辉映，十分夺目。

不仅是华严宇宙不在我们这个凡间，就是佛陀周围的听众亦非凡夫之辈。所有参与此会的菩萨、声闻乃至世间的王侯，莫不皆是灵的存在。这些声闻、王侯，以及他们的眷属，虽不完全了解发生在他们周遭的奇迹究有什么意义，但他们的心灵却也不受无明愚痴的拘限和束缚了，否则的话，他们甚至连在这个非凡的场面出现也不可能了。

所有这一切，究竟如何显现的呢？

《华严经》的编写之所以能够成立，在于佛徒对于生命、世间，尤其是对于佛陀，心灵上有了明显的改变。因此，在研读《华严经》时，最最需要明白的一点便是：其中的佛陀，已不再是活在世间、可从空间与时间加以构想的那位佛陀了。他的意识已经不是一般必须依照感官与逻辑加以调节的那种心识了。并且，它也不是为了描述某些对象而自创形象和手法的一种诗的想象产品。《华严经》里的佛陀活在一个自有本身法则的精神或灵的世界之中。

这个精神或灵的世界里没有过去、现在，以及未来等等的时间分限：所有这一切都收缩于生命真正颤动的现前一刻之中了。作为一种客观的空白表格、逐件填入事物为其内容的时间概念，在此已经完全丢弃了。因此之故，《华严经》中的佛陀不知有时间的相续；过去与未来都聚合在现前这个明悟的刹那之中了，但这个现前的刹那并非带着其全部内容立定不动，而是在永不停息地继续前进着。因此，过去即是现在，未来亦然，但这个融合过去、未来的现在，绝对不会总是现在；换句话说，它是永恒地现前。

而佛陀就在这个永恒现前的中心安置其住处——不是住处的住处。

时间如此,空间亦然。《华严经》中的空间,并不是被山河与大地、草木与丛林、光明与黑暗、有形与无形之物分隔的一种广大境域。不错,这里的境域是很广大,因为空间并未缩成一块;我们这里所见的,乃是万物的相即相入,每一样东西的里面,既有其本身的个性,同时亦有其共同的共性。此种普遍的融和实际上即是空间的泯除,只有从改变、分划,以及不可透性看才可看出。为了举示这种生活境界,《华严经》使它所描述的每一样东西悉皆透明光耀,因为光辉是人间唯一可以表达万法互融(本经的主要论题)观念的媒介。超越一切距离、障蔽,以及丑恶的光明世界,就是华严世界或"华严法界"。

时间与空间一旦泯除之后,便会出现一种没有形相或影像的境界。只要光明和阴影存在着,我们人类凡夫便会感到个化原则(the principle of individuation)的威胁。《华严经》中没有此种影像;净土里面虽有河流、花卉、树林、宝网、幡幢等等(经文的编者以此等描述使人类的想象达于极点),但其中没有任何可见的阴影。云彩的本身也都是发光的物体,覆被于《华严经》中的逝多林上,其量不可思议(acintya)、不可言说(anabhilāpya)——所有这些,皆被以此经特有的用语描述为"天宫殿云""香树云""须弥山云""伎乐云""真珠网云""天身云",如此等等。

这个光明世界,此种相互摄入的景象,与我们这个殊象世界的"世间界"(the Lokadhātu)对比,名为"法界"(the Dharmadhātu)。这个法界之中虽如世间界一样,亦有空间、时间和个别的生灵,但这些却没有世间特有的孤独和冷酷,此盖由于法界既不是一种像世间一样由空间或时间构造而成的宇宙,也不是一种与没有实质的空无一样的空白或虚空。法界不仅是一种真正的存有,而且与世间界不相分离,但当我们没有达到菩萨的精神或灵的境界时,它与后者亦即世间便显得不太一样了。吾人如将坚固的个体外廓泯除而使有限之感不再压迫我们,这种境界即可达到。故此,这部《华严经》(指四十卷本)有一个副标题——又名《入法界品》。

## 二、本经特有的观念

那么，佛教里面究竟发生了哪些重要的思想变化，以使它能展开一个名为"法界"的宇宙呢？法界居民心中所起的那些感情和观念究系什么呢？换句话说，如来、菩萨，以及声闻的条件或资格究有哪些呢？

这些问题一旦明白之后，我们就会明白大乘如何不同于小乘了，这也就是说，我们就会了解到，自从佛陀灭度之后，某些佛徒对于佛教以往所取的发展方向何以感到不满的原因了。此种发展一直朝向两个方面前进：一方面是绝对的苦行主义，另一方面是微妙的哲理钻研。这句话的意思是说，佛教不但没有成为一种日常实用的社会宗教，相反地，它却变成了一种神秘主义，使它的信徒住着于高不可攀的抽象概念之顶，而不愿意滞身于俗世的纷扰之间。此种宗教，在声闻和缘觉这类分子看来，也许并无不当之处，但是，如果总是不与实际的人生事务发生关系的话，它便没有活力和民主的效益可言了。大乘学者反对此种自命清高和冷漠的声闻理想。因此，他们只好复兴并高举菩萨理想，因为这是佛陀得成正觉之前所达到的极致，于是，他们努力开展这个理想所含的一切，使其达到最大的极限。因此之故，我选取《华严经》的第一品，亦即菩萨理想与声闻理想作强烈对比的部分，借以举示大乘佛徒在推展他们的思想和抱负时心里所想的究系一些什么样的东西。

待到本文之末，我想略述一下菩萨理想在中国禅徒之间所得的更进一步发展。中国的禅者们甚至诱导或劝请佛陀本人在大众的日常生活中担任一个积极的角色。他不但不再高踞在七宝严饰的宝座之上，不再大谈"空""无我""唯心"等等的抽象论题，相反地，他却拿起农具，做耕田、播种，以及收割等类的劳作了。从外表上看来，他与我们在农庄、街头，或办公室所见的平常人并无两样；他跟我们大家一样，是个辛勤工作的人。这位过着中国禅者生活的佛陀，周身不再带有"华严"的神气，但只静默地蕴含在他的内心而已。他和光同尘，混俗而居，千圣难窥，只有另一位佛始可识得他。

下列各点，我们在读《华严经》的过程中，也许不难发现：

（一）我们几乎可以呼之欲出的一个显著感觉是，字里行间含有着一种不可思议、难以言说的神秘之感。我们在此法界之中所见、所闻，或所感到的一切，莫不皆是一种神秘，因为，所有这一切，皆非一般的逻辑尺度所可测而知之。原来若干平方里的逝多林，忽然扩展开来，乃至充满整个宇宙了——这岂不是一种非人智所及的现象么？从比宇宙的最极远端还远的他方世界——亦即从一个佛国的无量无数微尘世界的那边来了一位菩萨，这岂不是一件奇妙的事情么？还有，且让我来提醒你，伴着这位菩萨前面的随从眷属，其数量之多，亦如一个佛国的微尘一样，无量无数，并且，这些访客来自所有十方世界，不但皆有无量无数随从眷属陪同，而且皆有光彩的云朵、亮丽的旌旗和幡幢等等庄严之具，周匝围绕。试发挥你最大的想象力，在你自己的心中描绘所有这一切看看——这岂不是完全非人类思想所及、名副其实的神奇景象么？此经的执笔人尽其全力所能说出的，亦只是"不可思议"(acintya)、"不可言说"(anabhilāpya) 而已。这里所现的奇迹，并不只是我们在大多数的宗教文学中所读到的那些地方性或局限性的神迹而已；此类所谓的神迹，通常只是人在水行走，化手杖为树木，使盲者复明，聋子能听，如此等等而已。宗教史中所载的这些微末神迹，比之《华严经》中所述的奇迹，不仅幅度颇小、卑不足道，而且性质上亦不相类；何以故？因为华严的奇迹，只有整个的宇宙组织皆随着吾人的观想而有根本的改变之时，始有可能。

（二）现在，我们对佛陀的精神力量有了深刻的印象，因为，他只要进入某种三昧境界，就可行使这些奇迹。佛的这些力量究竟是些什么呢？分述如下：(1) 支持菩萨、使其完成生活目标的加持力 (adhisthāna)[①]；(2) 神通力 (vikurvita)；(3) 威德力 (anubhāva)；(4) 本愿力 (pūrvapraṇidhana)；(5) 宿世善根力 (purvasukritakusalanmula)；(6) 诸善知识摄受力 (kalyaṇanmitraparigraha)；(7) 深清净信力 (śraddhāyajṇānaviśndhi)；(8) 大明解力 (udāradhimuktyavabhāsapratilambha)；(9) 趋向菩提清净心力 (bodhisattrād

---

[①] 此系大乘佛教的一个重要观念，详释见拙著《楞伽经研究》(*Studies in the Lankavatāra sūtra*) 一书第二〇二页。

hyāśayapariśuddhi）；（10）求一切智广大愿力（adhyāśasaivajñatāpranidhānaprashāna）。

（三）只陀或逝多全城彻底转变这个事实，出于佛陀令人契入三昧自性所得的三昧神力。据《华严经》说，此种奇迹系由作为三昧实质的大悲（mahākaruna）心力而得生起；因为此种三昧系以慈悲为体（śarira）、以慈悲为本（mukha）、以慈悲为导（pūrvangama），并以慈悲为充遍宇宙方便。佛陀的这种三昧如果没有此种大慈悲心，不论它在其他各方面多么高超，对于此处所述之伟大精神戏剧的演出，都没有助益可言。实在说来，这就是大乘在佛教史中不同于在它之前的一切的所在。大慈悲心由于具有自我扩展和自我创造的能力，故而可使我们这个人间转变而成一个光明晃耀、互相融摄的世界，而这便是佛陀经常居住的地方。

（四）从某一方面来说，《华严经》就是普贤菩萨内在宗教意识的发展史，以他的智眼（jñānacaksus）、他的修行（caryā）以及本愿（pranidhāna）为其内容。因此，所有一切参与这个法界建设的菩萨，皆由菩萨的行、愿所生。是以，经中详述，善财童子行脚的主要目的无他，只是使他自己与普贤这位菩萨认同或同一而已。待他参访五十余位各有所专的导师或善知识之后，他在他的修行、他的求知、他的誓愿、他的神力等等方面，便得到了这位菩萨的彻底训导，而当善财明白所有这些佛教修行项目的意义时，他便发现他自己不但与普贤菩萨、乃至与一切诸佛完全同一了。其身弥满法界，而他的修行，他的正觉，他的变化身，他的转法轮，他的辩才，他的音声，他的信心，他的住处，他的慈爱，以及他对世间的解脱和自在——莫不皆与普贤菩萨和一切诸佛无二无别了。

此处使我们最为关心的一点，是菩萨在其展开修行生涯之初所发，而在其后支配其全部生活的"本愿"这个观念。菩萨本愿所关切的是觉悟、解脱，或者济度一切众生——不仅是有情众生而已，无情众生亦在其内。他之所以放弃通常认为属于自身的一切，并不是为他自己求得二口半句的真理——实在说来，在此真如实相的大海洋中，不但没有被抽象构想的真理这种东西可求，即连被视为自我实质而加以执着的那个东西，亦不可得；

他要从自我牺牲的生活之中完成的事，是引导一切众生走向究竟的解脱，达到世间所无的极乐境界，使得智慧之光照遍整个宇宙，眼见诸佛受到一切众生的赞叹和礼敬。这便是构成普贤这位菩萨的修行生活的主要内容。

（五）我说"大乘理想或菩萨理想与小乘理想或罗汉理想成一对比而前者重视实际且与吾人的俗世日常生活具有直接的关系"这句话，也许有人会表示怀疑，看吧，法界是一种多么微妙的世界，所有一切显然不可能发生的事迹皆在发生着，就像它们是担水和搬柴一类的极平常的事儿似的。作为"华严"世界的法界，确然是一个超越的世界，与这些冷酷的人生事实没有任何关连。但是，反对者应该晓得，我们依据《华严经》看世界所取的观点，并不是埋头于个化泥沼之中的某种心灵所取的立场。大乘要我们先把因我们执着地将相对世界看作究极实相而起的种种障碍扫除干净，以便如实地看清人生和人世的真相。帷幕一旦揭起后，障碍也就消除了，万物的如如自性也就显示出来了；而大乘准备面对所谓的人生实际问题并依照如实的真理予以解决，就在此时。矛盾既已根深蒂固地植入生命之中，除非从一个较它本身为高的观点加以观察，否则的话，怎么也无法将它拔除。这个工作一旦完成之后，华严世界也就不再是一个神秘世界了——也就不再是一个没有形体的境域了，何以故？因为此时它已与这个人间世界叠合起来了；不，因为它已变成"汝即是渠"（Thou art it）而使两者融合无间了。法界即是人间界，而它的居民，亦即所有的菩萨，包括诸佛在内，就是我们自己，因此，他们的任务就是我们的工作。这些工作看来充满神秘，简直就是奇迹——假如吾人从这个尘世的一端观看它们，想象另一端真有某种东西的话；但是，由吾人想象筑成的隔墙一旦拆除之后，普贤菩萨伸出救度众生的臂膀，就是我们如今在餐桌上递盐给朋友的手臂，而弥勒菩萨为善财童子打开毗卢遮那楼阁，也就是我们将来访的朋友接进客厅欢晤了。既然不再端坐实相的峰岭、不再处身于绝对合一的静定之中，我们所面对的一切，自然就是一个混乱的世界了；但我们眼见耳闻的一切，毋宁是菩萨和诸佛，他们的额上淌着晶莹的汗珠，为了在愤怒中激烈反对种种形式的不义——简而言之一句话，为了不息反抗以罪恶之名行使的一切而丧身失命的孩子的母亲流着悲悯的眼泪。这又使我们想到了庞蕴居士的名句：

> 神通并妙用；
> 担水及搬柴！

临济义玄禅师谈到文殊、普贤，以及观音三位大士时所做的开示，亦可视为与此有关的一遍讲词，因为他说：

有一般学人，向五台山①里求文殊，早错了也！五台山无文殊！你欲识文殊么？只你目前用处，始终不异，处处不疑，此是个活文殊。你一念心无差别光，处处总是真普贤。你一念心自能解缚、随处解脱，此是观音三昧法。互为主伴，出则一时出。一即三，三即一。如是解得，始好看教(读经)。

后来有位禅师，在谈到临济"五台山无文殊"这个看法时，作了如下偈子，表示他的观点：

> 何处青山不道场？何须策杖礼清凉？
> 云中纵有金毛现，正眼观时非吉祥！

此中"清凉"，为"清凉山"之略称，是五台山的别名；"金毛"，为金毛狮子之略称，传说为文殊菩萨所乘的灵兽；"吉祥"，在此似为"双关"语，既指文殊菩萨（经称"吉祥童子"，敬称"圣妙吉祥"，为梵语文殊的意译），亦含字面所指之意——译者添注。

## 三、相入相即的教义

贯串整个《华严经》经文的那种神秘感，被认为是其诸多显著特色之一。

---

① 中国的五台山是文殊菩萨的道场，而峨眉山则是普贤菩萨的道场，普陀山则是观音菩萨的道场（又九华山是地藏菩萨的道场——译者添足）。

现在我要探测此点并指陈它的出处究在哪里——亦即指出可以称为它的根本精神见地究系什么。因为，《华严经》对于这个世界和心灵有其本身的直观或直觉，许许多多的奇迹，许许多多的神秘或不可思议之处，皆以一种微妙无比的方式接二连三地呈现——所有这些，对于许多人而言，也许显得太虚幻了，超于一般常识的限度太远了。但是，我们一旦抓住了经中所说菩萨经历的精神体验的中心事实之后，此处描述的其他各种场景，就显得十分自然而不再有不合理的情况存在其间了。因此，我们所要做的主要工作，便是掌握它的根本见地——假如我们想要了解《华严经》的话。

《华严经》的根本见地名为相即相入或互相交参（Interpenetration）。从哲学上来说，这是一种略似黑格尔的具体普遍概念（the Hegelian conception of conerete-universals）的思想。每一个个体的实在，除了作为它的本身之外，不但个个反映某种普遍的东西，同时又因各有个别的个体而成为它自己。一种完全的关系不但存在于各个个体之间，而且亦存在于各个个体与普遍之间，存在于特殊的对象与共同的理念之间。此种完全的相互关系之网，已在大乘学者的手里得到了相即相入或相互交参的专门名称。

当唐代的则天武后对这种交参的意义感到难以理解时，当时的华严宗祖师法藏，便以如下办法做了一次举示：他先点燃一支蜡烛，而后在周围十方悬以明镜。于是，中央的烛光便反映在每一面镜子的里面，而每一面镜子里面所映的烛光又反映在其他每一面镜子的里面，如此，便形成了一种完美的烛光交互作用——亦即具体普遍的相即即入。据说，这个办法使武后体悟了相互交参的意义。若要了解《华严经》所说的此种教义，非有这种哲学说明不可。下面所摘《华严经》经文，当可帮助我们一窥它的内在直观。

此经描述佛陀进入名为狮子频申（Simharijrimbhita）的三昧境界而逝多林发生变相的情形之后，接着说道：

何以故？如来善根不思议故；如来白法不思议故；如来威力不思议故；如来能以一身自在变化遍一切世界不思议故；如来能以神力令一切佛及佛国庄严皆入其身不思议故；如来能于一微尘内普现一切法

界影像不思议故；如来能于一毛孔中示现过去一切诸佛不思议故；如来随放一一光明悉能遍照一切世界不思议故；如来能于一毛孔中出现一切佛刹微尘数变化云充满一切诸佛国土不思议故——如于此逝多林给孤独园见佛国土清净庄严，十方一切尽法界、虚空界、一切世界亦复如是……

当所有一切菩萨伴同无量无数眷属从十方世界前来，并开始绕佛而坐之时，《华严经》便开始向它的读者叙述这些多半带着光明云在此聚会的菩萨究竟是谁，并将他们的特点作了如下的说明：

如是十方一切菩萨并其眷属，皆从普贤菩萨行愿中生；以净智眼见三世界；普闻如来所转法轮、修多罗海；已得至于一切菩萨自在彼岸，于念念中现大神变；亲近一切诸神如来；一身充满一切世界，一切如来众会道场；于一尘中普现一切世间境界；教化成就一切众生，未曾失时；一毛孔中出一切如来说法音声……

所有这一切陈述，看来实在虚幻、太富象征意味了，以至得不到所谓理性心灵的认真考量。从主张以客观证据和感官尺度为衡量真理之唯一标准的现实主义或唯理主义观点看来，《华严经》做得可谓颇为差劲。但是，我们必须记住，除此之外，尚有另一种看待事物的观念，尤其是在精神或灵的事物方面，对于吾人内在经验所做的唯理主义解释，不予理会。人类的肉体，一般而言，或从感官的观点来看，只是占据一个可以量度的空间，而它的相续生命，也只是占据一段可以量度的时间而已。与这个人体相对的，是整个广大的宇宙，包括地上的山岳和湖海，以及空中的一切星球。我们怎能使这副人体摄取完全的客观性？我们怎能使一个卑不足道的"毛孔"（romakupa）变成一座神圣的舞台，以使过去、现在、未来三世一切如来得以聚众讨论精神或灵的课题？显而易见，这不是一种绝不可能的事情，也是一种荒诞透顶的想象。但一个奇怪的事实却是：心门一旦打开，一盏光源不明的明灯便会照亮意识的暗房，使得所有一切的时间和空间限制悉解融而去，于是我们作大狮子吼（simhanada）云："我会在亚伯拉罕之前"（原文为"Before Abraham was I am"，有译："未有亚伯拉罕就有我了"，语似较佳，但与原意不符，忽略了"be"的第一人称现在时态的"am"，也就忽视了即今当下通贯过去、现在，乃至未来三时的完整意念——译者附赘），或在人天大众之前宣称："天上天下，唯我独尊！"《华严经》始终总是从这个高超的着眼点写出。假如说科学观察客观的世界而哲学解决逻辑的纠葛的话，佛教则潜入旧有的源头并以最最径捷的方式将它在一部所见的一切报告我们。

当我们谈到华严的哲学基础或黑格尔的具体普遍观念时——这是我们有时要做的工作，读者也许以为佛教是一种哲学系统，而它的经典便努力以其特有的方法为其做解说的工作。假如我们已使读者对经典采取大乘态度的话，我们就得将在这方面已说过的一切收回，重新开始我们的研经工作。且不论禅受了门外评者怎样的误会或错解，它的主要功用在于将吾人作哲理解释的途中所累积的垃圾扫出意识或心灵之外。禅之所以能够使它的中心思想不受污染，就在它的弃绝障道或阻碍精神发展的文字。这也就是说，在体会实相或真理方面，它一直坚定地推举体验和直观的价值，且做得非常成功。禅的善巧固然不同于《华严经》的方便，但两者在精神上并无二致，故而可以相辅相成，彼此补足——当我们努力以深入的方式研究佛教在远东发展的情形时。经典与禅既非互不相容，亦无互相矛盾或抵触之处。经典透过编集人的心理和圣传所表现的内容，禅则依其本身的方式——由祖师们的知识程度与心理上和种族上的差异所节制的做法——加以处理。试读下面所引的一篇禅门讲录，而后与《华严经》做一个比较的研究：

有个汉，自从旷大劫，无住亦无依；上无片瓦盖头，下无寸土立足。且道：十二时中，在什么处安身立命？若由知得——朝到西天，暮归东土！①

---

① 语出夹山灵泉院的晓纯禅师（大概是十一世纪时的人），详见《续传灯录》卷第二十。

## 四、菩萨与声闻

对于《华严经》中的活动气氛既然有了一个大概的认识,现在且让我们看看其听众的成分如何——这也就是说,菩萨不同于声闻的特点究有哪些,换句话说,此处要注意的问题是大乘佛教的特异之处。我们一旦知道菩萨在经中得到怎样的描述之后,也就知道菩萨与声闻有何不同以及经中所述、对小乘思想而说的大乘思想究系什么了。经中开头第一章就针对声闻而强调菩萨,并说明前者何以不能像后者一样参与壮阔的精神或灵性生命开发工作的原因。

为数五百的菩萨到逝多林参加在佛陀督察之下举行的大会。数字相同的声闻亦在听众之中。声闻众中提及名字的有舍利弗、大目犍连、摩诃迦叶、离婆多、须菩提、阿雀楼驮、难陀、却宾那、迦旃延、富楼那等人,而在五百菩萨众中,则以普贤和文殊为其上首。据说,"此诸菩萨成就普贤行愿",而得如下的能力:

(1)境界无碍,普遍一切诸佛刹故;
(2)现身无量,亲近一切诸如来故;
(3)净眼无障,是一切佛神变事故;
(4)至处无限,一切如来成等正觉所恒普诣故;
(5)光明无际,以智慧光普照一切实法海故;
(6)说法无尽,清净辩才无边际劫无穷尽故;
(7)等虚空界智慧,所行悉清净故;
(8)无所依止,随众生心现色身故;
(9)除灭痴翳,了众生界无众生故;
(10)等虚空智,以大光网照法界故。

在另一个地方,经中述及前来逝多林共同举证佛之神力的菩萨时说道:如是十方一切菩萨……知一切众生悉皆如幻;知一切佛悉皆如影;知一切诸趣受生悉皆如梦；知一切业报如镜中像；知一切诸有生起如热时焰；知一切世界皆如变化；成就如来十力无畏，勇猛自在，能师子吼；深入无尽辩才大海；得一切众生言辞诸法智；于虚空法界所行无碍；知有一切无有障碍；一切菩萨神通境界悉皆清净，勇猛精进，摧伏魔军；恒以智慧了达三世；知一切法犹如虚空，无有违诤，亦无取著，虽勤精进，而知一切智终无所来；虽观境界，而知一切有悉不可得；以方便智入一切法界；以平等智入一切国土；以自在力令一切世界展转相入；于一切世界处处受生；见一切世界种种形相；于微细境现广大刹，于广大境现微细刹；于一佛所一念之顷，得一切佛威神所加，普见十方，无所迷惑，于刹那顷悉能往诣。

与此五百菩萨相对的五百声闻，他们的资质怎样呢？经云：

悉觉真谛，皆证实际；深入法性，永出有海；依佛功德，离结使缚；住无碍处；其心寂静，犹如虚空；于诸佛所，永断疑惑；于佛智海，深信趣入。

我们只要将声闻与菩萨的特质做一个比较的研究——就像我们此前所做的一样——我们当会立即看出，前者的冷漠、超然，以及玄理的思维，与后者的精神作用和奇迹作用，是一个多么鲜明的对比。菩萨总是不息地忙着服务他人，时而使自己的化身过满整个宇宙，时而出现在另一种人生道上，时而摧毁邪恶的魔军，时而恭敬，供养过去、现在，以及未来三世一切诸佛。而他在这些活动中完全自在，无论到什么地方，都是从容不迫，对他身为救世者的工作，没有任何障碍。与此相反，声闻则是一种知识分子的隐者，他的见解完全是玄理的东西，其间没有宗教的热忱；他满足于他已获得的东西，无意让他人分享他那精神上的，或者，毋宁说是玄学上的体悟。对他而言，这整个不可思议的世界，可说是一本封闭的天书，而这个不可思议的世界却是一切菩萨之所属及其求得生存理由的地方。声闻的知识不论多么透彻、多么卓著，但仍有这样一个世界，不是他的这种知识所可得而了解。

运用《华严经》的术语来说，这个世界就是我们发现"如来神力（vikurvita）、如来严好（vyūha）、如来勇健（vnisabha）、如来游戏（vikridita）、如来神变（pratinarya）、如来尊胜（adhipateyata）、如来妙行（caritarikurvita）、如来威德（prabhāra）、如来住持（adhis thāna），以及如来刹净（ksetrapariśiuddhi）"的所在。同时，这个世界也是"菩萨境界、菩萨大会、菩萨普入、菩萨普至、菩萨普诣、菩萨神变、菩萨游戏、菩萨眷属、菩萨方所，菩萨庄严师子之座，菩萨宫殿、菩萨住处、菩萨所入三昧自在、菩萨观察、菩萨频申、菩萨勇猛、菩萨供养、菩萨受记、菩萨成熟、菩萨勇健、菩萨清净法身、菩萨智身圆满、菩萨显身示现、菩萨色身成就、菩萨诸相具足清净、菩萨常光众色庄严、菩萨放大光之网、菩萨起变化之云、菩萨身遍满十方、菩萨诸行圆满"之处。

## 五、相异的因缘

使得菩萨与声闻发生如此差异的因缘究系什么呢？

对于此种显著的差异，《华严经》没有忘记指出其发生的原因；在逝多林举行的菩萨会上，发生了种种奇妙的显示和神变，但与会的声闻众完全视而不见，何以故？《华严经》举出了如下的原因：

以善根不同故（1）；本不修习见佛自在善根故（2）；本不赞说十方世界一切佛刹清净功德故（3）；本不称叹诸佛世尊种种神变故（4）；本不于生死流转之中发阿耨多罗三藐三菩提心故（5）；本不令他住菩提心故（6）；本不能令如来种性不断绝故（7）；本不摄受诸众生故（8）；本不劝他修习菩萨波罗蜜故（9）；本在生死流转之时不劝众生求于最胜大智眼故（10）。（并且）本不修习生一切智诸善根故（11）；本不成就如来出世诸善根故（12）；本不得严净佛刹神通智故（13）；本不得诸菩萨眼所知境故（14）；本不求超出世间不共菩萨诸善根故（15）；本不发一切菩萨诸大愿故（16）；本不从如来加被之所生故（17）；本不知诸法如幻、菩萨如梦故（18）；本不得诸大菩萨广大欢喜故（19）；（总而言之）不知如是不与一切二乘所共普贤菩萨智眼境界故（20）。

如此,《华严经》结论说:

……诸大声闻(如舍利弗等),无如是善根故,无如是智眼故,无如是三昧故,无如是解脱故,无如是神通故,无如是威德故,无如是势力故,无如是自在故,无如是住处故,无如是境界故——是故,于此不能知,不能见,不能入,不能证,不能住,不能解,不能观察,不能忍受,不能趣向,不能游履,又亦不能广为他人,开阐解说、称扬示现、引导劝进,令其趣向,令其修习,令其安住,令其证入。

何以故?诸大弟子依声闻乘而出离故,成就声闻道,满足声闻行,安住声闻果;于无有谛得决定智;常住实际究竟寂静;远离大悲,舍于众生;住于自事,于彼智慧,不能积集,不能修行,不能安住,不能愿求,不能成就,不能清净;不能趣入,不能通达,不能知见,不能证得——是故,虽在逝多林中对于如来,不见如是广大神变。

总而言之:此等声闻尚在深厚的业障覆盖之下,不能发起菩萨救世的大愿,而其所见不明不透,不足以看清生命的奥秘,因为经中所说的净智眼尚未睁开,但菩萨却只需看上一眼即可澈见精神境界之中所有一切的奇迹和不可思议之处。两相比较,声闻的哲理见地是何等的浅陋!

## 六、譬喻

《华严经》又为我们做了几个譬喻,更为鲜明地叙述声闻道的修行者仍未走出的境地,且让我引述一两个例子:

佛子,如恒河岸有百千亿无量饿鬼(preta),裸形饥渴,举体燋然;乌鹫豺狼,竞来搏撮;为渴所逼,欲求水饮;虽住河边而不见河;设有见者,见其枯竭。何以故?深厚业障所覆故——彼大声闻,亦复如是,虽复住在逝多林中,不见如来广大神力;舍一切智,无明翳膜覆其眼故,不曾种植萨婆若地(sarvajmata)诸善根故。

譬如有人,于大会中昏睡安寝,忽然梦见须弥山顶,帝释所住善见大城;宫殿园林,种种严好;天子天女,百千万亿,普散天华,遍满其地;种种衣树，出妙衣服；种种华树，开敷妙华；诸音乐树，奏天音乐；天诸采女，歌咏美音；无量诸天，于中戏乐。其人自见着天衣服，普于其处，住、止、周旋。其大会中一切诸人，虽同一处，不知不见。何以故？梦中所见，非彼大众所能见故。一切菩萨、世间诸王亦复如是：以久积集善根力故、发一切智广大愿故，学习一切佛功德故，修行菩萨庄严道故，圆满一切智智法故，满足普贤诸行愿故，趣入一切菩萨智地故，游戏一切菩萨所住诸三昧故，已能观察一切菩萨智慧境界无障碍故，是故悉见如来世尊不可思议自在神变——一切声闻诸大弟子皆不能见，皆不能知，以无菩萨清净眼故。

复举一喻：

譬如雪山，具众药草，良医诣彼，悉能分别。其诸捕猎、放牧之人，恒住彼山，不见其药。此亦如是，以诸菩萨入智境界，具自在力，能见如来广大神变。诸大弟子，唯求自利，不欲利他；唯求自安，不欲安他，虽在林中，不知不见。

譬如地中，有诸宝藏，种种珍异，悉皆充满。有一丈夫，聪慧明达，善能分别一切伏藏；其人复有大福德力，能随所欲，自在而取，奉养父母，赈恤亲属，老病、穷乏，靡不均赡。其无智慧、无福德人，虽亦至于宝藏之处，不知不见，不得其益。此亦如是，诸大菩萨，有净智眼，能入如来不可思议甚深境界，能见佛神力，能入诸法门，能游三昧海，能供养诸佛，能以正法开悟众生，能以四摄摄受众生—诸大声闻不能得见如来神力，亦不能见诸菩萨众……诸大弟子虽在林中亲近世尊，不见如来自在神力，亦不见菩萨大会，何以故？无有菩萨无碍净眼，不能次第悟入法界，见于如来自在力故。

……何以故？如来境界甚深广大，难见难知，难测难量，超诸世间，不可思议，无能坏者——非是一切二乘境界。是故如来自在神力，菩萨众会，及逝多林，普遍一切清净世界，如是等事，诸大声闻，悉不知见，非其器故。

## 七、《华严经》的大乘本质

从上面所引各节经文及其描述的内容看来，我想我已将《华严经》的大概背景描出一个相当清晰的轮廓了，由此，我们不但可以得知下列各种意念，亦即此经的真正内含——至少是它的开卷第一品的大概内容——同时还可进一步窥见大乘佛教的要义。

（一）这里面有一个虽不属于这个世界，但与这个世界亦不相离的世界。

（二）我们通常生活的这个世界，以充满种种拘限为特性。其中每一个个别的实体悉皆互相对立，而这便是它的自性（svabhāva），但在名为"法界"的华严世界里面，所有的个体悉皆包容在一个广大的总体之中，而这个总体则由每一个个体参与其间。不仅如此，每一个个体亦在它自己里面含容其他所有这样的个别存在。因此之故，法界里面有一种所谓的相即相入的关系。

（三）此等不可思议的超自然现象，在这个由黑暗与冷酷当道的世界中，便无法形成，何以故？无法彼此相入故。在这种情况之下，如果有透入情形发生的话，那就是一切个体悉皆大崩溃了，也就是混沌一团了。

（四）因此，法界是一种没有任何阴影的光明世界，而光明的主要特性便是可以相即相入而不相碍相妨或互相毁灭。一种光可在它的本身之中以个别以及整体的方式，同时反映其他所有一切的光。

（五）这既不是由冷酷的逻辑推理求得的哲理解说，也不是想象的象征表示——这是一种真正精神体验的世界。

（六）精神或灵的体验，好似感官的经验。这是一种直接的体验，它将体验到的一切直接告诉我们，既不借助推论的手段，更不诉诸象征的办法。我们应以此种方式体会《华严经》——也就是说，将它视为一种记录吾人实际精神生活的文书加以阅读。

（七）此种精神境界属于菩萨，非声闻所可得而明了，后者静静地住在一种知识直觉和一味不变的世界之中，高踞于一、多不息互相交参的世界之上。菩萨有一颗慈爱的大悲心，而他所过的生活，则是一种为了众生世界而牺牲奉献的生活。

（八）一个由生灵组成的社会，只有透过大悲（mahākurunā）、大慈（mahāmairri）、净戒（śila）、大愿（praṇidhāna）、神通（abhijñā）、无作

(anabhisaṃskāra)、不执（anāyūha）、般若智（prajñpāya）所生的方便，以及化身（birmāṇa）等方式，始可接近①。

（九）由于声闻乘中缺乏此等德性，因此，它的信徒也就不容加入这个由诸佛和菩萨组成的大会了。虽然他们身在其中，亦无能力领会此等法会所进行的一切。大乘并不只是主张性空而已，还有一种伟大的社会精神在背后活动着哩。

（十）最后，我们必须知道的是，在逝多林发生的所有这一切现象背后，以及在围绕佛陀四周的那些应化菩萨的背后，有一种加被或加持之力（adhistāṇa）存在。这种力量来自佛陀本身。他是一个伟大的中心和光明的源头。他是太阳，其光可以照见宇宙的每一个角落而不留任何余影。因此，《华严经》中的佛陀为"摩诃毗卢遮那佛"（Mahāvairochana-Budda），意为"大光明佛"，可译作"大日如来"。

## 八、经中所说的佛陀与禅匠所见的佛陀

现在到了本文的结语部分，且让我引用一位菩萨②在赞叹佛德时所说的那首偈子，好让我们看看他在经中与其信众的一般关系究竟如何：

1. 释迦无上尊，具一切功德；
   见者心清净，回向大智慧。
2. 如来大慈悲，出现于世界；
   普为诸众生，转无上法轮。
3. 如来无数劫，勤苦为众生。

---

① 此节引自弥勒菩萨对善财童子所做的开示。详见滚筒油印梵文本第一四一四至一四一五页。
② 这位菩萨名叫 Dharmadhātu-tala-bheda-jñāna-abhijñā-rāja（中文为"法界差别愿智神通王"——译者），从这个世界上方前来参加逝多林大会。详见滚筒油印本第八十六页。（经将下引偈文的英译与中文译文对照研究后，发现两者大体相同；故ును中文译语而不另译——虽第一偈示末后一语的英译为 the Mahāyāna，意为"大乘"，而中译"大慈慧"——译者）。

云何诸世间，能报大师恩？
4. 宁于无量劫，受诸恶道苦，
　　绝不舍如来，而求于出离。
5. 宁代诸众生，备受一切苦，
　　终不舍于佛，而求得安乐。
6. 宁在诸恶趣，恒得闻佛名，
　　不愿生善道，暂时不闻佛。
7. 宁生诸地狱，一一无数劫，
　　终不远离佛，而求出恶趣。
8. 何故愿久住，一切诸恶道？
　　以得见如来，增长智慧故。
9. 若得见于佛，除灭一切苦；
　　能入诸如来，大智之境界。
10. 若得见于佛，舍离一切障；
　　　长养无尽福，成就菩提道。
11. 如来能永断，一切众生疑；
　　　随其心所乐，普皆令满足。

　　上面所举引文，目的在于阐示来自世界十方每一个部分的菩萨对于佛陀所持的一般态度。为了举示此种佛陀观在禅中起了怎样的变化，我要引用禅匠们对于"如何是佛"这个问题所做的一些答语，作为说明。下面，我们将不难看出：佛陀到了禅中，就不再是一个身带天神之光的超自然造物了；他成了一个跟我们没有两样的老绅士；他在我们当中走来走去，跟我们谈这谈那，可以说是一位和蔼可亲的常人。无论他放什么光，都得由我们去发现，因为，那已不是肉眼可见的了。中国人的想象可没有那样高明、那样光灿、那样令人眼花缭乱。本文第一部分所述的那些光辉景象，至此皆已收敛起来了，因此，我们也就重新立足于这个灰色的大地之上了。就佛陀本人及其超自然的作用和不可思议的环境而言，从表面看来，禅与华严经之间似有一条严重的裂缝。但当我们一经深入此事的实质之后，即可看出，它的里面却有不少"相即相入"或"互相交参"的地方，只有以华严的眼光去看始可明白。

  ……
  僧问百丈怀海禅师（720—814）："如何是佛？"
  师云："我是阿谁？"
  僧云："某甲。"
  师云："汝识某甲否？"
  僧云："分明个。"
  师乃举起拂子云："汝还见么？"
  僧云："见。"
  师乃不语。①

这里的问题是：这僧的问题得到解答了没有？他见到佛了没有？

  芙蓉灵训禅师，初参归宗，问："如何是佛？"
  宗曰："我向汝道，汝还信否？"
  师曰："和尚诚言，何敢不信？"
  宗曰："即汝便是！"
  师曰："如何保任？"
  宗曰："一翳在眼，空华乱坠！"②

对于这个问答，后来的法眼大师评云："归宗若无后语，有什么'归宗'也？"

---

① 详见《传灯录》卷第六。
② 语见《传灯录》卷第十。

僧问大龙智禅师："如何是佛？"
师云："即汝便是。"
僧云："如何领会？"
师云："更嫌钵盂无柄那？"①
有僧惠超问法眼禅师："如何是佛？"
师云："汝是惠超！"
其僧于是悟入。②

对于这个公案，后来的禅师颂云：

问佛从头理不亏，莫同巧妙骋锋机。
真金若不炉中锻，争得将金唤作泥？

——汾阳昭禅师

江国春风吹不起，鹧鸪啼在深花里。
三级浪高鱼化龙，痴人犹戽夜塘水！

——雪窦显禅师

逆官买卖不相饶，问佛言云是惠超。
嗟见衲僧生异解，认他虹桥作仙桥！

——天衣怀禅师

才到元正便是年，暖风无处不陶然。
途中多少寻春客，误听黄莺作杜鹃！

——佛惠泉禅师

问佛分明答惠超，半斤八两不相饶。
丛林万古为殃祸，恶语伤人恨不消！

——真歇了禅师

---

① 语见《传灯录》卷第二十三。
② 详见《禅林类聚》卷第二。

下面所引马祖的答语较为抽象，亦较为富于哲理的意味：

　　大梅法常禅师，初参马祖，问："如何是佛？"
　　马祖答云："即心是佛。"
　　师即大悟，便入山隐居。
　　马祖闻师住山，乃令一僧往问云："和尚见马师，见个什么，便住此山？"
　　师云："马师向我道：'即心是佛。'我便向这里住。"
　　僧云："马师近日佛法又别。"
　　师云："作么生别？"
　　僧云："近日又道：'非心非佛'。"
　　师云："这老汉惑乱人未有了日。任汝非心非佛，我只管即心即佛！"
　　其僧回，举似马祖，祖云："梅子熟也！"①
　　僧问云居义能禅师："如何是佛？"
　　师云："即心是佛。"
　　僧云："学人不会，乞师方便。"
　　师云："方便呼为佛，回光返照看：身心是何物？"

禅师经常劝告弟子的忠言是："莫执文字"。文字（包括语言）有个专门术语，叫作"方便"（upaya），亦即助人体会禅理的工具。

　　僧问真净文禅师："如何是佛？"
　　师呵呵大笑。
　　僧曰："何哂之有？"
　　师曰："笑你随语生解。"
　　僧曰："偶然失礼。"

---

① 详见《传灯录》卷第七。

师喝曰:"不得礼拜!"

僧便归众。

师复笑曰:"随语生解!"

这就是僧问"如何是佛"而禅师们往往答以"口是祸门"的道理。

我如果这样引录下去,不知何时才能结束,因此,下面只举数例,借以表明禅师们在答复"如何是佛"的问题当中指出了多少方面。所有的答语皆不必指是佛的一个方面;因为,这些答语多少总得受到发问情况的约制。

洞山守初答云:"麻三斤。"

云门文偃答云:"干屎橛。"

汾州无业答云:"莫妄想!"

首山省念答云:"新妇骑驴阿家牵。"

芭蕉义的答语是:"山青水绿。"

归宗道诠(928—985)的答语是:"待得雪消后,自然春到来。"

保福殊的答语是:"描不成,画不就。"

澄慧端的答语是:"泥捏金装。"

道吾能的答语是:"毁着下瞋。"

五祖演的答语是:"露胸跣足。"

僧问赵州从谂禅师:"如何是佛?"

师云:"殿里的。"

僧云:"殿里的是泥龛塑像。"

师云:"是。"

僧云:"如何是佛?"

师云:"殿里的。"

又有僧问:"如何是目前佛?"

师云:"殿里的。"

僧云:"这个是相貌佛。如何是佛?"

师云:"即心是。"

僧云:"即心犹是限量。如何是佛?"

师云:"无心是。"

僧云:"有心,无心,还许学人拣也无?"

师云:"有心,无心,总被你拣了也,更教老僧道什么即得?"

例子已经举得够多了,因为,这已使我们足以看出禅师们在依照自己的见地与当时的情况答复这个问题之时的心境了。我们不妨说,中国人的实践精神已使佛陀重返人间,以使他赤足袒胸、灰头土面地在我们之间活动了。比之在逝多林受到十方菩萨恭敬礼拜的那个崇高伟大的形象来,首山省念那位手牵老驴的婆婆佛,或智门光祚那位肌肉发达的赤足大仙[1],显得多么滑稽可笑!然而,我们却可从这幅景象之中看出:《华严经》的真正精神已经实实在在地适应远东的水土了。

---

[1] 智门光祚回答"如何是佛"的问题时说道:"踏破草鞋赤脚走。"又答"如何是佛向上事"的问题时说道:"拄杖头上挑日月。"对于这个问答,南室静禅评唱云:"问又问得好,答亦答得奇。今日或有人问:'"踏破草鞋赤脚走",意旨如何?'只向道:'碧潭深处清秋月。''"拄杖头上挑日月"又作么生?''紫罗帐里撒真珠。'然虽如是,此犹是赞叹之语。却'如何是佛?''池荫荅莲,两株清瘦柏。''如何是佛向上事?''长向僧家庭,何劳问高格。'又颂云:'踏破草鞋赤脚走,胸中愤气冲牛斗。须弥顶上击金钟,百战场中狮子吼!'"

第三篇

# 菩萨的住处

禅

当我们说，菩萨的住处实无住处，菩萨住于无住之处，菩萨犹如云行太空而无依托这类话时，在他们听来，也许毫无意义可言，但这正是大乘佛徒修行的办法。《华严经》中有关"何处是菩萨住处"这类问题，皆以毗卢遮那庄严藏楼阁的形式摆在我们眼前。而禅者处理这个问题时也留下数则案例，由此可见中国人的心灵与印度人很大不同。

## 一、来处与去处

兜率从悦禅师（1044—1091），室中设三语以验学者：一曰：拨草瞻风，只图见性——即今上人性在什么处？二曰：识得自性，方脱生死——眼光落地时作么生？三曰：脱得生死，便知去处——四大分离向什么处去？[①]

"我是什么""我在哪里""我从何处来""我向何处去"所有这些问题，只是一个问题，说法不同而已。我们只要明白其中一个，其余的即可迎刃而解。"我是什么"追询的是实际的自性（svabhāva），亦即主观、客观一切万法的根本。我们一旦明白了这个问题，便会知道我们究在哪里了，这也就是说，我们便会知道吾人与以空间扩展和以时间相续的环境之间处于什么样的关系了。这个问题一旦明确了，生死的问题也就不再烦恼我们了。为什么？因为生与死是彼此相关的两个名词，是故，只有如此去看，才能成立。实际说来，"什么""何处""如何""何处去""何处来"——所有这些疑问词，只有用于人在世间的相对生活上，才有意义。但是，我们一旦抛开了此种在时间、空间，

---

① 详见《续传灯录》卷第二十二。

以及因果关系控制之下的生活,我们也就由于与这些问题毫不相关而将它们抛开了。因为,我们一旦彻悟了实相的自性,也就可以从另一个完全不同的方面——亦即从一个无需此种属于相对世界疑问的方面——揭示生命的本身了。因此之故,我们可以看出,兜率的这个"三问"实际上非常简单,在此不妨化为"一问":"你的自性在什么处?"(亦即"哪里是你的住处?")——你的一切作用的出处。而这个出处就是菩萨的住处,而这正是我在这里所要申述(主要用《华严经》的文句)的题目。

从心理学上来说,答复"何处"的答案,所指的是吾人对于一般的客观世界所持的根本心态,因此,在禅门问答中,这个问题所取的形式通常皆是:"甚处来"亦即"你从哪里来"而禅师们亦以这个问题探询来参的学者在哪里求得精神上的庇护之所。我们不妨说,禅门的整个训练就在寻找、探求,或发掘这种处所。因此之故,所谓开悟,也就是一个人摸到了自己的生命根底了——假如真有这种东西的话。"何处"这个问题,在禅门问答中所取的形式是:"甚处来"或"近离甚处",亦即"你从哪里来",这是一句颇为寻常的问话,但深明此理的人将会明白,这是一个十分重大的问题。这句问话亦可说成:"甚处去"亦即"你到哪里去""来自何处"以及"去向何处"——大凡能够适当地答复这些问话的人,可说已经真的开悟了。

住在睦州的陈尊宿①,常以"甚么处来"或"今夏在什么处"这样的问题探测来参的学者。一僧答云:"待和尚有住处即说似和尚!"这位尊宿讽刺地道:"狐非狮子类,灯非日月明!"尊宿问另一位新到的僧人:"什么处来?"其僧瞪目视之。尊宿说道:"驴前马后汉!"

有一僧人答云:"来自江西。"尊宿说道:"踏破多少草鞋?"

一僧答云:"来自仰山(一位著名禅师的住处)。"

尊宿说道:"你打妄语!"②

僧问灵树如敏禅师:"和尚生缘什么处?"

---

① 陈尊宿与临济是同代人,唯年纪较长。详见《传灯录》卷第十二。
② 原语是:"五戒也不持!"

师曰:"日出东,日落西。"

大随法真问僧:"什么处去?"

僧曰:"礼普贤去。"

师举拂子云:"文殊、普贤总在里许。"

僧作圆相,抛向后,乃礼拜。

师曰:"侍者,取一贴茶与这僧。"

又一次,师问另一僧云:"什么处去?"

僧云:"西山住庵去。"

师曰:"我向东山头唤汝,汝还来得么?"

僧云:"即不然。"(英译大意云:"那怎么可能?")

师曰:"汝住庵庵未得。"(此句英译改用第三人称间接叙述法云:"这位禅师告诉他,他还没有准备好住庵。"意思是说,他住庵的条件还没有具备,亦即:他还不够资格住庵。)[1]

福州灵训禅师,辞别其师归宗智常[2]。

常问:"子什么处?"

师曰:"归岭中去。"

常曰:"子在此多年。装束了却来,为子说一上佛法。"

师结束了上堂。

常曰:"近前来。"

师乃近前。

常曰:"时寒,途中善为!"

临济禅师[3]辞别其师黄檗所做的应对,是最著名的答语之一。

檗问:"什么处去?"

师云:"不是河南便归河北。"

---

[1] 灵树如敏与大随法真两人皆是福州常庆大安(逝于833年)的法嗣,俱见《传灯录》卷第十一。
[2] 归宗智常禅师,大概出世于八世纪之末、九世纪之初。
[3] 逝于867年,详见《传灯录》卷第十二。

由此可见，"何处"这个问题，有时用与老师本人住处相关的语句加以表示，乃是一件非常自然的事情。就此而言，发问的人通常是想知道老师所住寺院特有景象，亦即"境"的禅僧。中文"境"之一字，除了含有英文 sights、views、ground、territory、boun day 或 realn 等意之外，通常亦被当作梵文 gocara，或 visaya 的同义词加以运用。visaya 含有英文 sphere、dominion、district、range、abode 等字之义，而 gocara 则有 pasture ground for cattle、field for action、dwelling-place、abode 等义。这个术语，一旦得了一种主观的意义（就像佛教文字常用的一样）。所指的意思，便是一个人对于各种刺激所取的一种全面性的心灵或精神态度。不过，严格说来，禅者并不将"境"或"境界"视为一种纯然的心灵态度或倾向，而是将它看作一种更为根本、构成吾人生命基础的东西，这也就是说，将它视为一个人真正生活、行动，及其获得存在理由的一种实际场地。这种场地，本质上决定于吾人精神或灵性直觉的深度和明度。因此，"如何是河山境（例如）"所指的便是"你沩山（例如）对于佛教究极真理的体悟如何"，或者"使你法尔如然地存在世间的主要生命原理究系什么"。故此，既有禅师拿"甚处来""什么处"或"何处去"等类问题征问来求开示的学僧，亦有禅僧以与住处、境界、寺址等等相关的问题验问自认已经不再需要为了求得最后安息处所而去行脚参访的师家。由此看来，这两类问题实际上并无二致。

僧问沧溪璘禅师[①]："如何是沧溪境？"

师曰："面前水正东流。"

僧问湖南湘潭明禅师[②]："如何是湘潭境？"

师曰："山连大岳，水接潇湘。"

金陵泰钦禅师[③]，初住洪州幽谷山双林院时，有僧问云："如何是双

---

① 云门（逝于949年）禅师法嗣，详见《传灯录》卷第二十三。
② 云门禅师法嗣，详见《传灯录》卷第二十三。
③ 法眼禅师（逝于956年）法嗣，详见《传灯录》卷第二十五。

林境？"

师曰："画不成。"

洪州云居山的道奇禅师[1]，对于他所住的山境，显然不愿提出任何确定的答语，且看：

僧问："如何是云居境？"

师曰："汝唤什么作境？"

又问："如何是境中人？"

师曰："适来向汝道什么？"

## 二、大乘经典的"无住"与禅匠

在许多大乘经典中，常常述及"起心动念而不系着于任何东西"（the raising of thought unattached to anything）。此系最著名的经句之一，原出《金刚经》，据说曾使中国禅宗六祖慧能大师的心灵觉醒到某种开悟的境界，故而亦被历代禅师们用以阐示他们的教义。此句的中文译语是"应无所住而生其心"（Ying wu so chu êrh shêng ch'i hsin），梵语的原文读作"Na kuacit pratisthitaṁ cittam utpādayitavyam"[2]，意译的大意是："让你的心念生起而不系着于任何地方"（Let your mind or thought takeits rise without fixing it anywhere）。梵文 citta，通常被译为"念"（thought），尤常译作"心"（mind or heart）。中文的"心"字较英文的 thought 或 mind 字具有更为广泛的含义，因为，除此之外，它不但指"存有的中心或道理"（the centre or reason of being），而且在中国哲学以及中文日常用语中也是含义丰富的字词之一。以此而言，所谓"应无所住而生其心"，意思就是"完全做自己的主人"（to be perfect master of oneself）。吾人一旦依附于某种东西，就没有了完全的自主；如此一来，一个自我灵魂（ego-soul）或一个

---

[1] 法眼禅师的另一法嗣，详见《传灯录》卷第二十五。
[2] 见墨勒（Max Muller）英译《金刚经》第二十七页。

名叫上帝的造物主的观念，通常就会将我们抓住了。因此之故，吾人凡所活动，都因依附某种东西而陷于一种仰赖和束缚的境地之中。如果有人问："你在何处？"我们就得答复："我被系在一根杆子上面。"如果有人问："你的住处境界如何？"我们就得答云："我在一个圆圈之中活动，它的半径等于那根系绳的长度。"这根绳子如不予以割断，我们就无法成为自由行动的人。这根绳子有其可以量度的长度，而它所划的圆圈亦有其可以计算的限域。我们是在他人的悬丝上面跳舞的傀儡。但是，一个周边无限而其中心又无杆子和绳索的圆圈，便是一个很大很大、大至无限的圆周了，而这便是禅师设置其住处的所在。这个范围无限，故而中心亦无定处的圆周或境地，便是菩萨安置其住处的适当基址。

在《八千颂般若经》[①]中，我们可以读到如下的语句："如来心无所住：不住于有限、不住于无限——是故永无所住。"[②]所谓"无住之心"（或"无着之心"），从心理学上来说，就是出于无心源头的意识，亦即出于无心的心，因为，依据佛教的学理来说，世间根本没有所谓自我灵魂这种心理的或哲理的实体可得，而一般人却视其为构成个体存在的基础，故而亦视之为一切心理作用的固着点。但是，因为必须将这个固着予以扫除，才能达到成佛的境界，是以，大乘经典，尤其是般若经典，就将它的整个教理重点放在性空的学理上面。因为，唯有运用这种手段，我们才能割离某种固着而一劳永逸地从生死轮回的束缚中解脱出来。

佛教所传的是一种实际的精神锻炼，因此，它所做的任何陈述，莫不皆是经验的直接表现，故而理智的或玄学的解说，都没有插足的余地。生起心念而不固着于任何一点，就像浮云游于太空而无螺旋或钉子固定一样，这样的话听来也许不无怪异。然而，你一旦体会了其中的意味之后，此种无住无着的观念问题也就迎刃而解了。通常，最好的办法是搁开这些原创

---

① 详见密陀罗（Mitra）所出的《八千颂般若经》第三十七页。
② 这节引语的原文是：Apratstitamamaso hi tathāgato' rham samyaksaṁbuddah. sa naiva saṁskrite dhātau sthito nāpy asumskrite dhātau sthito na ca tato vyutthitah。

的表述之语，让读者在自己的心中体会它们的真意。使它们转化而成现代的术语，尽管往往非常投合读者的心意，但如此获得的理解通常只是抽象思维或理智运作的结果。不用说，如此的心得往往意味着具象的丧失，故而往往是一种得不偿失的"心得"。

在《维摩经》中，我们亦可读到"菩提无所住，是故无得者"；或者"从无住本立一切法"一类的语句；又在《首楞严三昧经》中，亦可读到这样的经文："如此菩萨，一切佛国皆是住处，而不着住处，不得住处，不见住处。"诸如此类的经句，大乘经典中随处可见。

又在以否定语陈述的《般若经》中，亦有如下的句子：

> 如来所说法不可得，无障无碍，有如虚空，无迹可寻；超于一切对比，不可反对；超于生死，无法接近。此法唯有随于如来如如之性可以证得。何以故？此如无二无别，超于去来，永恒常住，超于变、离、分别，绝对唯一，非意所测。①

如来所说的真理既然无法以任何肯定的方式加以界说，故而《般若经》就只有运用一系列的否定语加以遮遣了。唯一肯定的说法是将它指称为"如""如如"或"如是"（tathatā, state of being so, or suchness, or so-ness）。对于识者而言，此语不但颇能达意，而且亦颇满意，但从逻辑的观点来看，可说毫无所指，空无内容。此是难以避免的事；直观的用语类皆如此，而所有一切属于宗教意识的真理，不论显得多么富于理智，毕竟还是不出这个范围。"我是什么？""我在何处？"或者"我何去何从？"——所有这些问题，悉皆出于理智，但其答案却根本不合逻辑。若不使用一系列遮遣的否定语，那它简直就不是通常的理解方法所可得而晓知的哑谜了。就此而言，禅语是最糟的语言。请注意下面所引各节，因为它们将是《华严经》所述的菩萨住处这个题目的引言部分的结语。

---

① 语见节本《八千颂般若经》卷第二十六"如来品"。

临济的法嗣三圣，令秀上去问南泉（748—834）的法嗣长沙景岑禅师："南泉迁化向什么处去？"

长沙答云："石头（700—790）作沙弥时参见六祖（673—713）。"六祖去世时，石头希迁才十三岁，但后来到其师兄青原行思会下习禅而成为一代大师。问题是，提起这件过去大概已有一百年的历史事件，与南泉迁化之后的去处又有什么关系呢？从某一方面来说，这个问题要问的似乎是一件十分严肃的事情，不可那么轻描淡写地打发过去——不可那样打哑谜似地支吾过去。你也许要问：先师的过世，与我的侍者受命去买文具（例如究有什么关系？）

但三圣的信使秀上座却没那么容易打发过去；他显然希望要探测长沙的一切，因此又紧迫道："不问石头见六祖——南泉迁化向什么处去？"

对此，长沙答云："教伊寻思去。"（英译大意是："教人费思量。"）

秀云："和尚虽有千尺寒松，且无抽条石笋。"

长沙默然。

秀云："谢和尚答话。"

沙亦默然。

秀回，举似（将经过报告）三圣，圣云："若实怎么，犹胜临济七步。然虽如此，待我更验看。"

次日，三圣往问云："承闻和尚昨日答南泉迁化一则语，可谓光前绝后，今古罕闻！"

沙亦默然。

关于此点，有一支日本流行歌，也许可以引用于此：

来了么他？来了么他？
我到河边去接他。
可是河边什么也没！
只有风鸣松树间！

下面所引的一首中国诗，录自《唐诗选》，对于长沙的禅悟程度，也许可有一些揭示：

  松下问童子，
  言师采药去。
  只在此山中，
  云深不知处！

  当理智对真理无法提出一种准确的分析报告时，我们便运用想象，以想象深入实相的理体。实相显然不肯在理智的面前现身，因为它是一种不可穷诘的东西。此处所说的"不知"（unknowability），非逻辑领域的所能管辖，而是属于另一个有灵视生起的地方。这个不可思议的境域，从理智上来看，总不免有些雾里观花的感觉，但从根本上来说，却也令人颇为满意。理智拼命钻入此种浓密的神秘之雾，或者探寻此种没有定性的微风究在何处，但对这个难解的哑谜仍然不得其门而入。

  对于禅匠所提与般若等经编者所想之调节菩萨行为的生活原则，既已做了一番概观，现在，且让我们看看《华严经》中有何说明。禅师会采用生活原则或生命原理这一类的术语；他不是运用日常的生活事件，就是利用身边常见的具体物事。他只要探问学者的来处或去处，就可明白他们的住处究在何处了——这也就是说，他就知道究系什么促使他们去做一系列活动的了。这种训练方法，对于一般人而言，也许会认为太难了，无法体会它的背后究系什么。

  无着之教或无住之说，对于不惯于以这种方式表现本身精神境界的人而言，也不容易掌握。要他们让心灵发生作用而不依附任何东西，而不以任何方式使他们本身系着于某个明白可知的中心，听来也许犹如说梦。当我们说，菩萨的住处实无住处，菩萨住于无住之处，菩萨犹如云行太空而无依托这类话时，在他们听来，也许毫无意义可言，但这正是大乘佛徒修行的办法，三段论法（syllogism）的任何陈规在此皆无用武之地。

对于"何处是菩萨住处"这个问题，现在，我们也许可以看看我们可从《华严经》得到一些什么了。这是我们一开始就想参究的课题——尤其是要在与禅对待这个问题所取的办法的对比之下看个清楚。在《华严经》中，有关"何处"或"甚处"这类问题，系以毗卢遮那庄严藏楼阁（vairochana-vyūha-alaṅkāra-garbha）的形式摆在我们眼前。年轻的参访者善财童子，站在它的前面瞻视它，描述它，知道它是弥勒菩萨的住处。这里面的描述并不是一种客观的报告，因为它的基础建立在这位志求菩萨道的初学菩萨所得的回想上——建立在由他过去在长途参访之中所得的一切体验和开示而来的印象上。当此毗卢遮那楼阁被如此描述为弥勒菩萨的住处时，其中所列举的特性不只用于弥勒菩萨本身，同时亦适用于过去、现在，以及未来一切菩萨——包括已得真正灵悟的一切禅师在内。总而言之一句话：这个楼阁乃是效法佛陀的一切精神领袖的住处。此处所说有关菩萨应以何处为其精神住处的一切，实在说来并不是善财童子本身的观念，而是大乘佛教的理想。

## 三、作为菩萨住处的毗卢遮那楼阁[①]

此大楼阁，是解空、无相、无愿者之所住处；是于一切法无分别者之所住处；是了法界无差别者之所住处；是知一切众生不可得者之所住处；是知一切法无生者之所住处；是不着一切世间者之所住处；是不着一切窟宅者之所住处；是不乐一切聚落者之所住处；是不依一切境界之所住处；是离一切想者之所住处；是知一切法无自性者之所住处；是断一切分别业者之所住处；是离一切想、心、意、识者之所住处；是不入不出一切道者之所住处；是入一切甚深般若波罗蜜者之所住处；是能以方便住普门法界者之所住处；是息灭一切烦恼火者之所住处；是以增上慧除断一切见、爱、慢者之所住

---

① 此下所引，主要依据伦敦皇家亚洲学会（the Royal Asiatic Society，London）所藏贝叶写本第二十四页及以下，相当于滚筒油印本第二二八四页。（经与中文译本对照，未见有何重大差异，除分段仍依英译之外，悉照录之——译者）

处；是出生一切诸禅、解脱、三昧、通明而游戏者之所住处；是观察一切菩萨三昧境界者之所住处；是安住一切如来所者之所住处；

是以一劫入一切劫，以一切劫入一劫，而不坏其相者之所住处；是以一刹入一切刹，以一切刹入一刹，而不坏其相者之所住处；是以一法入一切法，以一切法入一法，而不坏其相者之所住处；是以一众生入一切众生，以一切众生入一众生，而不坏其相者之所住处；是以一佛入一切佛，以一切佛入一佛，而不坏其相者之所住处；是于一念中而知一切三世者之所住处；是于一念中往诣一切国土者之所住处；是于一切众生前悉现其身者之所住处；是心常利益一切世间者之所住处；是能遍至一切处者之所住处；是虽已出一切世间，为化众生故而恒住于中现身者之所住处；是不着一切刹，为供养诸佛故而游一切刹者之所住处；是不住本处，能普诣一切佛刹而庄严者之所住处；是亲近一切佛，而不起佛想者之所住处；是依止一切善知识，而不起善知识想者之所住处；是住一切魔宫，而不耽着欲境界者之所住处；是永离一切心想者之所住处；是虽于一切众生中而现其身，然于自、他不生二想者之所住处；是能普入一切世界，而于法界无差别想者之所住处；是愿住未来一切劫、而于诸劫无长短想者之所住处；是不离一毛端处、而普现一切世界者之住处；

是能演说难遭遇法者之所住处；是能知难知法、甚深法、无二法、无相法、无对治法、无所得法、无戏论法者之所住处；是住大慈、大悲者之所住处；是已度一切二乘智，已超一切魔境界，已于世法无所染，已到菩萨所到岸，已住如来所住者之所住处；

是虽离一切诸相而亦不入声闻正位，虽了一切法无生而亦不住无生法性者之所住处；是虽观不净而不证离贪法亦不与贪欲俱，虽修于慈而不证离瞋法亦不与瞋垢俱，虽观缘起而不证离痴法亦不与痴惑俱者之所住处；是虽住四禅而不随禅生，虽行四无量为化众生故而不生色界，虽修四无色定以大悲故而不住无色界者之所住处；是虽勤修止观为化众生故而不证明脱，虽行于舍而不舍化众生事者之所住处；是虽观于空而不起空见，虽行无相而常化着相众生，虽行无愿而不舍菩提行愿者之所住处；

是虽于一切业烦恼中而得自在为化众生故而现随顺诸业烦恼,虽无生死为化众生故示受生死,虽已离一切趣为化众生故示入诸趣者之所住处;是虽行于慈而于诸众生无所爱恋,虽行于悲而于诸众生无所取著,虽行于喜而观苦众生心常哀愍,虽行于舍而不废舍利益他事者之所住处;是虽行九次第定而不厌离欲界受生,虽知一切法无生无灭而不于实际作证,虽入三解脱门而不取声闻解脱,虽观四圣谛而不住小乘圣果,虽观甚深缘起而不住究竟寂灭,虽修八圣道而不求永出世间,虽超凡夫地而不堕声闻、辟支佛地,虽观五取蕴而不永灭诸蕴,虽超出四魔①而不分别诸魔,虽不着六处而不永灭六处,虽安住真如而不堕实际,虽说一切乘而不舍大乘——此大楼阁,是住如是等一切诸功德者之所住处。

## 四、善财童子的楼阁颂

〔尔时善财童子而说颂言:〕

此是大悲情净智,利益世间慈氏尊,
灌顶地中佛长子,入如来境之住处。

一切名闻诸佛子,已入大乘解脱门,
游行法界心无着,此无等者之住处。

施戒忍进禅智慧,方便愿力及神通,
如是大乘诸度法,悉具足者之住处。

智慧广大如虚空,普知三世一切法,

---

① 此中"四魔"(the four Máras) 是:诸蕴 (Skandha)、烦恼 (Kleśa)、天子 (Devaputra),以及死亡 (Mrbyu)。

无碍无依无所取，了诸有者之住处。

善能解了一切法，无性无生无所依，
如鸟飞空得自在，此大智者之住处。

了知三毒真实性，分别因缘虚妄起，
亦不厌彼而求出，此寂静人之住处。

三解脱门八圣道，诸蕴处界及缘起，
悉能观察不趣寂，此善巧人之住处。

十方国土及众生，以无碍智咸观察，
了性皆空不分别，此寂灭人之住处。

普行法界悉无碍，而求行性不可得，
如风行空无所行，此无依者之住处。

普见恶道群生类，受诸楚毒无所归，
放大慈光悉除灭，此哀愍者之住处。

见诸众生失正道，譬如生盲践畏途，
引其令入解脱城，此大导师之住处。

见诸众生入魔网，生老病死常逼迫，
令其解脱得慰安，此勇健人之住处。

见诸众生婴惑病，而兴广大悲愍心，
以智慧药悉除灭，此大医王之住处。

见诸群生没有海，沉沦忧迫受众苦，
悉以法船而救之，此善度者之住处。

见诸众生在惑海，能发菩提妙宝心，
悉入其中而济拔，此善渔人之住处。

恒以大愿慈悲眼，普观一切诸众生，
从诸有海而拔出，此金翅王之住处。

譬如日月在虚空，一切世间靡不烛，
智慧光明亦如是，此照世者之住处。

菩萨为化一众生，普尽未来无量劫，
如为一人一切尔，此救世者之住处。

于一国土化众生，尽未来劫无休息，
一一国土咸如是，此坚固意之住处。

十方诸佛所说法，一座普受咸令尽，
尽未来劫恒悉然，此智海人之住处。

遍游一切世界海，普入一切道场海，
供养一切如来海，此修行者之住处。

修行一切妙行海，发起无边大愿海，
如是往于众劫海，此功德者之住处。

一毛端处无量刹，佛众生劫不可说，

如是明见靡不周，此无碍眼之住处。

一念普摄无边劫，国土诸佛及众生，
智慧无碍悉正知，此具德人之住处。

十方国土碎为尘，一切大海以毛滴，
菩萨发愿数如是，此无碍者之住处。

成就总持三昧门，大愿诸禅及解脱，
一一皆住无边劫，此真佛子之住处。

无量无边诸佛子，种种说法度众生，
亦说世间众技术，此修行者之住处。

成就神通方便智，修行如幻妙法门，
十方五趣悉现生，此无碍者之住处。

菩萨始从初发心，具足修行一切行，
化身无量遍法界，此神力者之住处。

一念成就菩提道，普作无边智慧业，
世情思虑悉发狂，此难量者之住处。

成就神通无障碍，游行法界靡不周，
其心未尝有所得，此净慧者之住处。

菩萨修行无碍慧，入诸国土无所著，
以无二智普照明，此无我者之住处。

了知诸法无依止，本性寂灭同虚空，
常行如是境界中，此离垢人之住处。

普见群生受诸苦，发大仁慈智慧心，
愿常利益诸世间，此悲愍者之住处。

(《大方广佛华严经疏钞会本》卷第二百十四云："……以言赞中，五十五偈分二：前三十四偈七言，举'德'叹'处'；后二十一偈五言，指'处'明'德'。——译者附录)

佛子住于此，普现众生前，
犹如日月轮，遍除生死暗。

佛子住于此，普顺众生心，
变现无量身，充满十方刹。

佛子住于此，遍游诸世界，
一切如来所，无量无数劫。

佛子住于此，思量诸佛法，
无量无数劫，其心无厌倦。

佛子住于此，念念入三昧，
一一三昧门，阐明诸佛境。

佛子住于此，悉知一切刹，
无量无数劫，众生佛名号。

佛子住于此，一念摄诸劫，
但随众生心，而无分别想。

佛子住于此，修习诸三昧，
一一心念中，了知三世法。

佛子住于此，结跏身不动，
普现一切刹，一切诸趣中。

佛子住于此，饮诸佛法海，
深入智慧海，具足功德海。

佛子住于此，悉知诸刹数，
世数众生数，佛名数亦然。

佛子住于此，一念悉能了，
一切三世中，国土之成坏。

佛子住于此，普知佛所愿，
菩萨所修行，众生根性欲。

佛子住于此，见一微尘中，
无量刹道场，众生及诸劫。

如一微尘内，一切尘亦然，
种种咸具足，处处皆无碍。

佛子住于此，普观一切法，

众生刹及世，无起无所有。

观察众生等，法等如来等，
刹等诸愿等，三世悉平等。

佛子住于此，教化诸群生，
供养诸如来，思惟诸法性。

无量千万劫，所修愿智行，
广大不可量，称扬莫能尽！

彼诸大勇猛，所行无障碍，
安住于此中，我合掌礼敬！

诸佛之长子，圣德慈氏尊，
我今恭敬礼，愿垂顾念我！

## 五、楼阁的描述

尔时，善财童子恭敬右绕弥勒菩萨摩诃萨已，而白之言："唯愿大圣，开楼阁门，令我得入！"

时，弥勒菩萨前诣楼阁，弹指出声，其门即开，命善财入。

善财心喜，入已还闭。见其楼阁，广博无量，同于虚空；阿僧祇（无央数）宝以为其地；阿僧祇宫殿，阿僧祇门闼，阿僧祇窗牖，阿僧祇阶陛，阿僧祇栏楯，阿僧祇道路，皆七宝成；阿僧祇幡，阿僧祇幢，阿僧祇盖，周回间列；阿僧祇众宝璎珞，阿僧祇真珠璎珞，阿僧祇赤真珠璎珞，阿僧祇师子珠璎珞，处处垂下；阿僧祇半月，阿僧祇缯带，阿僧祇宝网，以为严饰；阿僧祇宝铎，风动成音；散阿僧祇天诸杂华，悬阿僧祇天宝鬘带，严阿僧祇众宝香炉，雨阿僧祇细末金屑，悬阿僧祇宝镜，燃阿僧祇宝灯，布阿僧祇宝衣，列阿僧祇宝帐，设阿僧祇宝座，阿僧祇宝缯以敷座上，阿僧祇阎浮檀金童女像，阿僧祇杂宝诸形像，阿僧祇妙宝菩萨像，处处充满；阿僧祇众鸟，出和雅音；阿僧祇宝优钵罗华，阿僧祇宝波头摩华，阿僧祇宝拘物头华，阿僧祇宝芬陀利华，以为庄严；阿僧祇宝树，次第行列；阿僧祇摩尼宝，放大光明。如是等无量阿僧祇诸庄严具，以为庄严。

又见其中，有无量百千诸妙楼阁，一一严饰，悉如上说，广博严丽，皆同虚空，不相障碍，亦无杂乱。善财童子于一处中见一切处，一切诸处悉如是见。

尔时，善财童子见毗卢遮那庄严藏楼阁如是种种不可思议自在境界，生大欢喜：踊跃无量，身心柔软；离一切想，除一切障，灭一切惑；所见不忘，所闻能忆，所思不乱；入于无碍解脱之门；普运其心，普见一切，普申敬礼；才始稽首，以弥勒菩萨威神之力，自见其身遍在一切诸楼阁中，具见种种不可思议自在境界。所谓：或见弥勒菩萨初发无上菩提心时，如是名字，如是种族，如是善友之所开悟，令其种植如是善根，住如是寿，在如是劫，值如是佛，处于如是庄严刹土，修如是行，发如是愿；彼诸如来如是众会，如是寿命，经尔许时，亲近供养，悉皆明见；

或见弥勒最初证得慈心三昧，从是已来，号为慈氏。或见弥勒修诸妙行，成满一切诸波罗蜜；或见得忍，或见住地，或见成就清净国土，或见护持如来正教，为大法师，得无生忍；某时、某处、某如来所受于无上菩提之记；

或见弥勒为转轮王，劝诸众生住十善道；或为护世，饶益众生；或为释天，呵责五欲；或为焰摩天王，赞不放逸；或为兜率天王，称叹一生菩萨功德；或为化乐天王，为诸天众现诸菩萨变化庄严；或为他化自在天王，为诸天众演说一切诸佛之法；或作魔王，说一切法皆悉无常；或为梵王，说诸禅定，无量喜乐；或为阿修罗王，入大智海，了法如幻，为其众会常演说法，断除一切㤭慢醉傲；

或复见其处阎浮界，放大光明，救地狱苦；或见在于饿鬼之处，施诸饮食，济彼饥渴；或见在于畜生之道，种种方便，调伏众生；或复见为护世天王众会说法；或复见为忉利天王众会说法；或复见为焰摩天王众会说法；或复见为兜率天众会说法；或复见为化乐天王众会说法；或复见为他化自在天王众会说法；或复见为大梵王众会说法；或复见为龙王众会说法；或复见为夜叉、罗刹王众会说法；或复见为乾闼婆、紧那罗王众会说法；或复见为阿修罗、陀那婆王众会说法；或复见为迦楼罗、摩睺罗伽王众会说法；或复见为其余一切人、非人等众会说法；或复见为声闻众会说法；或复见为缘觉众会说法；或复见为初发心、乃至一生所系、已灌顶者诸菩萨众而演说法；

或见赞说初地、乃至十地所有功德；或见赞说、满足一切诸波罗蜜；或见赞说入诸忍门；或见赞诸大三昧门；或见证说甚深解脱门；或见赞说诸禅、三昧、神通境界；或见证说诸菩萨行；或见赞说诸大誓愿；或见与诸同行菩萨赞说世间资生、工巧、种种方便利众生事，或见与诸一生菩萨赞说一切佛灌顶门；或见弥勒于百千年读诵、书写经卷，勤求、观察、为众说法；或入诸禅、四无量心；或入遍处及诸解脱；或入三昧，以方便力现诸神变；

或见弥勒于百千年，经行、读诵、书写经卷，勤求观察，为众说法，或入诸禅四无量心，或入遍处及诸解脱，或入三昧以方便力现诸神变。

或见诸菩萨入变化三昧，各于其身一一毛孔出于一切变化身云；或见出天众身云；或见出龙众身云；或见出夜叉、乾闼婆、紧那罗、阿修罗、迦楼罗、摩睺罗伽、释、梵、护世、转轮圣王、小王、王子、大臣、官属、长者、居士身云；或见出声闻、缘觉及诸菩萨、如来身云；或见出一切众生身云；

或见出妙音，赞诸菩萨种种法门。所谓：赞说菩提心功德门；赞说檀波罗蜜乃至智波罗蜜功德门；赞说诸摄、诸禅、诸无量心、及诸三昧、三摩钵底、诸通、诸明、总持、辩才、诸谛、诸智、止观、解脱、诸缘、诸依、诸说法门；赞说念、处、正勤、神足、根、力、七菩提分、八圣道分、诸声闻乘、诸独觉乘、诸菩萨乘、诸地、诸忍、诸行、诸愿，如是等一切诸功德门；

或复于中，见诸如来，大众围绕；亦见其佛生处、种姓、身形、寿命、刹劫、名号、说法利益，教住久近，乃至所有道场众会，种种不同，悉皆明见。

又复于彼庄严藏内诸楼阁中，见一楼阁，高广严饰，最上无比，于中悉见三千世界、百亿四天下、百亿兜率陀天，一一皆有弥勒菩萨降神诞生，释梵天王捧持顶戴，游行七步，观察十方，大师子吼，现为童子，居处宫殿，游戏园苑，为一切智出家苦行，示受乳糜，往诣道场，降伏诸魔，成正等觉，观菩提树，梵王劝请，转正法轮，升天宫殿而演说法，劫数寿量，众会庄严，所净国土，所修行愿，教化成熟众生方便，分布舍利，住持教法，皆悉不同。

尔时，善财自见其身，在彼一切诸如来所，亦见于彼一切众会，一切佛事，忆持不忘，通达无碍；

复闻一切诸楼阁内，宝网铃铎及诸乐器，皆悉演畅不可思议微妙法音，说种种法，所谓：或说菩萨发菩提心，或说修行波罗蜜行、或说诸愿，或说诸地，或说恭敬供养如来，或说庄严诸佛国土，或说诸佛说法差别——如上所说一切佛法，悉闻其音，敷畅辩了；

又闻某处，有某菩萨，闻其法门，其善知识之所劝导发菩提心，于某劫、某刹、某如来所、某大众中，闻于某佛如是功德，发如是心，起如是愿，种于如是广大善根、经若干劫修菩萨行，于尔许时当成正觉，如是名号，如是寿量，如是国土，具足庄严、满如是愿，化如是众，如是声闻，菩萨众会，般涅槃后，正法传世，经尔许劫，利益如是无量众生；

或闻某处，有某菩萨，布施，持戒，忍辱，精进，禅定，智慧，修习如是诸波罗蜜；或闻某处，有某菩萨，为求法故，弃舍王位及诸珍宝，妻子、眷属，手、足、头、目，一切身分皆无所吝；或闻某处，有某菩萨，守护如来所说正法，为大法师，广行法施，建法幢，吹法螺，击法鼓，雨法雨，造佛塔庙，作佛形象，施诸众生一切乐具；或闻某处，有某如来，于某劫中，成正等觉，如是国土，如是众会，如是寿命，说如是法，满如是愿，教化如是无量众生。

善财童子闻如是等不可思议微妙法音，身心欢喜，柔软悦怿，即得无量诸总持门、诸辩才门、诸禅、诸忍、诸愿、诸度、诸通、诸明，及诸解脱、诸三昧门；

又见一切诸宝镜中种种形象，所谓：或见诸佛众会道场，或见声闻众会道场，或见菩萨众会道场，或见声闻众会道场，或见缘觉众会道场；或见净世界，或见不净世界，或见净不净世界，或见不净净世界；或见有佛世界，或见无佛世界；或见小世界，或见中世界，或见大世界；或见因陀罗网世界，或见覆世界，或见仰世界，或见平坦世界；或见地狱、畜生、饿鬼所住世界，或见天人充满世界——于如是等诸世界中见有无数大菩萨众，或行或坐，作诸事业：或起大悲，怜愍众生；或造诸福，利益世间：或受或持、或书或诵、或问或答；三时忏悔，回向发愿；

又见一切诸宝柱中，放摩尼王大光明网，或青或黄，或赤或白，或玻璃色，或水晶色，或帝青色，或虹霓色，或阎浮檀金色，或作一切诸光明色；

又见彼阎浮檀金童女及众宝像，或以其手而执华云，或执衣云，或执幢幡，或执鬘盖，或持种种涂香、末香，或持上妙摩尼宝网，或垂金锁，或挂璎珞，或举其臂捧庄严具，或低其首垂摩尼冠，曲躬瞻仰，目不暂舍；

又见彼真珠璎珞，常出香水，具八功德，琉璃、璎珞，百千光明，同时照耀，幢、幡、网、盖，如是等物，一切皆以众宝庄严；

又复见彼优钵罗华、波头摩华、拘物头华、芬陀利华，各各生于无量诸华，或大一手，或长一肘，或复纵广犹如车轮，一一华中皆悉示现种种色像，以为严饰，所谓：男色像，女色像，童男色像，童女色像，释、梵、护世、天、龙、夜叉、乾闼婆、阿修罗、伽楼罗、紧那罗、摩睺罗伽、声闻、缘、及诸菩萨——如是一切众生色像，皆悉合掌、曲躬礼敬；亦见如来结跏趺坐，三十二相庄严其身；

又复见彼净琉璃地，一一步间，现不思议种种色像，所谓：世界色像，菩萨色像，如来色像，及诸楼阁庄严色像；又于宝树枝、叶、华、果一一事中，悉见种种半身色像，所谓：佛半身色像，菩萨半身色像，天、龙、夜叉，乃至护世、转轮圣王、小王、王子、大臣、官长，及以四众半身色像：其诸色像，或执华鬘，或执璎珞，或持一切诸庄严具，或有曲躬合掌礼敬，一一瞻仰，目不暂舍，或有赞叹，或入三昧，其身悉皆相好庄严，普放种种诸色光明，所谓：金色光明、银色光明、珊瑚色光明、兜沙罗色光明、帝青色光明、毗卢遮那宝色光明、一切众宝色光明、瞻波迦华色光明；

又见诸楼阁半月像中，出阿僧祇日、月、星宿种种光明，普照十方；

又见诸楼阁周回四壁，一一步内，一切众宝以为庄严；一一宝中，皆现弥勒曩劫修行菩萨道时，或施头目，或施手足、唇舌、牙齿、耳鼻、血肉、皮肤、骨髓，乃至爪发，如是一切，悉皆能舍；妻妾、男女、城邑、聚落、国土、王位，随其所须，尽皆施与。处牢狱者，令得出离；被系缚者，使其解脱；有疾病者，为其救疗；入邪径者，示其正道；或为船师，令度大海；或为马王，救护恶难，或为大仙，善说诸论；或为轮王，劝修十善；或为医王，善疗众病，或孝顺父母，或亲近善友，或作声闻，或作缘觉，或作菩萨，或作如来；或教化调伏一切众生；或为法师，奉行佛教，受持读诵，如理思惟；立佛支提，作佛形像，若自供养，若劝于他，涂香散华，恭敬礼拜——如是等事，相续不绝，或见坐于师子之座，广演说法，劝诸众生安住十善，一心归向佛、法、僧宝，受持五戒及八斋戒；出家听法，受持读诵，如理修行，乃至见于弥勒菩萨百千亿那由他阿僧祇劫，修行诸度一切色像；又见弥勒曾所承事诸善知识，悉以一切功德庄严；亦见弥勒在彼一一善知识所，亲近供养、受行其教，乃至住于灌顶之地。时，诸善知识告善财言："善财童子，汝观此菩萨不思议事，莫生疲厌！"

## 六、阐示善财得入楼阁的譬喻

尔时，善财童子得不忘失忆念力故，得见十方清净眼故，得善观察无碍智故，得诸菩萨自在智故，得诸菩萨已入智地广大解故，于一切楼阁一一物中，悉见如是，及余无量不可思议自在境界诸庄严事。

譬如有人，于睡梦中见种种物，所谓：城邑、聚落、宫殿、园苑、山林、河池、衣服、饮食乃至一切资生之具；或见自身父母兄弟、内外亲属；或见大海须弥山王、乃至一切诸天宫殿、阎浮提等四天下事；或见其身形量广大百千由旬，房舍、衣服，悉皆相称，谓于昼日经无量时不眠不寝，受诸安乐；从睡觉（醒）已，乃知是梦，而能明记所见之事。——善财童子亦复如是，以弥勒菩萨力所持故，知三界法皆如梦故，灭诸众生挟劣想故，得无障碍广大解故，住诸菩萨胜境界故，入不思议方便智故，能见如是自在境界。

譬如有人，将欲命终，见随其业所受报相：行恶业者，见于地狱、畜生、饿鬼所有一切众苦境界；或见狱卒手持兵杖，或瞋或骂，囚执将去，亦闻号叫、悲叹之声；或见灰河，或见镬汤，或见刀山，或见剑树，种种逼迫，受诸苦恼。作善业者，即见一切诸天宫殿，无量天众，天诸采女，种种衣服，具足庄严，宫殿园林，尽皆妙好，身虽未死，而由业力见如是等事。善财童子，亦复如是，以菩萨业不思议力，得见一切庄严境界。

譬如有人，为鬼所持，见种种事，随其所问，悉皆能答。善财童子，亦复如是，菩萨智慧之所持故，见彼一切诸庄严事，若有问者，靡不能答。

譬如有人，为龙所持，自谓是龙，入于龙宫，于少时间，自谓已经日月年载。善财童子，亦复如是，以住菩萨智慧想故，弥勒菩萨所加持故，于少时间谓无量劫。

譬如梵宫，名：庄严藏，于中悉见三千世界一切诸物，不相杂乱。善财童子，亦复如是，于楼观中，普见一切庄严境界，种种差别，不相杂乱。

譬如比丘，入遍处定，若行、若住、若坐、若卧，随所入定，境界现前。善财童子，亦复如是，入于楼观，一切境界，悉皆明了。譬如有人，于虚空中，见乾闼婆城具足庄严，悉分别知，无有障碍；譬如夜叉宫殿与人宫殿，同在一处，而不相杂，各随其业，所见不同；譬如大海，于中悉见三千世界一切色像；譬如幻师，以幻力故，现诸幻事种种作业。善财童子，亦复如是，以弥勒菩萨威神力故，及不思议幻智力故，能以幻智知诸法故，得诸菩萨自在力故，见楼阁中一切庄严自在境界。

## 七、菩萨的来去

尔时，弥勒菩萨摩诃萨即摄神力，入楼阁中，弹指作声，告善财言："善男子起！法性如是，此是菩萨知诸法智因缘聚集所现之相。如是自性，如梦如幻，如影如像，悉不成就。"

尔时，善财闻弹指声，从三昧起。弥勒告言："善男子！汝住菩萨不可思议自在解脱，受诸菩萨三昧喜乐，能见菩萨神力所持，助道所流，愿智所现，种种上妙庄严宫殿，见菩萨行，闻菩萨法，知菩萨德，了如来愿。"

善财白言："唯然！圣者！是善知识加被忆念威神之力。圣者！此解脱门，其何等？"

弥勒告言："善男子！此解脱门，名：入三世一切境界不忘念智庄严藏。善男子！此解脱门中有不可说不可说解脱门，一生菩萨之所能得。"

善财问言："此庄严事，何处去耶？"

弥勒答言："于来处去。"

曰："从何处来？"

曰："从菩萨智慧神力中来；依菩萨智慧神力而住；无有去处，亦无住处；非集非常，远离一切。善男子！如龙王降雨，不从身出，不从心出，无有积集，而非不见，但以龙王心念力故，霈然洪霪，周遍天下。如是境界，不可思议。善男子，彼庄严事，亦复如是：不住于内，亦不住外，而非不见，但由菩萨威神之力，汝善根力，见如是事。善男子！譬如幻师，作诸幻事，无所从来，无所至去，虽无来去，以幻力故，分明可见——彼庄严事，亦复如是：无所从来，亦无所去。虽无来去，然以惯习不可思议幻智力故，及由往昔大愿力故，如是显现。"

善财童子言："大圣从何处来？"

弥勒言："善男子，诸菩萨无来无去，如是而来；无行无住，如是而来；无处无著，不没不生，不住不迁，不动不起，无恋无著，无业无报，无起无灭，不断不常，如是而来。善男子！菩萨从大悲来，为欲调伏诸众生故；从大慈处来，为欲救护诸众生故；从净戒处来，随其所乐而受生故；从大愿处来，往昔愿力之所持故；从神通处来，于一切处随乐现故；从无动摇处来，恒不舍离一切佛故；从无取舍处来，不役身心使往来故；从智慧方便处来，随顺一切诸众生故；从示现变化处来，犹如影像而化现故。然，善男子！汝问于我：从何处来者。善男子，我从生处摩罗提国而来于此。善男子！彼有聚落，名为房舍，有长者子，名瞿波罗，为化其人，令入佛法，而住于彼；又为生处一切人民随所应化而为说法；亦为父母及诸眷属、婆罗门等演说大乘，令其趣入，故住于彼，而从彼来。"

## 八、毗卢遮那楼阁与法界

现在，我们应该看清代表整个菩萨家族的弥勒菩萨的最后住处究在哪里，以及那是什么样的住处了。我们看出如下各点：

由于印度人的想象不但比中国人的想象远为狂放，而且亦富创意得多，因此，对于菩萨住处的毗卢遮那庄严藏楼阁的描述，较之中国禅匠自况所用的那种简单而又直接的表现方式，乍眼看来，似有天壤之别。就以中国的禅师而言，如果有人问他何处是他的住处，他就不会长篇大论、啰啰苏苏地浪费许多言句细加说明，关于此点，我们已在别处提过了。这是使中国禅显得极其特别的地方，而《华严经》则与禅完全相反；因为，只是指出这个楼阁，或在弹指之间进入其中，乃至运用一则日本俳句加以歌叹：

啊！这就是吉野山！
我还有啥好说的呢？
簇簇的樱花开满山！

如此等等，皆不能满其所愿。它诉诸各式各样的意象，动员读者的最大想象，以使他明白这座楼阁的真正性质。而它的不惮唇舌，亦可以说以一种较禅师为佳的办法，促使读者熟知其好奇的对象，因为，我们发现：

（一）这个弥勒楼阁（即毗卢遮那庄严藏楼阁）就是法界的本身，而非别物；

（二）这个法界，从某种观点来看，固然不同于这个属于相对而又个性化的人间世界，但从另一个观点来看，这个法界即是我们世间界；

（三）法界并不是一种充满空洞抽象观念的虚空，而是充满具体个别实相的世界，我们可从运用"庄严事"（vyūha）和"庄严具"（alaṅkāra）等等词句上面看出此点；

（四）尽管法界里面充满森罗万象的东西，但却秩序井然而不相杂乱；

（五）这种井然的秩序被描述为：Aaya kūtāgāra-vyūha anyonyā saṁbhimnā anyonyā maitribhūtā anyoyyā saṅkirṇāḥ pratibhāsayogena, bhāsam agamannekasminnārahan e yathā caikasminnārambaṇe tathā' śesasavārambaṇesu；①

（六）因此，在这个法界的里面，各种个别的东西悉皆互相交融，但个个仍然保持它的个体性；

（七）这里面不但万物普遍互融，使得每一个东西的里面悉皆映入其余的一切东西，而且每一个东西的里面悉皆含有一个善财其人的映像；

（八）因此之故，这个法界通常皆以"无碍"（anáraraṇa）一词为其特性，意指这里面有一种相互交参的状态——尽管每一样东西仍然不失其个个皆有的个性和相互撷抗的性质；

（九）法界是一个放光的世界，不仅每一个庄严具各各皆有种种颜色的光，而且互相摄入，悉不排斥其他庄严具的光辉；

（十）所有这些微妙的现象，以及法界的本身，悉皆出于菩萨的加持（在此经中以"弹指"象征）之力；

（十一）此种加持力（adhishthāna），虽未加以明确的界定，却由菩萨的愿智（praṇidhāna andJñāna）所构成；

（十二）这个法界，在其发生如此美妙而又不可思议的景象之际作心理的描述时，经中有这样的说明：Abhisyandikāyacittah sarvasaṁjñāgatavidhūtamānasah sarvāvaaṇavivar iitacittah sarvamohavigataḥ②。而善财之所以能够忆起所见所闻的一切，以无障碍的眼睛观察世界十方、并以其身巡回法界而毫无阻滞，就是由于处于这种心境之中。

---

① 这节原文意译的大意是："这些东西配置得非常微妙，以致使得它们彼此之间的分离性不再存在，犹如融为一体，但每个东西却未因此失去它的个性，因为，这个弥勒信徒（善财童子）的形象反映在每一个东西之中，而这不仅是在某些地方而已，整个楼阁的每一处悉皆如此，故而每一个形象之间皆有透彻的互相交映。"详见皇家亚洲学会本第二七〇页 a，滚筒油印本第一三七六页。
② 这节经文的意译大意是："善财童子感到他的身体和心灵两者完全融化了；他看出他的念头完全离开了他的意识；他的心中了无障碍，而一切的迷醉亦已消失了。"详见皇家亚洲学会本第二七〇页 a，滚筒油印本第一三七六页。

（且将此点与日本曹洞宗开山祖师及其师天童如净所做的开示做一个比较的研究。道元于十三世纪初期到中国的天童如净座下习禅时，后者曾经对他说过这样的话："心身脱落，脱落心身！"—道元在他自己的讲录中重达此一观念说："脱落！脱落！"汝等诸人必须体验此种境界一回始得；此事如填没底篮，如注有洞钵，不论填注多少，皆无满足之时。若如此了得，便可说是桶底脱落。若有一念悟证之心在，仍是个作虚头汉。）

## 九、四重法界

我们也许猜疑，这个以此等术语描述的楼阁，乃是一种象征性的创作，出于某些抽象的哲理概念。诚然，这个不可思议的景象，不但曾是中国某些出色天才知识分子玄思的对象，而且曾由他们开出后来称为"华严宗"的佛教宗派。但是，这种哲学的体系化做得是否如原先预期的一般，以使人对《华严经》获得适当的认识，这也就是说，毗卢遮那楼阁的至真至切的意义，是否因为经过如此分析，使其稍稍较易理解而求得了，笔者表示十分的怀疑。这倒不是说，那些伟大的中国心灵对人类文化的促进做了一些完全没有必需的事情。我的意思是说，他们使《华严经》体系化的结果，乃是在理解的幕后对于它的精神价值所做的一种推进，以至使得今日的一般读者在思维分析的概念论中寻求它的固有意义。设使事实果真如此的话，这在整个的华严发展史中将是一种极为不幸的事件。不过，为了明白中国这些第一流的人才如何努力体会毗卢遮那楼阁的奇观起见，且让我在此一述澄观提出所谓的四重法界之说以及法藏提出的相即之理。

四重法界的观念，并非完全创自澄观，据说他曾活了一百余岁的年纪（738—839）。显而易见，这个观念早由他的先辈——例如法藏（643—718）、智俨（603—668），以及杜顺（557—640）——预示在前，不过，华严哲学之与四重法界认同，却是出于澄观的最后系统化的表现。据此，对于法界可有四重看法：（一）作为个别事物世界的法界（"事法界"），其中"法界"（Dharmadhātu）的"界"（dhātu）字，系指"隔开的东西"（something separated）；（二）作为一心（ekacitta）或一实性界（ekadhātu）显现的法界（"理法界"）；（三）一切万法可与一个根本精神认同的法界（"理、事无碍法界"）；（四）某一个别事物可与其他一切个别事物合一，以使任何隔离线悉皆消除的法界（"事事无碍法界"）。

在上述四重法界的看法中，最后一种为华严宗的教理所特有，是使它与其他各宗迥然不同的地方。据法藏说，在下述系列中，

$a_1$，$a_2$，$a_3$，$a_4$，$a_5$，$a_6$，$a_7$，$a_8$，$a_9$，$a_{10}$，……

每一项皆可视为以存有与作用、或静态与动态两种看法（in two ways, existntially and functionally, or statically and dynamically）与其他各项互相关联。从存有的观点来说，这个关系叫做"相即"，亦即认同或合一之意，故有：

$a_1=a_2$，$a_3$，$a_4$，$a_5$，$a_6$，$a_7$，$a_8$，$a_9$，$a_{10}$……
$a_2=a_1$，$a_3$，$a_4$，$a_5$，$a_6$，$a_7$，$a_8$，$a_9$，$a_{10}$……
$a_3=a_1$，$a_2$，$a_4$，$a_5$，$a_6$，$a_7$，$a_8$，$a_9$，$a_{10}$……

如此等等。由于每一项与整个系列的关系皆因这个系列而成为 $a_1$ 即是 $a_1$ 的关系，而这个系列的本身则因 $a_1$ 而有其意义。这个关系亦可加以逆转而成

$a_2$，$a_3$，$a_4$，$a_5$，$a_6$，$a_7$，$a_8$，$a_9$，$a_{10}$……$=a_1$
$a_1$，$a_3$，$a_4$，$a_5$，$a_6$，$a_7$，$a_8$，$a_9$，$a_{10}$……$=a_2$
$a_1$，$a_2$，$a_4$，$a_5$，$a_6$，$a_7$，$a_8$，$a_9$，$a_{10}$……$=a_3$

如此等等。法藏表示，一个无限系列如果没有个别项目便不能成为无限系列，而个别项目如果没有其本来的整个系列，亦不能成为个别项目，

因此，存有的静态合一当可成立。

这个系列亦可从作用或动态的关系加以观察，在下列这个系列中，

$a_1$, $a_2$, $a_3$, $a_4$, $a_5$, $a_6$, $a_7$, $a_8$, $a_9$, $a_{10}$, ……

每一个项目，对于整个系列的构成，各各以其本身的方式发生作用，以使这整个系列的形成成为可能。其中，只要有一个项目脱出系列之外，这个系列便不再成为一个系列了——也就是说，这个系列便不能以一个系列发生作用了。由此可见，有一种完全交参（"相入"）的情况，贯串于整个级数系列之中。其中 $a_1$ 一旦被取出而独立于整个系列之外，它便失去了它的意义，因而也就不再存在了，何以故？因为 $a_1$ 是这个系列之中的 $a_1$。如此，则 $a_1$ 既是 $a_1$，同时也是 $a_2$, $a_3$, $a_4$, $a_5$, ……。用《华严经》的术语来说，当 $a_1$ 等于 $a_1$ 时，$a_1$ 即是"有尽"（ksaya）了；当 $a_2$, $a_3$, $a_4$, $a_5$, ……等于 $a_1$ 时，$a_1$ 即是"无尽"（aksaya）了。同理，$a_2$, $a_3$, $a_4$, $a_5$, ……每一个项目，既是"有尽"，亦是"无尽"。因此，我们可得如下的公式：

$a_1 = a_1$；
$a_1 = a_2$, $a_3$, $a_4$, $a_5$, $a_6$, $a_7$, $a_8$, $a_9$, $a_{10}$……
$a_2 = a_2$；
$a_2 = a_1$, $a_3$, $a_4$, $a_5$, $a_6$, $a_7$, $a_8$, $a_9$, $a_{10}$……
$a_3 = a_1$, $a_2$, $a_4$, $a_5$, $a_6$, $a_7$, $a_8$, $a_9$, $a_{10}$……
……
……

此外尚有另一种办法观察 $a_1$, $a_2$, $a_3$, $a_4$, $a_5$, $a_6$, $a_7$, $a_8$, $a_9$, $a_{10}$, ……整个系列，每一个项目，皆可视为包括或含摄整个系列，而不像前例一样，作为一个投入整个系列之中的独立、可分的单位。如此，如果取出一个项目，整个项目也就随之而出了。一个影像一旦映入镜子之中，影像与镜子

之间即有一种相即的状态出现，何以故？因为，离开镜子便无影像，而离开影像，亦无镜子可得。一面镜子，只有在有影像显出它的存在时，始可看出；影像亦然，只有在有镜子反映它的本身时，始可见出。甲项如无乙项为其反衬，便无存在的意义可言，反之亦然。由此观点看来，系列中的每一个项目与项目之间以及与这个系列本身之间的关系，可以列成如下的三重公式：

$a_1=a_1$；

$a_1=a_1, a_2, a_3, a_4, a_5, a_6, a_7, a_8, a_9, a_{10}\cdots\cdots$；

$a_1, a_2, a_3, a_4, a_5, a_6, a_7, a_8, a_9, a_{10}\cdots\cdots=a_1$.

$a_2=a_2$；

$a_2=a_1, a_2, a_3, a_4, a_5, a_6, a_7, a_8, a_9, a_{10}\cdots\cdots$；

$a_1, a_2, a_3, a_4, a_5, a_6, a_7, a_8, a_9, a_{10}\cdots\cdots=a_2$.

$a_3=a_3$；

$a_3=a_1, a_2, a_3, a_4, a_5, a_6, a_7, a_8, a_9, a_{10}\cdots\cdots$；

$a_1, a_2, a_3, a_4, a_5, a_6, a_7, a_8, a_9, a_{10}\cdots\cdots=a_3$.

$a_4=a_4$；

$a_4=a_1, a_2, a_3, a_4, a_5, a_6, a_7, a_8, a_9, a_{10}\cdots\cdots$；

$a_1, a_2, a_3, a_4, a_5, a_6, a_7, a_8, a_9, a_{10}\cdots\cdots=a_4$.

如此类推，以至无限。就以此例而言，存有的相即与功能的相入，其间的差别，也许不像前例所述每个单位皆可视为单独可分那样显而易见。如将任何这样的分别用到现在这个例子上来，那将是为了概念上的准确性而作。相入系以个别和整体的方式将每一个单位的功能用于其他每一个单位和全体上面，而相即则是一种静态的概念。且不论此意如何，这些看法的实际结论都是一样的——也就是说，所有一切庄严整个宇宙的万法，悉皆以吾人可能想到的每一种方式处于完全互融的状态之中。

但是，当我们将"相即""相入"，或"无碍"说作《华严经》的根本哲学概念时，切切不可忘记的一点是，这个概念并不忽视个体存在的真实性。因为，所谓"无碍"这个观念，只有在个体存在时始可成立；因为，所谓相入，只可视为一种殊象世界的特点；因为，如果没有万殊，没有个体的存在，所谓"相即"，便是一个空洞的观念了。法界不得不是一种庄校严饰的境界。我们绝对不可忘记的是，固然是

$a_1 = a_1, a_2, a_3, a_4, a_5, a_6, a_7, a_8, a_9, a_{10}\cdots\cdots,$

以及

$a_1, a_2, a_3, a_4, a_5, a_6, a_7, a_8, a_9, a_{10}\cdots\cdots = a_1;$

而同样绝对真实的是

$a_1 = a_1;$

而

$a_1 = a_2$

乃因为

$a_1 = a_1, a_2, a_3, a_4, a_5, a_6, a_7, a_8, a_9, a_{10}\cdots\cdots,$

以及

$a_1, a_2, a_3, a_4, a_5, a_6, a_7, a_8, a_9, a_{10}\cdots\cdots = a_1.$

由于"相入"或"无碍"并不是一种一致或不分的存在状态，每一个有情里面的菩提心始有觉醒的可能，并且，这种菩提心的觉醒始可在一切佛典进而引起一种回应。净土真宗的佛徒表现这个观的办法是作如是言：每有一个新的依者归依净土教，弥陀佛国的莲池中便开一朵新的莲花。

这种"相入"的教义，亦可以因果相关的术语加以表示。不过，如果这样做的话，此种术语必须从一种更高或更深的意义加以体会，何以故？因为，这个华严世界并不是一种须受机械因果律、目的论生物因果律、或静态相互关系等等法则统治的形相世界。作为华藏世界的法界，只可对吾人之灵视——亦即只有超越"有"与"无"两边的"法眼"——

显示它的本身。因此之故，法界只有在吾人将此一切因果之迹完全扫出我们的视野之时，始可证得。唯有如此，始可直接体会到交互相入的作用，而不以任何概念作为中间的媒介，这也就是说，不是理智活动的结果。

我们说，这个由属因果范畴的种种观念构筑而成的世界，大乘佛教学者称其为"空"（śunya）、"不生"（anutpāda），以及"无自性"（asvabhāva），所取的，也是这个意思。这种宣称，并不是一种逻辑的推论，而是大乘学者的直观结果。此语的精神，如以相对的观念或以与因果关系相关的观念加以解释，不仅会使它的意义丧失殆尽，同时也使大乘佛教变成一种哲学体系了。不幸的是，这正是若干欧洲佛教学者一直尝试进行的事情。此种包括一切世界及其森罗万象在内悉皆空寂的"一切法空"（sarvadharmasya sūnyatā），正是使得相入无碍的华严直观境地成为可能的所在。性空是大乘学者对实相本身所得的一种体认。因此，如以概念的方式加以改建，便完全失去了这种体认的真意。尝试如此的改建工作，无异是做违反大乘精神的事情。为了这些理由，我建议学者直接探究经藏的本身而不研究大乘佛教的论点或其哲学论文——这也就是说，假如学者有意掌握大乘佛教的根本精神或分享其经验的话。

不论法藏大师——最最微密的中国哲学心灵之一——对于呈现在善财童子灵眼之中的毗卢遮那楼阁景象，究竟做了一些怎么样的理智分析，此种分析与事实的本身总是了不相干。这种分析也许可以满足理智的欲望，但理智却不是吾人的本身。我们必须一度与法藏大师和善财童子进入这个楼阁的里面，并做一个目击者亲见一下一切庄严互相映照而了不相妨的境界才行。说到宗教内容，乃是生活与体验重于分析的处所。因此，这个楼阁及其一切所有的庄严①，皆须出自人本身的生命才行。

---

① 此处所说的"庄严"（vyūha），正如别处所释的一样，意指"陈列"或"布置"，而在佛教文学中，往往亦取其"庄校"或"严饰"之意，但在此处的意思，则与森罗万象或"多重的存有"（multiplicity of existences）相当。因此，这个楼阁及其所有的一切庄严，就是展开在吾人面前的宇宙及其所有的一切万象；由此可知，法界即世间界，世间界即法界（Dharnadhātu=Lokadhātu, Lokadhātu=Dharmadhātu）。

## 十、菩萨的智慧与神力

且让我们希望，我们在运用经验的术语并从知识澄清的观点描述毗卢遮那楼阁的内在性质和组织方面，已经获得了某种程度的成功。问过了"什么"之后，便要问到"来处"和"去处"了。实在说来，如果不问这些，我们对生命所做的探究就有欠完全了。因此之故，善财亲见了这一切楼阁的奇迹之后，自然要问起它的来处和去处了。对此，弥勒菩萨的答复是：

来自菩萨的智慧和神力。那么，这种智慧究系什么呢？此种神力又是什么呢？

"智慧"（Jñāna）是一个颇难翻译的术语，无论将它译作"认识"（knowledge）还是译作"理解"（intellection），都不能涵盖它的全部意思。它是人类欲求分别的固有动力，是吾人分别主体与客体、能见与所见的先天倾向，是我们可将一个世界分作万象的能力。因此之故，当弥勒菩萨答云这一切庄严来自菩萨的智慧时，这话的意思只是说，这个世界只是来自吾人的心灵组合，只是吾人的意识内容，它与吾人的分别心同时觉醒，它的来和去，跟意识的来和去一样，不可思议——仅此而已，别无他意。实际说来，寻问这个世界的来处和去处，是个该寻问的问题。这个问题的本身就是来自一切不可思议的神秘源头，因此，寻问这样的问题，无异自打耳光。只有在我们离开我们现在所处的情境时，始有答复的可能；这也就是说，这个问题只在没有人再问的时候，始可得到解答。这事正如火问："我是什么？""我从哪里来？""我向哪里去？""我为何会燃？"只要火仍是火，且继续燃烧着，这些问题就无从答起，因为，火就是燃烧，并且只是燃烧，而不返照它本身；因为它一旦返照，也就不再是火了；因为要认识它自己也就不再成其为自己了。火不能超过它自己的境地，而去寻问关于它自己的问题，则是超过它自己的境地了，这却是否定自己的事情。答案只有在它自相矛盾的时候可以提出。我们无法在立定的情况之下跃进。这个矛盾在于一切理智问题（例如生命的起处和落处）的本质之中。是故，弥勒菩萨答云：na kvacid gato, nànugato, na rāśibhūto, na samcayabhūto, na kūtastho, na bhāvastho, na deśastho, na predeśas thah.① 我们也许认为，这些否定语对我们并无引导作用，其实也是如此。何以故？因为答案就在这个问题尚未发出之处。

下面的一个问题是"神力"（Adhishthāna）。何谓"神力"？此语在中文佛典中亦被译作"加持力"或"威力"（或"威神之力"）。它是伟大人格（不论是凡夫抑或圣人）所具的一种"能力""愿力"以及"灵力"或"精神力"。假如我们停留在智慧的一面上，这个世界看来似乎就不很真实了，因为它那种虚幻样的存在在智慧的观照之下显得实在太缥缈了；但当我们一经到了菩萨神力的方面，我们就会感到我们已经掌握到某种坚固而又有支持之力的东西了。此系生命开始真正得其意义的所在。活下去就不再只是一种原始冲动的盲目主张，因为神力乃是誓愿（pranidhāna）的另一个名称，或者，乃是由与智慧一同构成菩萨实质的誓愿发出的那种精神力量。神力并不仅仅是喜欢主张反对他人的那种力量。它的背后总是有着一位不但具有透视万物自性的法眼，同时亦有支持意愿的佛陀或菩萨。所谓支持的意愿，指的是将众生从虚妄和束缚之中解救出来的慈悲意欲。誓愿就是这种被称为"无尽"（aksaya）的意愿、慈爱，以及意欲。

慈慧与誓愿是构成菩萨道或佛道的要素。我们以智慧力求上进，抵达三十三天之顶，然后坐在那里静观下方世界的一切，看它们好像是在脚下飘动的浮云，尽管它们都是扰攘的众生，但却也碰不到坐在那里观望的人。这种智慧的世界虽乃是一种透明、光明，而且永远清净的境界，但菩萨却不愿停留在这种境界之中，高居在这个森罗万象，故而也是痛苦挣扎的世间之上，永远静观下去，因为他不忍目睹。于是决定下降凡

---

① 原文见滚筒油印本第一四一三页，语译的意思是："这个楼阁不从何处来，不向何处去；既非一种团块，亦非一种集合物；非静非动；既无方所可寻，亦不住于某个确定的区域之内。"(The Tower comes from nowhere, passes away nowhere; isneither a mass nor a collection; is neither static nor becoming it is not to be located, nor is it to be located in a definite quarter.)

间，进入这个扰攘的众生之间。他发出了誓愿，以他的神力加被一切归向他的人们，并以种种方便济拔一切在黑暗之中摸索和陷在痛苦绝境里面的众生。作为神力之一面的誓愿，就这样成了一种下降的阶梯或介于菩萨与一切有情之间的桥梁；而佛典中所谓的应化之身（Nirmāṇakāya），以及许多大乘经文所说的神通庄严（vikurvita or vyuhavikurvita）。亦由此生起。

## 十一、菩萨的故乡及其亲属

具有锐利明亮的慧眼、能够看透万法自性的菩萨，何以会让他自己陷入纠缠不清的万象世界之中，真是一个秘中之秘，然而，对于作为智慧与誓愿化身的他而言，不可思议的解脱（acintya-vimoksa）之门，却在这里敞了开来。而对于弥勒菩萨所答"菩萨无来无去，如是而来"与其自述"我从生处摩罗提（Malddi）国而来"之间的矛盾，我们亦应以此种方式加以体会。

这个矛盾也许会使读者大惑不解——尽管矛盾类皆如此；但就弥勒之例而言，这个矛盾来得实在太突然、太显然了。他刚才还说他没有住处，但当我正在讶异不止的时候，他又告诉我们他的生处（jamnabūmi）是摩罗提国，并说他为教化一位长者的儿子瞿波罗而来。从兜率天一下降到凡世之间，岂不是太突然了一些？一般而言，确是如此。但是，等到我们明白了菩萨道的构成要素之后，我们就不会如此想了。因为，他生于摩罗提国，犹如没有生处，一似没有来处。他生而不生；他在我们面前，却非从任何地方来。经中说他跟善财童子同在毗卢遮那楼阁，但他并未离开他在兜率天的住处。因此，有一位禅师如此说："灵山一会俨然未散。"实在说来，此种看似过于突然的下降，在菩萨的生涯或菩萨行（bod hisattvacaryā）中，乃是一种预先定好的程序。

那么，究竟何处才是他的真正故乡（生处）呢？

（一）菩提心是菩萨生处，生菩萨家故；

（二）深心是菩萨生处，生善知识家故；

（三）诸地是菩萨生处，生波罗蜜家故；

（四）大愿是菩萨生处，生妙行家故；

（五）大悲是菩萨生处，生四摄家故；

（六）如理观察是菩萨生处，生般若波罗蜜家故；

（七）大乘是菩萨生处，生方便善巧家故；

（八）教化众生是菩萨生处，生佛家故；

（九）智慧方便①是菩萨生处，生无生法忍家故；

（十）修行一切法是菩萨生处，生过、现、未来一切如来家故。②

那么，菩萨以什么作为他的父母和家属呢？

以般若波罗蜜为母；方便善巧为父；檀（布施）波罗蜜为乳母；尸（戒律）波罗蜜为养母；忍（忍辱）波罗蜜为庄严具；勤（精进）波罗蜜为养育者；禅（禅定）波罗蜜为浣濯人；善知识为教授师；一切菩提分为伴侣；一切善法为眷属；一切菩萨为兄弟；菩提心为家；如理修行为家法；诸地为家处；诸忍为家族；大愿为家教；满足诸行为顺家法；劝发大乘为绍家业；法水灌顶一生所系菩萨为王太子；成就菩提为能净家族。③

还有，使得菩萨采取明确而又根本的态度进入我们众生之间施行教化工作的，又是什么呢？

知一切法如影像故，于诸世间，无所恶贱；知一切法如变化故，于诸有趣，无所染着；知一切法无有我故，教化众生，心无疲厌；以大慈悲为体

---

① 语见皇家亚洲学会本第二七六页 b 及以下。参见滚筒油印本第一四一五页以下。（经与中文译语此对，见其无大差异，故照录之——译者）
② "智慧方便"（prajñā-upāya）。"方便"（upāya）一词以其专门的意义用于佛学之中时，系指佛陀或菩萨对于一切众生所做的一种慈悲表现。佛陀见到世间一切众生由于愚痴无明和自我中心而感受种种痛苦，便欲为他们消除此痛苦，因而想出种种善巧的法门，以便实现他的悲愿。这就是他的"方便"。但是，由于他的悲愿与众生的自我中心（我执）或固持某种实际概念（法执）并无直接的关系，故而说他的方便生于他的超越智慧（般若之智）。见下文解释般若哲学之处。
③ 参见滚筒油印本第一四一七页。

性故，摄受众生，不觉劳苦；了达生死犹如梦故，经一切劫，而无怖畏；了知诸蕴皆如幻故，示现受生，而无疲厌。知诸界处同法界故，于诸境界，无所坏灭；知一切想如阳焰故，入于诸趣，不生倒惑；达一切法皆如幻故，入魔境界，不起染着；知法身故，一切烦恼，不能欺诳；得自在故，于一切趣，通达无碍。①

## 十二、禅匠谈菩萨的住处

在结束菩萨的住处（亦即菩萨生命的源头）这篇文章之前，且让我再引禅者处理这个问题时所留的案例数则，看看中国人的心灵与印度人有何不同之处。

  云盖智本的法嗣承天慧连禅师（大概是12世纪晚期人），一日，有僧问云："如何是承天境？"
  师拈起拂子。
  僧云："如何是境中人？"
  师以拂子击禅床一下。
  僧云："人境已蒙师开示，向上宗乘事若何？"
  师挂拂子于旧处。②

僧问治平庆禅师："如何是治平境？"
师以偈答云：

  石室夜深霜月白，
  单衣岁久败蒲寒。

---

① 参见滚筒油印本第一四一九至一四二〇页。
② 详见《续传灯录》卷第二十五。

僧云："如何是境中人？"
师复以偈答云：

　　携筇寻远水，
　　　洗钵趁朝斋。

僧云："人、境已蒙师指示，向上宗乘事若何？"
师云：

　　木马嘶风，
　　　泥牛渡海。①

洞山守初禅师，初参云门（逝于949年），门问："近离什么处？"
师云：""查渡。"
门云："夏在甚处？"
师云："湖南报慈。"
门云："几时离彼？"
师云："去年八月。"
门云："放汝三顿棒！"
师至明日却上问讯（这事必然使他感到大惑不解；因为，他有问必答，而且答得毫无隐瞒之处；因此，他想他没有接受"三顿棒"的过失，但不知怎的，云门却十分慈悲地饶了他，何故？）："昨日蒙和尚放三顿棒，不知过在什么处？"
门云："饭袋子！江西、湖南便怎么去？"
师于言下大悟（这句显然挖苦的话，在洞山的心灵之中激起了一种全面的巨变），遂云："从今已去，向十字街头，不蓄一粒米，不种一茎菜，

---

① 详见《续传灯录》卷第二十五。

接待十方往来一个个，教伊拈却臜脂帽子，脱却鹘臭布衫；教伊洒洒落落地作个明眼衲僧，岂不快哉！"

云门仍然讥讽，但语带赞赏地骂道："饭袋子！身如椰子大，开得如许大口！"①

---

① 详见《传灯录》卷第二十三。

## 第四篇

# 《华严经》所说的发菩提心

《华严经》所说佛徒的修行生活，一是发菩提心，即发起趣证无上正觉的意愿，二是修普贤行，即行使普贤菩萨的修行生活。实在说来，《华严经》所记述的内容，就是为了追究"人生的意义是什么"。因为发菩提心是解答这个永恒哑谜的一把钥匙，所以弥勒菩萨才不惮其烦地详细解说菩提心的殊胜之处。

# 一、发菩提心的意义

佛教徒的修行目的，不论大乘、小乘，莫不皆在求得开悟亦即证得无上正等正觉（anuttar asamy aksambodhi），这已是一切佛教学者都已周知的事实；因为，佛道的内含就是开悟这件事情的本身，而这正是佛陀于距今大约二十五个世纪之前在尼连禅河（The River Nairan-jana）河畔菩提树下亲自体验的事情；如今在东方传播的一切佛教，无不皆以这个既是史实、亦是玄学的真理为鼓舞的泉源；倘无开悟为其前导的话，那就没有佛教可说，没有佛陀、没有声缘、没有缘觉、没有罗汉、没有菩萨可学了。因此，开悟不但是一切佛教哲学的基础，同时也是戒、定、慧等一切佛教修行的根本。

早期的佛教徒多半为了自己的精神利益而求悟，显然没有为了他人乃至整个人世而修行的意愿。纵使他们有想到他人的时候，也只要求每一个人为救自己（亦即为求自度）而各自努力；因为，据他们所见，使得吾人不能开悟的无明和使得我们遭受轮回之苦的业力，悉皆以个体真实（我有实体）的观念为依凭。

大乘佛教徒则与此相反。他们求悟的愿望主要在于救度世人；他们为了使得整个世人皆得开悟、皆得解脱，这才努力先使自己求得开悟，先使自己得到解脱，先使自己解除一切业力的束缚和知识的障碍——有了这样的准备之后，他们才能进入世间向他们的同类众生宣导佛法（the Buddh-dharmas）。

因此之故，大乘学者对大悲心（mahāhaaruṇa）的意义才十分重视。我们阅读大乘经典，不论翻到哪里，都会看到慈愍众生（sarvasattua or jagat）的语句，例如，救度（paritan a），摄护（samgraha），启发（paricodāna），成熟（paripāka），调伏（vinaya），净化（pariśuddhi）等等，不胜枚举。

"一菩萨"（Bodhisattva）——一种求悟（bodhi）的有情（sattva）——这个观念，正如我曾在别处说过的一样，就这样在佛教里面生起根来，而一种人间的佛教亦由此取代了苦行潜修的旧派。于是，这个家主便不只是出家的乞士，佛陀的教学被拿到僧团的外面修习了，而这种平民化的社会趋向，亦在佛教思想中产生了许多重大的变化，其中之一是以实际的办法分析趣悟的历程。

小乘的神学博士们埋首于许多与色界、无我、佛身，以及析心等等问题相关的细枝末节，不免过于玄妙化、过于学术化、过于理性化，而其结果便是把与证悟及其在日常生活之中的有效运用相关的实际问题给疏忽了，而大乘佛教则将它的主题置于生活的本身上面。

大乘佛教的学者仿了一番检讨之后，发现趣悟的实际历程系由两个明确的步骤构成。首先，必须发起一种为救众生而求开悟的热切意欲，而后，最终的目标始有达到的可能。此种求悟的意欲与开悟的本身具有同等重要而又充分的意义；没有前者，后者就没有成功的可能；后者有许多方面取决于前者；这也就是说，开悟的时间、力量、效应等等，完全要看为求达到最后目标而发起的最初意欲如何而定。动机决定行动的路程、性质，以及力量，实在说来，这种热切的求悟意愿一旦发起，这个工作中较为重大、较为艰难的部分，已经完成了，从某一方面来说，开始即是成功——初发心时即成正觉。

总而言之，大乘学者对于最初发心求悟的价值十分明白。尽管发心之后仍有许多修行的功夫要做，但菩萨此时要走的路程已经完全地划清了。不用说，这个工作十分艰苦，但他已经走出疑惑和无知的黑雾了。因此之故，大乘经典对于此种求悟的"初心"特别重视，视之为佛徒生活之中的一件大事。

一方面自求开悟，同时又慈愍众生、欲使大千世界一切众生悉皆脱离苦海的这种菩萨观念，一直活跃在一切大乘信徒之间。因此，"上求菩提，下化众生"，已经成了远东佛徒生活的规范。在所有一切的禅宗寺院中，大凡礼拜、上课、用餐，以及诵经等等之后，都要口诵心惟下面所列的"四宏誓愿"：

> 众生无边誓愿度；
> 烦恼无尽誓愿断；
> 法门无量誓愿学；
> 佛道无上誓愿成。

这些"誓愿"不知成于何时，如何引入禅僧的生活，亦不甚了然，但毫无疑问的是，其中所含的精神，即是大乘，故而也是禅宗的精神，不仅如此，自从佛教引入中国和日本之后，这些"誓愿"中的原则已在各种方面影响了东方人的文化生活。

《华严经》中说到佛徒的修行生活，分为两大部分，其一是发菩提心，亦即发起趣证无上正觉的意愿，其次是修普贤行，亦即行使普贤菩萨的修行生活。善财童子首先在文殊菩萨的指导之下唤醒菩提心（cittotpāda）之后，接着便全心全力地去过求悟的生活，亦即行菩提行（bodhicaryā）。文殊要善财踏上漫长而又艰苦的"心路历程"时对他说道："善哉！善哉！善男子！汝已发阿耨多罗三藐三菩提心[①]，求菩萨行！善男子，若有众生，能发阿耨

---

[①] 此语的梵本原文为：Annuttarāyai samyaksaṁbodhaye cittam utpāda. 见泉芳璟氏藏本第一五四页。

多罗三藐三菩提心,是事为难;能发心已,求菩萨行,倍更为难!善男子,若欲成就一切智,应决定求真善知识(kalyānamitra)……"

在《般若经》中,佛徒发起求悟意愿之后的第二个方面,在于修行般若波罗蜜多(prajñāpā amitā)。在《华严经》中,此种修行须与名为"普贤行"(the Bhadracaryā)的普贤菩萨的修行联结起来,以便"菩提行"与"普贤行"合为一体。因此,在《华严经》中,普贤与文殊相辅相成;我们不妨说,人格观念的导入,就在这里。在般若经群中,般若仍完全不具人格的性质,其中的一部《般若经》[①]说有如下话语:

在此世间,只有少数人可以明白晓了佛、法、僧的真意并信守奉行……能够发心趣求无上正觉的人更少[②]……修行般若波罗蜜的人尤少……不屈不挠地修行般若波罗蜜多,终于到达不退转地而住于菩萨道地的人,少之又少……

表示"发起求悟意愿"的梵语通常是 bodhicittotpāda,亦即"发菩提心"之意,是 anuttar āyām samyaksambodhau cittam utpādam 的缩语,亦即"发阿耨多罗三藐三菩提心"或"发无上正等正觉心"之心。将此片语译作"唤醒觉悟的意念"("to awaken the idea of enlightenment"),正如稍后要解释的一样,不但有欠正确,而且易滋误解。因为,此语相当于"渴求无上正等正觉"(anuttarām samyaksambodhim ākānksamāna)[③]或"志求无上正等正觉的热愿"(anuttarāyam samyaksambodhau pranidhānam parigrihya)[④]。在《华严经》中,我亦可读到表达同样观念的语句:"发起大悲心,勤求无上觉"(ripula-kripa-karana-mānasa, paryesase, nuttamām bodhim)[⑤],"愿求正觉者"(ye bodhiprārth aayante)[⑥]。

---

① 见密陀罗(Rājendralāla Mitra)所编的《八千颂般若经》第六十页以下。
② 原语为 Tebhyo 'pyalpebhyo 'lpatarakās te ye'nuttarāyām samyaksambodhau Cittānyntpādayanti.
③ 见南条版《法华经》第四一四页。
④ 同上第四十三页。
⑤ 泉芳璟氏藏本第一五二页。
⑥ 同上第一五四页。

如上所述,"发阿耨多罗三藐三菩提心"或"发起无上正等正觉心"的缩语,是"发菩提心",相当于"志求无上正等正觉的热愿"[①]。此中所说的"热愿",意指"全神贯注"或"集中全部注意力于某件事情上面",也就是说,"下定决心完成某件工作"。菩萨的誓愿就是下定决心完成他的救世计划。不用说,对于他要完成的工作,必须有一种适度的认识乃至充分的理解,但发愿的本身并不止此,实际上就是实践力行的意志。纯然的知解得不到意志力的支持;纯然的理想绝不会成为一种有效的实行动力。此种"发心"(the cittotpāda)即是一种"誓愿"(a form of praṇidhāna)。"构思"(to conceive an idea)或"发想"(to awaken a thought)是一回事,以行动促其实现(to carry it out in action)又是一回事——尤其是在热切地予以完成之时。

对于 anuttarāyāṁ samyaksaṁ bodhau cittam utpāsan,中文的译语通常都含有"发起无上正等正觉心"(to raise supreme-enlightenment-mind)的意思。但这并不是一种正确的译语。原文的字面意思,并不是"发起无上正等正觉心",而是"发起一种趣向无上正等正觉之心"(to have a mind raised to enlightenment)。不然的话,我们不但会以为有一种叫做"正等正觉心"(enlightenment-mind)的特别心灵能力,而且会以为只要运用这种能力就可以心开意解而大悟,甚或以为这个心的本身即是觉悟。但此语真正的意思却是"怀抱志求无上正等正觉的意欲"(cherishing the desire for enlightenment)。这是一种转向——使原来从事世间事务的心转向开悟之境,或将一直沉睡的精神热望予以唤醒,或将吾人的心灵活动导入一种从未梦见的境域,或者寻求一种新的能力中枢,借以展开一种全新的精神境界。我们不妨说,此处所见的一念觉心有助于一个人决定未来的行为途径,而一位菩萨也就从此踏上愿望的境地。

关于 anuttarāyāṁ samyaksambodhau cittam utpādam 的缩语,尚有另一个误解存在着,亦即学者对于 bwdhicittotpada 这个复合梵语通常所做

---

[①] 此语出于弥勒菩萨赞赏善财童子发心志求菩萨道时。Durlahhāh kulaputas te sattrah Sarvaloke ye'nuttarāyāṁ samyaksaṁbodhau praṇidhahanti. 见泉芳璟氏藏本第一三二一页。

的解释，我们如果掉以轻心（往往如此），便以为它所指的意思是"唤起觉悟的意念"（to awaken the thoughtenlightenment）。但这是错误的，因为这个复合语的意思只是"怀抱求悟的意愿"（tocherish the desire for enlightenment），也就是说，"怀抱证得无上正等正觉的一种精神热望"（to cherish a spiritual aspiration for the attainment of supreme enlightenment）。citta 在此的意思不是"意念"（thought），而是"意欲"（desire），而 bodhicittotpādam，亦只是 anuttarāyāṁ samyaksambodhau[①]cittam utpādom 的缩语而已。

"唤起或提起觉悟的意念"，意思——假如有任何明确意思的话——是指求得开悟的概念，或者究明开悟所指为何。但 citta 一字，在此并不含有此种知识的内容，因为它被用于此处，取的是意欲的意思。cittotpāda 是对证得开悟境界所做的一种确实的意志活动，就以智慧而言，大乘学者所用的梵文有 jnana, mati, budhi, vijñāna 等字。与此相反的是，citta, cittāśya, 或者 adhyāśaya, 通常都有一种意志之力，中文译者将它译作"心"，译得非常贴切。不论 citta 一字是否衍自字根 ci（集聚）或 cit（知觉），大乘所取的用法绝对不是"知的"（intellectual），而是"情的"（affective）与"意的"（volitional）意思。citta 是心的一种意向、偏好，或者特别的态度。

由此可知，the Bodhicittotpada 是一种新的精神鼓励，可以转变一个人的能力中心。它是一种新的宗教热望的觉醒，可以使一个人的心理组合发生一种激变。一个对宗教生活一直感到生疏的人，如今不但对于求悟或追求一切智（sarvajñatā）有了一种热切的意欲，而他的整个未来生活轨则亦由此得到决定——这就是 the Bodhicittotpāda 的意义。

下面，我想以一种附记的方式加以补充说明。自从1907年出版《大

---

[①] 并非总是使用位格（the locative），有时亦用与格（the dative），例如，anuttarāyai samyak sambodhaye cittam utpādya（见泉芳璟氏所藏 Gandavyūha 第一五四页）。还有，单是 bodha 这个形态，不但往往用作 sambodhi，且以与格表示。例子：Bodhūya cittam utpūdyate（Rahder-Daśabhūmika 第十一页）；bodhāya cittam utpadya（Astasahasri ka 第六十二、六十三、七十一、九十三页等）。

乘佛教概论》(the Outlines of Mahāyāna Buddhism)以来，我对大乘的见解已经有了若干细节方面的改变，故而，其中有不少地方，尤其是与某些梵文用语的解释相关的方面，如今颇欲以不同的方式加以表述。例如，在我谈到菩提心 (the Bodhicitta) 的时候，我就曾将它界定为"智慧心"(intelligence-heart)，并补充解释云，从理论上来说，此种菩提或菩提心 (the Bodhi or Bodhicitta)，不但在每一个众生心中，而且为每一个众生的根本性质，只因在大多数情况之下，皆被无明和我执所蔽而不得显现罢了。如此一来，菩提心便被理解为一种如来藏或阿赖耶识 (the Tathāgatāgarbha or Àlayavijñāna) 了。从某些方面来看，如此解释并无不当之处，因为无上正等正觉就是此心的至于至善，这也就是说，此心一旦得到完满的发展，即可达到开悟的境地。但我如今发现，从历史的观点衡量 Bodhicitta (菩提心)，就像我们以这种态度看待 ātmagrahacitta (执我心)、ātmaparanānātvacitta (自我各异心)、bodhimārgraviprarāsacitta (离菩提道心) 等等复合词一样，不免有欠妥当。因为，正如我在本文所提议的一样，所谓 bodhicitta，乃是 anuttarāyām samyaksambodhau cittam utpādam 的略语，故被用作 sarvajñatācitta (一切智心) 的同义语，因此，bodhittotpada 等于 savajnatacittotpada[①]。菩提是构成佛果的实质，一切智亦然。不错，到了后来，Bodhicitta 这个复合词与 anuttarayam samyaksambodhau cittam utpada 这个片语之间的历史关系已被忘得一干二净，以至使得 Bodhicitta 一词被看成一个含有独立价值的术语了。这是非常自然的事情，

---

[①] 在《华严经》(the Gandavyuha)中，在弥勒菩萨将求悟的意欲描述为修行生活中所能体验到的最为奇妙的事情之一时，菩提心这个复合语往往转变而成一切智，详见第二三三二页及其他各处。在中文译本中，"发菩提心二语似乎被用于菩提心和一切智心两词。如前所述，"发菩提心"一词易滋误解——虽然，我们在《八千颂般若经》(第六十一页) 中，亦可读到 bodhicitam utpadyanti 或 bodhicittam upavrinhayanti 这样的片语。后者所指的"提起或强化求悟的意欲"(to raise or to strengthen the desire for enlightenment)，从上下文意看来，颇为显然，由此可知，用这个复合语避免长句的重复，殆无疑问。这在般若和华严等经之中虽然如此，但后来的经典执笔人在写到"求悟的意欲"这样的片语时，便将它看成一种可以求证开悟真理的特定心灵能力了。如前所述，这样做倒也并非完全不对，只是忽视了这个术语的历史意义而已。

故而如此看待这个复合语，亦未必完全不对。但能记得我在这里所做的解释，亦不失为一种善策。

在《如来秘密经》(the Tathagata-guhyaka) 或《一切如来金刚三业秘密大教王经》(the Guhyasamaja Tantra) 中，我发现，"菩提心"一词，被以一种较为抽象，而且高度专门的方式加以描述。这里面的经文，必然比《华严经》晚出很多。其中混入了许多坦特罗教（Tantrism）的成分，也许可以视为纯正大乘佛教的败落之征。这里面对于"菩提心"一词的看法，脱离了《华严经》中所示的意义，关于此点，称后再述。下面所引，是大秘密金刚会中诸佛对于此心所做的界说：

毗卢遮那佛："若见众生无效能，是为不见有众生；若以非生见众生，是为众生不可得。"①

毗卢遮那佛的另一个说明是："当知菩提心者，离一切性，若蕴，若处，若界，无取无舍，诸法无我，平等出生，而彼心法，本自不生，是故当知：我法自性，即彼空性。如是了者，乃名坚固住菩提心。"

阿閦佛："菩提心者，无法无法性，无生，无我。此性如虚空，离诸分别相。"（如是了者，乃名坚固住菩提心。）

宝胜佛："菩提心者，即诸法无性，离诸法相，从法无我实际所生。如是了者，乃名坚固住菩提心。"

阿弥陀佛："菩提心者，即无生法，非性非无性，如虚空句，相应而住，于一切法亦如是行。如是了者，乃名坚固住菩提心。"

不空成就如来："菩提心者，是即自性净光明法，非彼菩提有相可得，亦非现前三昧可证，如是了者，乃名坚固住菩提心。"

## 二、海云比丘与《十地经》所说的发菩提心与开悟的要素

发起求悟的意愿，在大乘佛徒的生活中，是一件不同寻常的事情，

---

① 此偈不但过于抽象，而且十分专业，需做充分的解释才可理解。

因为，这是他开始走向目标的第一步，而他所定的这个目标，与所谓的小乘佛徒的修行目标，可说是迥异其趣，开悟并不只是个人的事情，亦非与整个人类毫无关系，因为它的根基奠立于整个宇宙的本身之中。我一旦开悟了，整个法界也都一起开悟；实在说来，我开悟的原因就是整个法界开悟的原因，两者互相联结，关系至为密切。因此，我发求悟的大愿，就是整个世人都想解除无明和烦恼。这就是善财童子在漫长的参访途中所见的导师海云（sagaramegha）比丘所指的意义："汝已发阿耨多罗三藐三菩提心耶？……若诸众生，不种善根，则不能发阿耨多罗三藐三菩提心……"（英译大意云："你已发起求悟的意愿，真是太好了；对于前生前世未曾累积足够功德的人，这是一件办不到的事情。"）所谓"善根"（"功德"），只有在其与整个世界的福利互相关联起来时，才有价值可言。一个人除非能够将他与整个人类的关系看个清楚——这也就是说，除非将他的心灵慧眼推至最大的极处——否则的话，他的"善根"（"功德"）便算不上真正的"善根"（kusala，"功德"），而没有真正的善根（"功德"），则不能发起求悟的意愿。由此可知，发起求悟之心，是一件极为重要的事情。

海云比丘赞美善财童子已发菩提心后表示，要有如下的条件始能发起：

一、要得普门善根光明；

二、具真实道三昧智光；

三、出生种种广大福海；

四、长白净法、无有懈息；

五、事善知识，不生疲厌；

六、不顾身命，无所藏积；

七、等心如地，无有高下；

八、性常慈愍一切众生；

九、于诸有趣专念不舍；

十、恒乐观察如来境界。

至此，海云比丘下个结语说："如是乃能发菩提心。"因为，发起此种求悟的心愿，实际上系由下述各种心愿发起：

一、发大悲心（māhakarūnācitta），普救一切众生故；
二、发大慈心（mahāmaitricitta），等祐一切世间故；
三、发安乐心（sukhacitta），令一切众生灭诸苦故；
四、发饶益心（hitācitta），令一切众生离恶法故；
五、发哀愍心（dayacitta），有怖畏者咸守护故；
六、发无碍心（asaṃgacitta），舍离一切诸障碍故；
七、发广大心（vipulacitta），一切法界咸遍满故；
八、发无边心（anantacitta），等虚空界无不往故；
九、发宽博心（vimalacitta），悉见一切诸如来故；
十、发清净心（viśuddhacitta），于三世法智无违故；
十一、发智慧心（jñānacitta），普入一切智慧海故。

下面所引出自《十地经》（the Daśaabhūmika）① 的文字，对于发起求悟之心的基本步骤，何以须要求悟的原因，以及开悟的效应，将有更进一步的阐示。《十地经》与《华严经》，在中文大乘经典中皆属"华严部"。②

---

① 详见 Rahder 版第十一页 R。
② 《华严经》的梵文标题是 Avatamsaka，这可从《翻译名义大集》（the Mahavyutpatti 及《至元录》（于 1285—1287 年编成的一部中文三藏目录）上看出，唯据法藏所著《六十华严》的注疏说，乃是 Gandavyuhao Avatamsaka 含有 "a garland"（"华饰""华彩""花冠""花环"……）之意，而 ganda 则是 "a flower of ordinary kind"（"一种普遍的花，亦即一种"常花"，经中称"杂花"，而 vyuha 则是 "an orderly arrangement" or "array"）"一种有秩序的布置"或"排列"。由此可见 Gandavyuha 比 Avatam sska 较与"华严"相当。中文的"华（花卉）严（严饰）"与 vyuha 相等。我们只要将中文《华严经》（六十或八十卷本）的内容做一番检视，即可看出，起初曾有许多独立的经典，后来被编成一部百科全书式的集录，名为"华严部"，因为其中的题材都可归纳于一个总标题之下。但为明白起见，我们最好还是以 Avatamsaka 一字代表"华严"的全集，而以 Gandvyuha 一字作为一部独立经典的梵文原本——尽管它也是六十和八十卷本《华严经》的最后一品（以中文本而言，意指"入法界品"——译者）。《四十华严》相当于 The Gand avyuha。参见本书《三本华严经的异同及其要义》。

一、善积善根（kuśalamūla）；

二、善集资粮（sambhāra）；

三、善修诸行（carana）；

四、善事（paryupāsita）诸佛；

五、善聚白法（sukladharma）；

六、善友（kalyaṇamitra）所摄；

七、善净（viśuddnāśaya）意乐；

八、随顺广大增上（vipuladhyasaya）意乐；

九、具妙胜解（adhimukti）；

十、悲愍（karunā）现前。

据《十地经》说，发起菩提心或唤起求悟意愿，必须"十事"，或者具备十个条件。发起此种心愿这件事情的本身，乃是佛教徒的一项重大的生活体验，如果没有相当心灵上的准备，自是无从发生。它发自一粒深埋地下、且已得到滋养的种子。在此处所举、需要特别注意的各种事项之一，是所谓的善友或善知识（亦即导师），这是因为他们的善意和帮助，在培养佛徒的志趣方面，乃是一种有力的利器。《华严经》对于这方面特别强调。

所有一切属于"华严部"的经典，对于"十"这个数字，都有一种认真的兴趣，甚至在显然没有内在的需要时，它的笔者或编者亦小心翼翼地填满一个"十"数的系列，以便完成这种必须完成的公式。是以，上面所列的要点，原属一个范畴而分成许多项目，除了保持这种形式之外，显然没有其他的目的。其中所列"善根""善行""资粮"以及"白法"，不妨归入德行这一个项目之下。假如此说可以变通的话，则发求悟之心所需要的各种条件，就可以作如下的归纳了：（一）善修德行；（二）善事诸佛及善知识；（三）发起清净、真实、慈爱，以及大悲之心。这三个条件一旦完全具备之后，菩提心便可说是已经抬起头来准备作更深入的发展了。

下面的一个问题是：发起求证无上正等正觉的意愿，对于大乘佛徒的修行生活，何以如此不可或缺？或者简单地说，佛教的开悟与我们的生活有什么关系？《十地经》列出了如下的原因：

一、为求佛智（jñāna）；
二、为欲证悟十力之力（daśabala）；
三、为获如来大无所畏（mahāvaiśaradya）；
四、为得平等佛不共法（samatabuddhadharma）；
五、为欲救拔一切世间（sarvajagataparitlāṇa）；
六、为净大悲愍（kripakaruṇa）；
七、为悟十方无所余智（asesajñā）；
八、为以无碍（asamga）净诸佛刹；
九、为一刹那（ksaṇabodha）能知三世；
十、为无所畏转大法轮（dharmacakrapravarta）。①

由上所列，我们可以略窥无上正觉或开悟的构成要素，因为，这里所列的求悟原因，已被作为其本身组成的成分包含其中了。那么，这里面所含的成分究有哪些呢？它们是：

（一）属于佛果、可见时间和空间的一切、由于可于一刹那间透视十方三世而超越相对与个化境域的智慧；

（二）在进达究极目标途中打破一切障碍，拯救众生，使其免于生死束缚的意志力；

（三）配合智慧与意志力，永无休止地以种种方便善巧，促进每一个有情众生之精神福利的大慈大悲之心。

为了进一步阐明大乘学者所想到的开悟性质，下面再引《十地经》经文加以举示，因为依照该经所述，求悟的意愿系由下列要素构成：

---

① 详见 Rahder 版第十二页 S。

一、大悲为先导；

二、智慧增上；

三、方便善巧之所摄受；

四、意乐及与增上意乐常所辅持；

五、佛力无量；

六、以坚持力及以智力善择决定；

七、无碍智（asambhinnajñāna）；

八、随顺无师自然妙智；

九、能受一切佛法智慧，教授诲示；

十、极于法界，尽虚空性，穷未来际。①

从上列各项条件中，我们亦可看出发起求悟之心所指的意义。一个人一旦发起此种求悟之心，立即就可得到菩萨的印记而使他具备不同于其他佛徒的殊胜之处；这是因为，他不但有了慈愍一切众生的大悲之心，不但有了透视万法本性的智慧灵眼，而且还可悲、智双运，使他自己能够适应变幻无常的情境。

求悟之愿既由此处所述的特质所组成，发心的菩萨便能在此愿深入其心的时候获得如下的善果：

一、超异生地；

二、证入菩萨正性离生；

三、生如来家；

四、种族尊贵，无可讥嫌；

五、已离世趣；

六、入出世道；

七、住于菩萨本法性中；

---

① 详见 Rahder 版第十一页 T。

八、已善安住于菩萨住处；

九、随顺三世平等之法；

十、绍如来种，决定趣向正等菩提。①

菩萨进入上述各种情况之后，由于信心已经不可动摇，故而可说已经进入名为"极喜"（pramuditā）的初地境界了。

上面所引《十地经》说明发菩提心或发求悟之心的渊源、性质、范围，以及结果的文字，已经十分明白了。我们可以由此感到，此种发心对于大乘佛徒究有多大的意义——几乎跟开悟或证得无上正等正觉的本身没有多大差别。此心或愿一旦得到深切的发起之后，其后的课程也就自行决定了。如果此种发心或菩提心只是"想到"开悟的话，纵然是将它想作佛徒生命之中最最重要的事情，这个被视为"能想"的"心"也就无法完成上面所述的一切。此"心"并不是一种思想，也不仅仅是思维，而是一种可使行者此前所得一切经验完全改组或重建的强烈意欲或愿望。此"心"乃是一个人所以存在的原因，乃是构成一个人的人格基础的本来意愿。否则的话，《华严经》编写者努力描述菩提心性质所用的有力气势，就变得没有意义、不可理解了——就像下面所述的一样。

## 三、弥勒菩萨谈发菩提心

年轻的佛教行者善财童子参见弥勒菩萨，求其开示后，后者首先对着大众将决心追求佛教究竟真理的这位青年称赞了一番，接着，在打开庄严的毗卢遮那楼阁让他观察思维之前，复将菩提心（亦即求悟心）的功德赞扬了一番，因为，这正是促使这位青年行者出发参访五十余位善知识，直至此时来到弥勒菩萨面前请求阐示的动力。这位青年佛教行者，如果不是发起这种热切的求悟意欲的话，怎么也不会去承受那种艰难的课程、拜访、

---

① 详见 Rahder 版第十一至十二页 U。

求教于那些先知、哲人,以及富于智慧的男男女女——多多少少或可代表当时的历史性人物。实在说来,《华严经》所记述的内容,就是为了追询"什么是菩萨行"——这也就是说,为了追究"人生的意义是什么"这个问题而作的种种理智上和精神上的奋斗情形。因为,发菩提心乃是解答这个永恒哑谜的一把钥匙,是以,弥勒菩萨这才不惮其烦地详细解说菩萨心(亦即"求悟心")的殊胜之处。

〔尔时,弥勒菩萨摩诃萨,如是称叹善财童子种种功德,令无量百千众生发菩提心已,告善财言:〕

善哉,善哉!善男子!汝为饶益一切世间,汝为救护一切众生,汝为勤求一切佛法故,发阿耨多罗三藐三菩提心!

善男子,汝获善利,汝善得人身,汝善住寿命,汝善值如来出现,汝善见文殊师利大善知识。汝身是善器,为诸善根之所润泽。汝为向法之所资持;所有解欲,悉已清净;已为诸佛共所护念,已与善友共所摄受。何以故?〔且让我来告诉你:"菩提心"对我们大众信徒究有什么意义。〕

善男子,菩提心〔亦即求悟的心愿〕者,犹如种子,能生一切诸佛法故;

菩提心者,犹如良田,能长众生白净法故;
菩提心者,犹如大地,能持一切诸世间故。
菩提心者,犹如净水,能洗一切烦恼垢故。
菩提心者,犹如大风,普于世间无所碍故;
菩提心者,犹如盛火,能烧一切诸见薪故;
菩提心者,犹如净日,普照一切诸世间故。
菩提心者,犹如盛月,诸白净法悉圆满故;
菩提心者,犹如明灯,能放种种法光明故。
菩提心者,犹如净目,普见一切安危处故;
菩提心者,犹如大道,普令得入大智城故;
菩提心者,犹如正济,令其得离诸邪法故;
菩提心者,犹如大车,普能运载诸菩萨故;

菩提心者，犹如门户，开示一切菩萨行故；
菩提心者，犹如宫殿，安住修习三昧法故；
菩提心者，犹如园苑，于中游戏受法乐故；
菩提心者，犹如舍宅，安稳一切诸众生故；
菩提心者，则为所归，利益一切诸世间故；
菩提心者，则为所依，诸菩萨行所依处故；
菩提心者，犹如慈父，训导一切诸菩萨故；
菩提心者，犹如慈母，生长一切诸菩萨故；
菩提心者，犹如乳母，养育一切诸菩萨故；
菩提心者，犹如善友，成益一切诸菩萨故；
菩提心者，犹如君主，胜出一切二乘人故；
菩提心者，犹如帝王，一切愿中得自在故。
菩提心者，犹如大海，一切功德悉入中故；
菩提心者，如须弥山，于诸众生心平等故；
菩提心者，如铁围山，摄持一切诸世间故；
菩提心者，犹如雪山，长养一切智慧药故；
菩提心者，犹如香山，出生一切功德香故；
菩提心者，犹如虚空，诸妙功德广无边故；
菩提心者，犹如莲华，不染一切世间法故。
菩提心者，如调慧象，其心善顺不犷戾故；
菩提心者，如良善马，远离一切诸恶性故；
菩提心者，如调御师，守护大乘一切法故；
菩提心者，犹如良药，能治一切烦恼病故；
菩提心者，犹如坑阱，陷没一切诸恶法故；
菩提心者，犹如金刚，悉能穿彻一切法故；
菩提心者，犹如香箧，能贮一切功德香故；
菩提心者，犹如妙华，一切世间所乐见故；
菩提心者，如白栴檀，除众欲热使清凉故；

菩提心者，如黑沉香，能薰法界悉周遍故；

菩提心者，如善见药王，能破一切烦恼病故；

菩提心者，如毘（同"毗"）笈摩药，能拔一切诸惑箭故；

菩提心者，犹如帝释，一切主中最为尊故；

菩提心者，如毘沙门，能断一切贫穷苦故；

菩提心者，如功德天，一切功德所庄严故；

菩提心者，如庄严具，庄严一切诸菩萨故；

菩提心者，如劫烧火，能烧一切诸有为故；

菩提心者，如无生根药，长养一切诸佛法故；

菩提心者，犹如龙珠，能消一切烦恼毒故；

菩提心者，犹如水清珠，能清一切烦恼浊故。

菩提心者，如如意珠，周给一切诸贫乏故；

菩提心者，如功德瓶，满足一切众生心故；

菩提心者，如如意树，能雨一切庄严具故；

菩提心者，如鹅羽衣，不受一切生死垢故；

菩提心者，如白氎线，从本已来性清净故；

菩提心者，如快利犁，能治一切众生田故；

菩提心者，如那罗延，能摧一切我见敌故；

菩提心者，犹如快箭，能破一切诸苦的故；

菩提心者，犹如利矛，能穿一切烦恼甲故；

菩提心者，犹如坚甲，能护一切如理心故。

菩提心者，犹如利刀，能斩一切烦恼首故；

菩提心者，犹如利剑，能断一切憍慢铠故；

菩提心者，如勇将幢，能伏一切诸魔军故；

菩提心者，犹如利锯，能截一切无明树故；

菩提心者，犹如利斧，能伐一切诸苦树故；

菩提心者，犹如兵杖，能防一切诸苦难故；

菩提心者，犹如善手，防护一切诸度身故；

菩提心者，犹如好足，安立一切诸功德故；
菩提心者，犹如眼药，灭除一切无明翳故；
菩提心者，犹如钳镊，能拔一切身见刺故。
菩提心者，犹如卧具，息除生死诸劳苦故；
菩提心者，如善知识，能解一切生死缚故；
菩提心者，如好珍财，能除一切贫穷事故；
菩提心者，如大导师，善知菩萨出要道故；
菩提心者，犹如伏藏，出功德财无匮乏故；
菩提心者，犹如涌泉，生智慧水无穷尽故；
菩提心者，犹如明镜，善现一切法门相故；
菩提心者，犹如莲华，不染一切诸罪垢故；
菩提心者，犹如大河，流引一切度摄法故；
菩提心者，如大龙王，能雨一切妙法雨故。
菩提心者，犹如命根，任持菩萨大悲身故；
菩提心者，犹如甘露，能令安住不死界故；
菩提心者，犹如大网，普摄一切诸众生故；
菩提心者，犹如罥索，摄取一切所应化故；
菩提心者，犹如钓饵，出有渊中所居者故；
菩提心者，如阿伽陀药，能令无病永安稳故；
菩提心者，如除毒药，悉能消歇贪爱毒故；
菩提心者，如善持咒，能除一切颠倒毒故；
菩提心者，犹如疾风，能卷一切诸障雾故；
菩提心者，如大宝洲，出生一切觉分宝故；
菩提心者，如好种性，出生一种白净法故；
菩提心者，犹如住宅，诸功德法所依处故；
菩提心者，犹如市肆，菩萨商人贸易处故；
菩提心者，如炼金药，能治一切烦恼垢故；

菩提心者，犹如好蜜，圆满一切功德味故；
菩提心者，犹如正道，令诸菩萨入智城故；
菩提心者，犹如好器，能持一切白净法故；
菩提心者，犹如时雨，能灭一切烦恼尘故；
菩提心者，则为住处，一切菩萨所住处故；
菩提心者，则为寿行，不取声闻解脱果故；
菩提心者，如净琉璃，自性明洁无诸垢故；
菩提心者，如帝青宝，出过世间二乘智故；
菩提心者，如更漏鼓，觉诸众生烦恼睡故；
菩提心者，如清净水，性本澄洁无垢浊故；
菩提心者，如阎浮金，映夺一切有为善故；
菩提心者，如大山王，超出一切诸世间故；
菩提心者，则为所归，不拒一切诸来者故；
菩提心者，则为义利，能除一切衰恼事故；
菩提心者，则为妙宝，能令一切心欢喜故；
菩提心者，如大施会，充满一切众生心故；
菩提心者，则为尊胜，诸众生心无与等故；
菩提心者，犹如伏藏，能摄一切诸佛法故；
菩提心者，如因陀罗网，能伏烦恼阿修罗故；
菩提心者，如婆楼那风，能动一切所应化故；
菩提心者，如因陀罗火，能烧一切诸惑习故；
菩提心者，如佛支提，一切世间应供养故。

善男子〔弥勒菩萨于此下个结语说〕，菩提心者，成就如是无量功德。举要言之：应知悉与一切佛法诸功德等。何以故？因菩提心出生一切诸菩萨行，三世如来从菩提心而出生故。是故，善男子，若有发阿耨多罗三藐三菩提心者，则已出生无量功德，普能摄取一切智道。

## 四、弥勒菩萨谈发菩提心（续）

〔弥勒菩萨进一步对善财童子说道：〕

善男子，譬如有人得无畏药，离五恐怖，何等为五？所谓：火不能烧，毒不能中，刀不能伤，水不能漂，烟不能熏——菩萨摩诃萨亦复如是，得一切智菩提心药，贪火不烧，瞋毒不中，惑刀不伤，有流不漂，诸觉观烟不能熏害；

善男子，譬如有人得解脱药，终无横难——菩萨摩诃萨亦复如是，得菩提心解脱智药，永离一切生死横难；

善男子，譬如有人持摩诃应伽药，毒蛇闻气，即皆远去——菩萨摩诃萨亦复如是，持菩提心大应伽药，一切烦恼诸恶毒蛇，闻其气者悉皆散灭；

善男子，譬如有人持无胜药，一切怨敌无能胜者——菩萨摩诃萨亦复如是，持菩提心无能胜药，悉能降伏一切魔军；

善男子，譬如有人持毘笈魔药，能令毒箭自然堕落——菩萨摩诃萨亦复如是，持菩提心毘笈摩药，令贪、恚、痴、诸邪见箭自然堕落；

善男子，譬如有人持善见药，能除一切所有诸病——菩萨摩诃萨亦复如是，持菩提心善见药王，悉除一切诸烦恼病；

善男子，如有药树，名珊陀那，有取其皮以涂疮者，疮即除愈，然其树皮，随取随去，终不可尽——菩萨摩诃萨从菩提心生一切智树，亦复如是，若有得见而生信者，烦恼业疮，悉得消灭，一切智树，初无所损。

善男子，如有药树，名无生根，以其力故，增长一切阎浮提树——菩萨摩诃萨菩提心树亦复如此，以其力故，增长一切学与无学及诸菩萨所有善法；

善男子，譬如有药，名阿蓝婆，若用涂身，身之与心，咸有堪能——菩萨摩诃萨得菩提心阿蓝婆药，亦复如是，令其身心增长善法；

善男子，譬如有人，得念力药，凡所闻事，忆持不忘——菩萨摩诃萨得菩提心念力妙药，亦复如是，悉能闻持一切佛法，皆无忘失；

善男子，譬如有药，名大莲华，其有服者，住寿一劫——菩萨摩诃萨服菩提心大莲华药，亦复如是，于无数劫，寿命自在；

善男子，譬如有人，执翳形药，人与非人悉不能见——菩萨摩诃萨执菩提心翳形妙药，一切诸魔不能得见；

善男子，如海有珠，名普集众宝，此珠若在，假使劫火焚烧世间，能令此海减于一滴，无有是处——菩萨摩诃萨菩提心珠亦复如是，住于菩萨大愿海中，若常忆持，不令退失，能坏菩萨一善根者，终无是处，若退其心，一切善法即皆散灭；

善男子，如有摩尼，名大光明，有以此珠璎珞者，映蔽一切庄严宝具，所有光明悉皆不现——菩萨摩诃萨菩提心宝亦复如是，璎珞其身，映蔽一切二乘心宝，诸庄严具悉无光彩；

善男子，如水清珠，能清浊水——菩萨摩诃萨菩提心珠亦复如是，能清一切烦恼垢浊；

善男子，譬如有人，得住水宝，系其身上，入大海中，不为水害——菩萨摩诃萨亦复如是，得菩提心住水妙宝，入于一切生死中，终不沉没；

善男子，譬如有人，得龙宝珠，持入龙宫，一切龙蛇不能为害——菩萨摩诃萨亦复如是，得菩提心大龙宝珠，入欲界中，烦恼龙蛇不能为害。

善男子，譬如帝释，着摩尼冠，映蔽一切诸余天众——菩萨摩诃萨亦复如是，著菩提心大愿宝冠，超过一切三界众生；

善男子，譬如有人，得如意珠，除灭一切贫穷之苦——菩萨摩诃萨亦复如是，得菩提心如意宝珠，远离一切邪命怖畏；

善男子，譬如有人，得日精珠，持向日光而生于火——菩萨摩诃萨亦复如是，得菩提心智日宝珠，持向智光而生智火；

善男子，譬如有人，得月精珠，持向月光而生于水——菩萨摩诃萨亦复如是，得菩提心月精宝珠，持此心珠，鉴回向光，而生一切善根愿水；

善男子，譬如龙王，着戴如意摩尼宝冠，远离一切怨敌怖畏——菩萨摩诃萨亦复如是，著菩提心大悲宝冠，远离一切恶道诸难；

善男子，如有宝珠，名一切世间庄严藏，若有得者，令其所欲悉得充满，而此宝珠，无所损减——菩提心宝亦复如是，若有得者，令其所愿悉得充满，而菩提心无有损减；

善男子，如转轮王，有摩尼宝，置于宫中，放大光明，破一切暗——菩萨摩诃萨亦复如是，以菩提心大摩尼宝，住于欲界，放大智光，悉破诸趣无明黑暗；

善男子，譬如帝青大摩尼宝，若有为此光明所触，即同其色——菩萨摩诃萨提心宝亦复如是，观察诸法，回向善根，靡不即同菩提心色；

善男子，如琉璃宝，于百千岁处不净中，不为臭秽之所染着，性本净故——菩萨摩诃萨菩提心宝亦复如是，于百千劫住于欲界中，不为欲界过患所染，犹如法界，性清净故。

善男子，譬如有宝，名净光明，悉能映蔽一切宝色——菩萨摩诃萨菩提心宝亦复如是，悉能映蔽一切凡夫二乘功德；

善男子，譬如有宝，名为火焰，悉能除灭一切暗冥——菩萨摩诃萨菩提心宝亦复如是，能灭一切无知暗冥；

善男子，譬如海中有无价宝，商人采得，船载入城，诸余摩尼百千万种，光、色、价值无与等者——菩提心宝亦复如是，住于生死大海之中，菩萨摩诃萨乘大愿船，深心相续，载之来入解脱城中，二乘功德无能及者；

善男子，如有宝珠，名自在王，处阎浮洲，去日月轮四万由旬，日月宫中所有庄严，其珠影现，悉皆具足——菩萨摩诃萨发菩提心净功德宝亦复如是，住生死中，照法界空，佛智日月，一切功德，悉于中现。

善男子，如有宝珠，名自在王，日月光明所照之处，一切财宝、衣服等物所有价值，悉不能及——菩萨摩诃萨发菩提心自在王宝亦复如是，一切智光所照之处，三世所有天人、二乘漏、无漏善一切功德，皆不能及；

善男子，海中有宝，名曰海藏，普现海中诸庄严事——菩萨摩诃萨菩提心宝亦复如是，普能显现一切智海诸庄严事；

善男子，譬如天上阎浮檀金，唯除心王大摩尼宝，余无及者——菩萨摩诃萨发菩提心阎浮檀金亦复如是，除一切智心王大宝，余无及者。

善男子，譬如有人，善调龙法，于诸龙中而得自在——菩萨摩诃萨亦复如是，得菩提心善调龙法，于诸一切烦恼龙中而得自在；

善男子，譬如勇士，被执铠仗，一切怨敌，无能降伏——菩萨摩诃萨亦复如是，被执菩提大心铠仗，一切业惑诸恶怨敌，无能屈伏。

善男子，譬如天上黑栴檀香，若烧一铢，其香普熏小千世界，三千世界满中珍宝，所有价值皆不能及——菩萨摩诃萨菩提心香亦复如是，一念功德，普熏法界，声闻、缘觉一切功德，皆所不及；

善男子，如白栴檀，若以涂身，悉能除灭一切热恼，令其身心普得清凉——菩萨摩诃萨菩提心香亦复如是，能除一切虚妄分别、贪、恚、痴等诸惑热恼，令其具足智慧清凉。

善男子，如须弥山，若有近者，即同其色——菩萨摩诃萨菩提心亦复如是，若有近者，悉得同其一切智色；

善男子，譬如波利质多罗树，其皮香气，阎浮提中若婆师迦、瞻卜迦，若苍卜迦，若苏摩那，如是等华所有香气，皆不能及——菩萨摩诃萨菩提心树亦复如是，所发大愿功德之香，一切二乘无漏戒定、智慧解脱、解脱知见诸功德香，悉不能及；

善男子，譬如波利质多罗树，虽未开华，应知即是无量诸华出生之处菩萨摩诃萨菩提心树亦复如是，虽未开发一切智华，应即是无数天人众菩提华所生之处；

善男子，譬如波利质多罗华，一日熏衣，瞻卜迦华、婆利师华、苏摩那华，虽千岁熏，亦不能及——菩萨摩诃萨菩提心华亦复如是，一生所熏诸功德香，普彻十方一切佛所，一切二乘无漏功德，百千劫熏，所不能及。

善男子，如海岛中生椰子树、根、茎、枝、叶及以华果，一切众生恒取受用，无时暂歇——菩萨摩诃萨菩提心树亦复如是，始从发起悲愿之心，乃至成佛，正法住世，常时利益一切世间，无有间歇；

善男子，如有药汁，名诃宅迦，人或得之，以其一两变千两铜，悉成真金，非千两铜能变此药——菩萨摩诃萨亦复如是，以菩提心回向智药，普变一切业惑等法，悉使成于一切智相，非业惑等能变其心；

善男子，譬如小火，随所焚烧，其焰转炽——菩萨摩诃萨菩提心火亦复如是，随所攀缘，智焰增长；

善男子，譬如一灯，然百千灯，其本一灯无减无尽——菩萨摩诃萨菩提心灯亦复如是，普然三世诸佛智灯，而其心灯无减无尽。

## 五、接前说喻并加结语

弥勒菩萨为了能使我们对于发菩提心的重大意义留下深刻的印象，说了如上这许多形形色色的譬喻，仍然欲罢不能；他仍旧要不惮其烦地继续下去，直到他的想象力似乎完全枯竭——假如菩萨的想象力果有枯竭之时的话——而不得不适可而止。他继续说道：

善男子，譬如一灯，入于　室，百千年暗悉能破尽——菩萨摩诃萨菩提心灯亦复如是，入于众生心室之内，百千万亿不可说劫诸业烦恼、种种暗障，悉能除尽；

善男子，譬如灯炷，随其大小而发光明，若益膏油，明终不绝——菩萨摩诃萨菩提心灯亦复加是，大愿为炷，光照法界，益大悲油，教化众生，庄严国土，施作佛事，无有休息；

善男子，譬如他化自在天王，冠阎浮檀真金天冠，欲界天子诸庄严具皆不能及——菩萨摩诃萨亦复如是，冠菩提心大愿天冠，一切凡夫、二乘功德皆不能及；

善男子，如师子王哮吼之时，师子儿闻皆增勇健，余兽闻之即皆窜伏——佛师子王菩提心吼应知亦尔，诸菩萨闻增长功德，有所得者闻即退散；

善男子，譬如有人，以师子筋而为乐弦，其音既奏，余弦悉绝——菩萨摩诃萨亦复如是，以如来师子波罗蜜身菩提心筋为法乐弦，其音既奏，一切五欲，及以二乘诸功德弦，悉皆断灭；

善男子，譬如有人，以牛羊等种种诸乳，假使积集盈于大海，以师子乳一滴投中，悉令变坏，直过无碍——菩萨摩诃萨亦复如是，以如来师子菩提心乳，着无量劫业烦恼乳，大海之中，悉令坏灭，直过无碍，终不住于二乘解脱。

善男子，譬如迦陵频伽鸟，在卵壳中，有大势力，一切诸鸟所不能及——菩萨摩诃萨亦复如是，于生死壳发菩提心，所有大悲功德势力，声闻、缘觉，无能及者；

善男子，如金翅鸟王子，初始生时，目则明利，飞则劲捷，一切诸鸟虽久成长无能及者——菩萨摩诃萨亦复如是，发菩提心，为佛王子，智慧清净，大悲勇猛，一切二乘，虽有千劫久修道行，所不能及；

善男子，如有壮夫，手执利矛，刺坚密甲，直过无碍——菩萨摩诃萨亦复如是，执菩提心铦利快矛，刺诸邪见随眠密甲，悉能穿彻，无有障碍；

善男子，譬如摩诃那伽大力勇士，若奋威怒，于其额上必上疮疤，疮若未合，阎浮提中一切人民无能制伏——菩萨摩诃萨亦复如是，若起大悲，必定发于菩提之心，心未舍来，一切世间魔及魔民，不能为害；

善男子，譬如射师，有诸弟子，虽未惯习其师技艺，然其智慧，方便善巧，余一切人所不能及——菩萨摩诃萨初始发心亦复如是，虽未惯习一切智行，然其所有愿、智、解故，一切世间凡夫、二乘，悉不能及。

善男子，如人学射，先安其足，后习其法——菩萨摩诃萨亦复如是，欲学如来一切智道，先当安住菩提之心，然后修行一切佛法；

善男子，譬如幻师，将作幻事，先当起意忆持幻法，然后所作，悉得成就——菩萨摩诃萨亦复如是，将起一切诸佛菩萨神通幻事，先当起意发菩提心，然后一切，悉得成就。

善男子，譬如幻术，无色现色——菩萨摩诃萨菩提心相亦复如是，虽无有色，不可睹见，然能普于十方世界，示现种种功德庄严；

善男子，譬如猫狸，才见于鼠，鼠即入穴，不敢复出——菩萨摩诃萨发菩提心亦复如是，暂以慧眼观诸惑业，皆即窜匿，不复出生；

善男子，譬如有人，着阎浮金庄严之具，映蔽一切皆如聚墨——菩萨摩诃萨亦复如是，著菩提心庄严之具，映蔽一切凡夫二乘，功德庄严，悉无光色；

善男子，如好磁石，少分之力，即能吸坏诸铁钩锁——菩萨摩诃萨发菩提心，亦复如是，若起一念，悉能坏灭一切见欲无明钩锁；

善男子，如有磁石，铁若见之，即皆散去，无留住者——菩萨摩诃萨发菩提心亦复如是，诸业烦恼，二乘解脱，若暂见之，即皆散灭，亦无住者；

善男子，譬如有人，善入大海，一切水族无能为害，假使入于摩羯鱼口，亦不为彼之所吞噬——菩萨摩诃萨亦复如是，发菩提心入生死海，诸业烦恼不能为害，假使入于声闻、缘觉实际法中，亦不为其之所留难；

善男子，譬如有人，饮甘露浆，一切诸物不能为害——菩萨摩诃萨亦复如是，饮菩提心甘露法浆，不堕声闻、辟支佛地，以具广大悲愿力故；

善男子，譬如有人，得安缮那药，以涂其目，虽行人间，人将不见——菩萨摩诃萨亦复如是，得菩提心安缮那药，能以方便入魔境界，一切众魔所不能见；

善男子，譬如有人，依附于王，不畏余人——菩萨摩诃萨亦复如是，依菩提心大势力王，不畏障、盖、恶道之难；

善男子，譬如有人，住于水中，不畏火焚——菩萨摩诃萨亦复如是，住菩提心善根水中，不畏二乘解脱之火；

善男子，譬如有人，依倚猛将，即不怖畏一切怨敌——菩萨摩诃萨亦复如是，依菩提心勇猛大将，不畏一切恶行怨敌；

善男子，如释天王，执金刚杵，摧伏一切阿修罗众——菩萨摩诃萨亦复如是，持菩提心金刚之杵，摧伏一切诸魔外道。

善男子，譬如有人，服延龄药，长得充健，不老不瘦——菩萨摩诃萨亦复如是，服菩提心延龄之药，于无数劫修菩萨行，心无疲厌，亦无染着；

善男子，譬如有人，调和药汁，必当先取好清净水——菩萨摩诃萨亦复如是，欲修菩萨一切行愿，先当发起菩提之心；

善男子，如人护身，先护命根——菩萨摩诃萨亦复如是，护持佛法，亦当先护菩提之心；

善男子，譬如有人，命根若断，不能利益父母、宗亲——菩萨摩诃萨亦复如是，舍菩提心，不能利益一切众生，不能成就诸佛功德；

善男子，譬如大海，无能坏者——菩提心海亦复如是，诸业烦恼、二乘之心所不能坏；

善男子，譬如日光，星宿光明不能映蔽——菩提心日亦复如是，一切二乘无漏智光所不能蔽；

善男子，如王子初生，即为大臣之所尊重，以种性自在故——菩萨摩诃萨亦复如是，于佛法中发菩提心，即为耆宿，久修梵行，声闻、缘觉所共尊重，以大悲自在故；

善男子，譬如王子，年虽幼稚，一切大臣皆悉敬礼——菩萨摩诃萨亦复如是，虽初发心修菩萨行，二乘耆旧皆应敬礼；

善男子，譬如王子，虽于一切臣佐之中未得自在，已具王相，不与一切诸臣佐等，以生处尊胜故——菩萨摩诃萨亦复如是，虽于一切业烦恼中未得自在，然已具足菩提之相，不与一切二乘齐等，以种性第一故；

善男子，譬如清净摩尼妙宝，眼有翳故，见为不净——菩萨摩诃萨菩提心宝亦复如是，无智无信，谓为不净。

善男子，譬如有药，为咒所持，若有众生见、闻、同住，一切诸病，皆得消灭——菩萨摩诃萨菩提心药亦复如是，一切善根智慧方便，菩萨愿智共所摄持，若有众生见、闻、同住、忆念之者，诸烦恼病，悉得消灭；

善男子，譬如有人，常持甘露，其身毕竟不变不坏——菩萨摩诃萨亦复如是，若常忆持菩提心甘露，令愿智身毕竟不坏；

善男子，如机关木人，若无有楔，身即离散，不能运动——菩萨摩诃萨亦复如是，无菩提心，行即分散，不能成就一切佛法；

善男子，如转轮王，有沉香宝，名曰象藏，若烧此香，王四种兵，悉腾虚空——菩萨摩诃萨菩提心香亦复如是，若发此意，即令菩萨一切善根永出三界，行如来智无为空中；

善男子，譬如金刚，唯从金刚处及金处生，非余宝处生——菩萨摩诃萨菩提心金刚亦复如是，唯从大悲救护众生金刚处、一切智智殊胜境界金处而生，非余众生善根处生；

善男子，譬如有树，名曰无根，不从根生，而枝、叶、华、果悉皆繁茂——菩萨摩诃萨菩提心树，亦复如是，无根可得，而能长养一切智智神通大愿，枝、叶、华、果，扶疏荫映，普覆世间。

善男子,譬如金刚,非劣恶器及以破器所能容持,唯除全具上妙之器——菩提心金刚亦复如是,非下劣众生悭、嫉、破戒、懈怠、妄念、无智器中所能容持,亦非退失殊胜志愿、散乱、恶觉众生器中所能容持,唯除菩萨深心宝器;

善男子,譬如金刚,能穿众宝——菩提心金刚亦复如是,悉能穿彻一切法宝;

善男子,譬如金刚,能坏众山——菩提心金刚亦复如是,悉能摧坏诸邪见山;

善男子,譬如金刚,虽破不全,一切众宝犹不能及——菩提心金刚亦复如是,虽复志劣,少有亏损,犹胜一切二乘功德;

善男子,譬如金刚,虽有损缺,犹能除灭一切贫穷——菩提心金刚亦复如是,虽有损缺,不进诸行,犹能舍离一切生死;

善男子,譬如金刚,悉能破坏一切诸物——菩提心金刚亦复如是,入少境界,即破一切无知诸惑;

善男子,譬如金刚,非凡人能得——菩提心金刚亦复如是,非劣意众生之所能得;

善男子,譬如金刚,不识宝人,不知其能,不得其用——菩提心金刚亦复如是,不知法人,不了其能,不得其用;

善男子,譬如金刚,无所消灭——菩提心金刚亦复如是,一切诸法,无能消灭;

善男子,如金刚杵,诸大力人皆不能持,唯除有大那罗延力——菩提之心亦复如是,一切二乘皆不能持,唯除菩萨广大因缘坚固善力;

善男子,譬如金刚,一切诸物无能坏者,而能普坏一切诸物,然其体性无所损减——菩提之心亦复如是,普于三世无数劫中,教化众生,修行苦行,声闻、缘觉所不能者,咸能作之,然其毕竟无有疲厌,亦无损坏;

善男子,譬如金刚,余不能持,唯金刚地之所能持——菩提之心亦复如是,声闻、缘觉皆不能持,唯除趣向萨婆若者;

善男子,如金刚器,无有瑕缺,用盛于水,永不渗漏而入于地——菩

提心金刚器亦复如是,盛善根水,永不渗漏,令入诸趣;

善男子,如金刚际,能持大地,不令坠没——菩提之心亦复如是,能持菩萨一切行愿,不令坠没入于三界;

善男子,譬如金刚,久处水中,不烂不湿——菩提之心亦复如是,于一切劫处,在生死业惑水中,无坏无变;

善男子,譬如金刚,一切诸火不能烧然,不能令热——菩提之心亦复如是,一切生死诸烦恼火不能烧然,不能令热;

善男子,譬如三千世界之中金刚座上,能持诸佛坐于道场,降伏诸魔,成正等觉,非是余座之所能持——菩提心座亦复如是,能持菩萨一切愿行、诸波罗蜜、诸忍、诸地、回向、受记,修习菩提助道之法,供养诸佛,闻法受行,一切余心所不能持。

善男子(弥勒菩萨于此下个结论说:)菩提心者,成就如是无量无边,乃至不可说不可说殊胜功德;若有众生发阿耨多罗三藐三菩提心,则获如是胜功德法。是故,善男子,汝获善利;汝发阿耨多罗三藐三菩提心,求菩萨行,已得如是大功德故。

善男子,如汝所问,"菩萨云何学菩萨行?修菩萨道?"善男子,汝可入此毗卢遮那庄严藏大楼阁中,周遍观察,则能了知学菩萨行;学已,成就无量功德。①

## 六、发菩提心的要义

显而易见,对于菩提心在菩萨行中的重要性所做的宣示,已经到了词穷理尽的地步,因为,对于这位年轻的佛教行者善财而言,如果不使他的心灵获得如此深刻的印象,便无法将他导入毗卢遮那庄严楼阁的内部了。这个楼阁的里面所含的一切秘密,皆属佛教最高境界的精神生活。设使这位初学菩萨没有充分准备的话,这里面的奥秘对他便毫无意义可言了;不

---

① 以上译文,主要依据中文译本。

仅如此，这些内容也许会因受到重大的误解而致发生不可收拾的后果。因此之故，弥勒菩萨这才不惮其烦地搜索枯肠，以使善财童子对发菩提心的真正意义得到充分的认识。发菩提心的要义，可以归纳为下列各点：

（一）菩提心出于大悲心，因为，没有大悲心便没有佛教可言。如此强调大悲心的重要，是大乘佛教的特色之一。我们不妨说，佛教的整个教义悉皆以此为轴心而运行。《华严经》中所生动描述的交融互参、相即相入的哲理，实在说来，就由这种生命能爆发而来。假如我们紧紧粘在理智层面上的话，"性空""无我"等等的教义便因显得抽象虚玄而丧失其精神力量，以致无法激使任何人发起热切的意愿了。我们不可忘记的一点是：佛教所有的一切教义，悉皆出于对一切有情众生怀抱一种温暖的菩萨心肠，而不是出于以逻辑推理的方式揭开存在奥秘的一种冷漠的理智活动。这也就是说，佛教是一种属人的精神体验，而不是一种非人的物理哲学。

（二）菩提心的发起并不是一日一时，也不是一生一世，而是多生多世的一种事情——总而言之，这是一件需做长久准备的事情。对于尚未积集善根功德的人而言，此"心"将继续沉睡，唤也不易唤起。善根功德必经积累起来，才能使此"心"发荣滋长，而成复荫众生的菩提心大树。尽管业感之说听来不似一种非常科学的事实陈述，但包括大乘和小乘在内的一切佛徒，对于它在吾人道德生活范围之中的作用，悉皆深信不疑。宽泛地说，只要我们都是历史的造物，无论如何都无法逃避这种引导于前的业力作用。不论你到何处，只要是有时间观念的地方，都有一种业力的延续存在其间。因此之故，没有善根功德滋养的土壤，菩提心树就无法生长。

（三）菩提心如果出于善根功德，就能够生起一切属于诸佛和菩萨等等的善行和善业。如此，则它同时也就不得不是一切邪恶的摧伏者了，因为，不论那是什么样的邪魔，都经不起菩提心因陀罗的雷击。

（四）菩提心的内在尊贵，不论处于任何污秽之中——无论那是知识上、行为上，还是情欲上的污染——都不会受到污损。生死大海，凡有人者，无不灭顶。尤其是以言语解说而不以事实本身为满足的哲学家们，悉皆无法脱离轮回的束缚，何以故？因为他们总是不能割断无形的业力与知解系带而牢牢地系着在二元论的地面之上的。因此之故，在一个人的内心深处发起觉悟的意愿，乃是一件非同小可的宗教事项。

（五）菩提心之所以能够免于恶魔（在佛教中代表二元论的原理）的攻击，也是因了这个道理。大凡是魔，总是处心积虑地找机会侵犯大智大悲的坚固要塞。一个人在未发菩提心之前，总是倾向有与无的二边，因而也就逸出了一切诸佛、菩萨，以及善知识的摄护之外，但一经发心之后，便因产生了一种决定性的转变而避开了思想的覆辙。如此，则菩萨道便成了一条坦荡的大道，而由他的一切守护者的善业影响加以充分的护卫。他在这条康庄大道之上迈进，由于脚步坚定而使恶魔不得其便，无法将他诱离定向无上正等正觉的正途。

（六）所谓"发菩提心"，正如笔者在本文开头处所说的一样，就是唤起趣向无上正觉的意愿，而所谓无上正觉，就是佛陀所得大悟境界，也是使他能够成为名叫佛教的这种宗教运动领袖的境界。所谓"无上正觉"，就是大乘经典经常述及的一切智（sarvajñatā）。所谓"一切智"，就是一切佛果构成的实质。"一切智"的意思并不是说佛陀认知每一个个别的东西，而是表示他已体悟一切存在的根本原理，并已深入他本身生命的核心。菩萨一旦发起菩提心之后，他对一切智的掌握也就明白而又确定了。

（七）菩提心一旦发起之后，菩萨的生涯或事业即行展开。在此之前，"菩萨"（意为"觉悟有情""上求菩提、下化众生"——译者添足）这个观念，只是一个抽象的名词而已。我们也许都是菩萨，但这个观念尚未完全印入我们的心中；这个形象尚未灵活到足以使我们以全副身心来感受并体验此种事实。菩萨既发心之后，便与生活打成一片而富于生命的震动了。因此之故，菩萨与菩提心不可分离，缺一不可。实在说来，此"心"乃是打开一切佛教秘宝之门的钥匙。

（八）发菩提心是菩萨行愿的首要阶段。就《华严经》而言，善财童子追求的主要目标，就是要求明白菩萨的行愿究系什么。经由弥勒菩萨的示导，这位年轻的佛教行者终于体悟到，他到各种导师、哲人，以及神祇等等之间去寻求的一切，都在他自己的身心之中。最后的印证虽然出于普贤，但如没有弥勒的开示并进入毗卢遮那楼阁周遍观察，善财童子也就无法实实在在地展开他的菩萨生涯，行使他的菩萨道了。使得一个佛徒得着大乘而非小乘印记的这种菩萨行愿，必须先发菩提心，而后始能行之得通。

（九）《华严经》中说菩萨为了在精神与物质方面饶益一切有情众生而行菩萨道，永无厌倦。这个世界的时空有尽，而他的这种行愿永无穷尽。如果他的工作不能在一生一世乃至多生多世里面完成，他就一再转生人间，直到任务完成。虚空广大无限，其中世界无量，他要在这无量世界之中显身，直到每一个可以救度的众生，悉皆脱离由于无明与我执而起的苦海。不知何谓"穷尽"，是菩萨道生于菩提心的特色。

（十）"菩提心"这个观念，是大乘别于小乘的标记之一。小乘那种独善其身的寺院组织，是导致佛教衰落的一个原因。这种制度时兴一天，佛教就有一天使它的利益限制于少数潜修的一群。对于小乘而言，这还不是最大的缺失；最遭人诟病的一点是：它阻碍精神的胚芽在每一个众生的心中发荣长，而这便是菩提心的发起。此心有个愿望，就是永远不要受到知解的寒霜摧折。此愿根基只要十分深厚，开悟或成正觉的境界就只有如其所愿了。菩萨的这种永无疲倦的精神，就是出于这种上求佛智，下化众生的意愿，而这便是使得大乘精神在远东地区保持活力的地方——尽管它也有着过时的制度主义的缺陷。

简而言之，菩提心并不只是慈悲心而已，它的里面也含有某种哲理的见地。它是由"智""悲"二愿融合而成的一种结晶。此二者只有在菩提心的点化之下，才能发挥真正的作用。此意毕竟如何？待到我们阐释《般若经》的时候，将会更加明白。《般若经》对于菩提心的发起虽然没有明白指涉，但是，研习或修行甚深般若波罗蜜多，不但是真正发起菩提之心或求悟之心，同时也是真正展开菩萨的行愿（praṇidhānacaryā）。假如说大乘对于宗教意识的圆成有何贡献的话，那就是我们体现"智""悲"双运的此"心"，而不是别的什么。

## 七、《十地经》所说的发菩提心

本文开始之初曾引《十地经》文为其端绪，至此即将结束，再从此经另引一段文字作为它的结语,也许不算分外,因为,此经跟《华严经》本身一样,同属大乘经典的"华严部",这点已在前面提过了。下面所引经句,出于菩萨第十地、亦即"法云地"(Dhormamenghā)后面所附的颂语,因为,此会里面的上首金刚藏(vajragarbha)菩萨,在名为他化自在天(Paranirmita-vaśavartin)天宫所举行的这一次聚会之中,在这里对与会的其他菩萨讲述了关于发菩提之心或发求悟之心的问题:

〔尔时金刚藏菩萨,观察十方一切众会普照法界,为欲赞叹发菩提心,为欲示现菩萨境界,为欲净治菩萨行力,为说摄取一切种智道,为除一切世间诸垢,为欲施与一切智,为欲示现不可思议智庄严,为欲显示一切菩萨诸胜功德,为欲令如是地义转更开显,承佛神力而说颂言:〕

其心寂灭恒调顺,平等无碍如虚空,
离诸垢浊住于道,汝等应听此胜行。

百千亿劫修诸善,供养无量无边佛,
声闻独觉亦复然,为利众生发大心。

勤持净戒常和忍,惭愧福智皆具足,
志求佛智修广慧,愿得十力发大心。

三世诸佛咸供养,一切国土悉严净,
了知诸法皆平等,为利有情发大心。

初地已发菩提心,永离众恶常欢喜,
愿力广修诸善法,以悲愍故入后地。

戒定具足念有情,涤除垢秽心明洁,
观世三毒火炽然,广大解者趣三地。

三世一切皆无常，如箭人身无救护，
厌离有为求佛法，广大智趣焰慧地。

念慧具足得智道，供养百千无量佛，
常观最胜诸功德，斯则趣入难胜地。

智慧方便善观察，种种示现救有情，
复供十力无上尊，此能趣入现前地。

世所难知而能知，不受于我离有无，
法性本寂随缘转，由此妙智向七地。

智慧方便心广大，难行难伏难了知，
虽证寂灭动修习，能取如空不动地。

蒙佛劝从寂灭起，广修种种诸智业，
具十自在观世间，以此而升善慧地。

以微妙智观有情，心惑业等诸稠林，
为欲化其令趣道，演说诸佛胜义藏。

次第修行具众善，乃至九地集福慧，
常求诸佛最胜法，以佛智水受灌顶。[1]

---

[1] 以上为《十地经》偈颂部分的最后第一至十四颂，英译见于1932年印行的《东方佛徒》(The Eastern Buddhist) 杂志第六卷第一期。

第五篇

# 《般若心经》对禅的意义

我们绝对不可以一种知识的媒介探究《心经》的内容——尽管表面看来它似有此暗示。我们必须依循宗教经验的路线加以探发——这也就是说，我们必须依照参究公案所得的线索加以叩击。学者以求知的方式理解的正等正觉或大彻大悟，经由《心经》"揭谛！揭谛！"的神咒轻轻一拨，成为一种伟大的灵悟经验的事实。

## 一、《般若心经》的梵典及其汉文与英文译本

《般若波罗蜜多心经》（*The Prajñā-pāramita-hṛidaya sūtra*），是阐示般若妙理的一个短篇文字，以玄奘所译的中文本来说，只有二百六十二个字，但它却是日本天台、真言，以及禅宗佛徒之间最通用的一部经典[①]。本文写作的目的，在于探讨这部"心经"（The Hridaya sūrta），究以何种意义在禅的教学中占据如此重要的地位。为了便于说明，最好先对经文的本身求得一个适切的认识。由于所占篇幅不多，特将全经原文及其译文附录于下。

佛学名家墨勒（F. Max Müller）先生，曾于1884年以保存于日本的古代梵文贝叶写本心经[②]为底本，加以辑录印行。但此处所引，系以玄奘的

---

① 此经在日本通称《般若心经》（*Hannya Shingyō*），简称《心经》（*Shingyō*）。在禅寺中，做早晚功课及其他各种仪式时，都要诵念它。有关它的注解已经很多，而禅师们对众宣讲时，亦往往以它作为"提唱"的课目。
② 这个老古的贝叶梵文写本，自从西纪609年以来，一直保存于大和法隆寺——日本最古的佛教寺院之一。它在考古学上具有相当的价值，为我们提供了"梵文字母用于文学上的最早标本"。据传，这个写本系由菩提达摩从印度带到中国，其后复由中国传到日本。

《唐梵对翻字音般若波罗蜜多心经》为依据,其中译语略有更动,系为强化中文译本的气势而作。玄奘于耶纪 649 年将它译为中文,如今收入大正大藏经中,编号二五一,经前还加了一篇明朝太祖皇帝所作的序文。但这篇译文似乎并未完全以他自己的梵本(见《大正大藏经》第二五六号)为依据,因为其间可见略有出入。

## 附录(一):梵文原文(西文拼读)

Prajñāparamitā-hṛdaya-sūtra

ārvāvalokiteśvaro bodhisattvo gambhirāyām prajñāpār amitāyām caryām caramāno vyavalokayati sma; pañca skandhās, tāmś ca svabhāva-śūnyān paśyati sma.

iha Sāriputra rūpam śūnyatā, śunyataiva rūpam, rūpān na pṛthak sūnyata, śūnyatāyā na pṛthag rūpam. yad rūpam sā śūnyata, yā śūnyatā tad rūpam, evam eva vedanā-samjñā-sam skāra-vijñānāni.

iha Sāriputra sarva-dharmāḥ+ śūnyata-lakṣana anutpannā aniruddhā amalāvimala nonā na paripūrṇāḥ.

tasmāc chāriputra śūnyatāyām na rūpam na vedanā na samjñā na samskārā na vijñānam. na cakṣuḥ-śrotra-ghrana-jihvā-kāyā-manāmsi. na rūpa-śabda-gandha-rasa-spraṣṭavya-dharmāḥ. na cakṣur-dhātur yāvan na mano-vijñāna-dhātuḥ.

na vidyā nāvidyā na vidyākṣayo nā vidyakṣāyo yavan na jarāmaranam na jarā-marana-kṣāyo. na duhkha-samudaya-nirodha-mārga, na jñānam na prāptiḥ.

tasmād apraptitvād bodhisattvānām prajñāpāramitām āśritya viharaty acittāvaraṇaḥ cittāvarana-nāstitvād atrasto viparyāsātikrānto niṣṭha-nirvāṇaḥ.

tryadhvavyavasthitāḥ. sarva-buddhāḥ prajñāpāra-mitam āśrityānuttarām samyaksambodhim abhisombuddhāḥ.

tasmāj jñātavyam prajñāpārmitā-mahāmantro ma-hāvidyāmantro'nuttara mantro'samasama-mantra ḥ sarva-duḥkha-pras'amanaḥ satyam amithyatvāt prajñāpāramitāyām ukto mantraḥ tad yathā；gate gate pāragate pāra-samgate boahi svāhā.

## 附录（二）：中文译文

观自在菩萨，行深般若波罗蜜多时，照见五蕴皆空，度一切苦厄。

舍利子，色不异空，空不异色；色即是空，空即是色，受、想、行、识，亦复如是。

舍利子，是诸法空相，不生不灭，不垢不净，不增不减，是故空中无色，无受、想、行、识；无眼、耳、鼻、舌、身、意；无色、声、香、味、触、法；无眼界，乃至无意识界；无无明，亦无无明尽，乃至无老、死，亦无老、死尽；无苦、集、灭、道；无智亦无得，以无所得故。

菩提萨埵依般若波罗蜜故，心无挂碍，无挂碍故，无有恐怖，远离颠倒梦想，究竟涅槃；三世诸佛依般若波罗蜜多故，得阿耨多罗三藐三菩提。

故知：般若波罗蜜多，是大神咒，是大明咒，是无上咒，是无等等咒。能除一切苦，真实不虚。故说般若波罗蜜多咒。即说咒曰：

揭谛，揭谛，波罗揭谛，波罗僧揭谛，菩提萨婆诃！

## 附录（三）：英文译文（并附解说）

When (1) [①]the Bodhisattva Avalokiteśvara was engaged in the practice of the deep Prajñpāramitā, he perceived：there are the five skandhas (2)；and these he saw in their self-nature to be empty (3)。

'O śariputra, form is here emptiness (4), emptiness is form；form is mo other than emptiness, emptiness is no other than form；what is form that is emptiness, what is emptiness that is form. The same can be said of sensation,

---

① 参见后面所附解说。

thought, confection, and consciousness.

'O śāriputra, all things are here characterized with emptiness: they are not norn, they are not annihilated; they are not tainted, therefore, śariputre, in emptiness there is no form, no sensation, no thought, no consciouness; no eye (5), ear, nose, tongue, body, mind; no form (6), sound, odour, taste, touch, objects; no Dhātu of vision (7), till we come to (8) no Dhātu of consciouness; there is no knowledge, no ignorance (9), no extinction of knowledge, no extinction of ignorance, till we come to there is no old age and death, no extinction of old age and death; there is no suffering (10). accumulation, annihilation, path; there is no knowledge, no attainment, [and] no realization①, because there no attainment in the mind of the Bodhisattva who dwells depending on the prajñāpāramitā there are obstacles②; and because there are no obstacles in his mind, he has no fear, and going beyond the perverted views, peaches final wirvānd. All the Buddhas of the past, present, and fure, depending on the prajñāspāramitā, attain to the highest perfect enlighten-ment.

'Therefore, one ought to know that the prajñāpāramitā is the great Mantram, the Mantram of great wisdom, the highest Mantram, the peerless Matram, whis is capable of allaying all pains; it is truth because it is not falsehood: this is the mantram proclained in the Prajñāpāramitā.It runs "Gate, gate, pāragate, Pārasaṃgate, bodhi svāhāl". ("O Bodhi, gone, gone, gone to the other shore landed at the other shore, svāhā！")'

## 心经解说

(1)"心"(the Hṛidaya)为题的经文有两种：一名"小本"或"略本"，

---

① 法隆寺所藏写本和玄奘所译的中文本中都略去了 Nābhisamayah（"无悟"或"无证"）。
② 梵语 varana，中文译作"挂碍"，与般若教理完全一致，墨勒将它译为"cnvclop"（"包围"）似欠妥当。

一称"大本"或"广本",以上所录译文为"小本"或"略本",为日本和中国所通用。

　　梵文原本与藏文译本的大本都有如下一个序文,为小本所略:"如是我闻,一时世尊在王舍城灵鹫山,与大比丘众暨大菩萨众俱。尔时世尊即入深妙三昧,复有观自在菩萨摩诃萨行深般若波罗蜜多。"藏文译本并在这个序分上面加了一个如下的"礼敬偈":

敬礼般若波罗蜜,言思赞叹所不及；
不生不灭自性空,三世诸佛从中出!

　　此外,梵、藏文的大本尚有一个结语,亦为小本所无:"'舍利子,菩萨应如是修心深妙般若波罗蜜多。'尔时世尊从三昧起,告观自在菩萨摩诃萨言:'善哉!善哉!善男子如是!如是!如汝所说,甚深妙般若波罗蜜多,应如是修习,一切如来皆应赞叹随喜。'世尊作是语已,寿命具足舍利佛,观自在菩萨摩诃萨,及诸大众,天,人,阿修罗,乾闼婆,一切世间,皆大欢喜,赞叹佛旨。"(此处所引序文与结语部分译文,有参考屈映光先生所著《心经诠释》之处——译者)

　　(2)从现代科学的观点说来,所谓"五蕴"这个概念,似乎不免过于含混了一些。但我们必须晓得的是,佛教的分析原理,旨趣并非只在科学本身:它的主要目的,在于将我们从迷惘的观念之中解救出来,因为,我们不但妄想有个永生不灭的究极个别实体(亦即"自我"),而且深深陷入其中,难以自拔。此盖由于,我们一旦信其以为究竟,便犯了执着的错误,而使我们受到外物奴役或束缚的,就是因了这种执着。所谓"五蕴"(the Five Skandhas),就是五种集合或组成的要素:"色"(rūpam),"受"(vedanā),"想"saṃjñā),"行"(saṃskāra),"识"(vijñāna)。"色"是物质世界或万物的形态；其余四蕴皆属心灵的心法。"受"是吾人经由感官而得的感觉；"想"即所思所想；"行"这个字在此很难说明,英文中找不出完全相等的字眼,意思是指某种赋予形体的东西或令其成形的原理；"识"相当于意识或心识作用，有见、闻、嗅、味、触，以及思维之分。

（3）玄奘的译本上加了如下一句："度一切苦厄。"

（4）"空"（śūnya or śūnyatá）是大乘佛教哲学中最为重要的观念之一，也是非佛教徒最困惑的观念之一。此处所谓的"空"，既不含有"相对性"（relativity）的意思，亦不含有"现象性"（phenomenality）的意味，更无"空无"（nothingness）之意，而是指"绝对"（the Absolute）或某种超越性的东西——虽然，这种解说亦颇易滋误解，关于此点，稍后再谈。佛徒宣称"万法皆空"，不但并非提倡一种虚无主义的观点，相反的，却有一种非逻辑范畴所能涵盖的究竟真实隐含其间。对于他们而言，宣称万法的因缘所生之性，旨在指呈某种完全非因缘所生，故而超于一切限际的东西。因此，将"空"字译成"绝对"，往往十分贴切。是以，经中所云："五蕴皆空"，或云："是诸法空相，不生不灭，不垢不净……"其意是指：没有任何有限的属性可以归诸"绝对"；尽管"绝对"普遍含于一切具体而微的物体之中，但它本身却非任何东西所可限定。职是之故，在般若哲学中，全盘的否定乃是一种无可避免的结果。

（5）经中所说"无眼，耳，鼻……"是指六识。在佛教哲学中，"意"，亦即末那识（mamovijñāna），是为理解"法"（dharma）或境（思考的对象）的一种特别感觉机能。

（6）"无色、声、香……"是指作为六识对象的外境六尘。

（7）"无眼界……"指包括六根（indriya）、六尘（visaya），以及六识（vijñāna）在内的十八界（Dhātu）或万法的十八种组成要素。

（8）"乃至"（yāvat），用于省略熟知的项目，在佛教文典中屡见不鲜。此等分类，看来也许有些混乱和重叠。

（9）"无明、无无明……"是全盘否定"十二因缘"（pratityasamutpāda）：（一）无明（avidyā），（二）行（samskāra），（三）识（vijñāna），（四）名色（nāmarūpa），（五）六入（sad ayatana），（六）触（Sparśa），（七）受（vedana），（八）爱（trisna），（九）取（upādāna），（十）有（bhava），（十一）生（jāti），（十二）老死（jarāmarana）。这条因缘锁链在佛教学者之间一直受到颇多的

讨论。

(10) 不用说,这里指的是"四圣谛"(satya):(一)有生是苦(duḥkha);(二)恶业集积(samucdaya);(三)苦因可灭(nirodha);(四)有道(mānga)可修。

## 心经禅解（附）

有关心经注解的著述,自有心经译本以来,可说不下万家,但给人的印象不外总是：若非过于简略,令人不得其门而入；就是过于烦琐,变成哲学的名相剖析,使人确有"入海算沙"和"说食不饱"之叹！有鉴于此,古杭云栖大璸（伏枕盘谭）大师,乃乘学者偶问心经要义之便（时在丁亥一月）,为述"口义"一篇,繁简得宜,十分切要！而师慈悲心切,且不忘本分,为恐学者"执指忘月"而"塞人悟门,添人枷锁",以致"拘于文辞,不识意旨,令大般若心不能与当日涅槃心同一妙密,（而使）达摩大师以心传心之心终为文字没却！"遂于"口义"之外,复为作"别"——这一"别",别得极好,真是"别具只眼",可谓"别开生面"（绝非"标新立异","别",不是"袭机锋""弄口头三昧"之"别",而是"实嘹嘹地如棒打石人头"之"别"）！时时提撕,处处点醒,以使学者回转过身来,光反照,自见自肯,而识自己本来面目！完全符合禅家所揭"直指"的教学精神和旨趣,极为稀有,真是难得一见的"法宝"！本文名为"心经对禅的意义",谨录于此,以与"禅悦为食"的读者朋友共享（罪过,罪过！）可谓名实所归,得其所哉！（希望不致成为"画蛇添足"之举！——译者）

## 序（另有"题首"及"自序"从略）

只这个"心",凡夫觑不破,圣贤打不彻：从上三世佛及两土诸祖,哆哆罗罗,论黄数白,只为这个；东指西话,只为这个；痛棒热喝,只为这个——毕竟没交涉！

惟此经当头现出一尊观自在菩萨，说般若心已竟，后数行俱是注脚。乃诸家训解，纷纷饶舌，徒尔迷魅学人！石公师忍俊不禁，既录"口义"又说"别"，如宫居而别筑璃台，粒食而别餐王膳，要令透脱枷锁，体露金风！

真师子儿一拨便转，决不向他家死水中淹杀！假饶山下看水牯牛三十年，不若将石师"别"朝参暮究，忽然虚空落地，问牛滴乎？滴矣！当下便是观自在！

德山里婆子诘"三心"，茫无只对，遂往龙潭却"青龙疏钞"。石师倘遇这婆子，更不须烧却"心经别"也。何以故？"别"本无别，非别说"别"，与莲大师"净土玄问"同一鼻孔出气。碧潭空界，孤月常明：捞摝姓应知，痴猿提不著！

有谓万石师以教纂宗，重添络索，大非！有谓石师以宗诠教，水乳和融，亦大非！总为渠认不得观自在菩萨面孔尔！

昔范滴夫女读《孟子》，曰："孟子不识心。心岂有出入？"伊川谓："此女不识孟子，却识心。"盖此女自见此心常湛然安定故。能作如是观，任伊不识石师也得。（广抡吴本泰题）

**般若波罗蜜多心经**

口义：咄！如今学者续入讲肆，便会道："般若"是梵语，此云"慧"有三种，曰："实相般若""观照般若""文字般若"。"实相"，"理"也，即所谓"真性"；"观照"，"智"也，即能观"妙慧"；"文字"，"教"也，即诠上二种之教，而文字性离，即是般若。罗什法师又开二种，曰："境界般若""眷属般若"于实相中开出境界，即六尘事；于观照中开出眷场，即心、心所。长水法师谓"五只是三"，故从来只说三种。其不曰"慧"，而仍称"般若"者，大智度论谓：般若实相，甚深尊重，智慧轻薄，五种"不翻一中之善例也"。后"陀罗尼"（咒）下翻，自属"秘密"例。

别曰：翻译名相，未始不是，却不知"般若体"是个什么。或者认"昭昭灵灵"以为自己，谓目前能识、能知的，便是"本有般若"。苍天！苍天！腐草之光，如何可比日月？尽大地都是"迷头认影""唤贼作子"汉！须知"般若"。只在目前，要且不是目前法；圆陀陀，光烁烁，在汝六根门头照天照地，却不可以"智"知，不可以"识"识；无头无尾，不青不黄，不长不短；从无彼、此，总没自、他；也不曾有得，也不曾有失；任他千差万别而一道齐平，虚廓寂寥而云兴波涌；如大火聚，触之即烧；如金刚王剑，婴之即断；如涂毒鼓，闻之即死；天魔外道，不敢正眼觑着；诸佛诸祖不曾错口说着。你诸人且如何要得他？才待举心，心欲缘而虑亡；才待开口，口欲谈而词丧；言语道断，心行处灭；扬眉瞬目，早是周遮；竖指擎拳，翻成钝置！——除非是忘言绝虑，象外明宗，机先会旨，或者有少分相应。

口义：又道："波罗蜜多言"是梵语，此云"彼岸到"。对此岸言，众生有烦恼为中流，常滞生死此岸，不能到菩提、涅槃彼岸；惟学般若菩萨能到。何以故？般若妙慧，照破烦恼，翻分段、变易二种生死过患永尽，至于真空之际故。

别曰：苦哉！苦哉！我王库中无如是刀。烦恼是何物？生死是何物？菩提、涅槃又是何物？平地骨堆！你唤什么作"生死"？若道生死、烦恼可断，菩提、涅槃也可断；若道菩提、涅槃须到，生死、烦恼又何尝不到也？仁者自生分别！须知一切分别，有高有下，有圣有凡，有好有恶，有向有背，有到有离，皆是妄想执着，只此便是生死岸头事！若也圣、凡情尽，分别都融，不用夷丘填壑，不用截鹤续凫，云月溪山处处同，万红千紫总春风！有什么菩提？有什么涅槃？有什么生死也？经中道："一切众生毕竟寂灭，即涅槃相，不复更灭。"又道："生死、涅槃，犹如昨梦。"张拙秀才也解道个："光明寂照遍河沙，凡圣含灵共我家。一念不生全体现，六根才动被云遮！断除妄想重增病，趣向真如亦是邪！随顺世缘无挂碍，涅槃生死等空花！"他是个俗人，较有些才气息；我你欠参道流，为什么不是骑驴觅驴，便是拨波求水，反不丈夫？可笑也！

口义："心"之一字，学者亦知作"法""喻"两解。当日贤首大师顺译人之旨，亦作能诠喻释，谓此一十四行，乃六百卷般若之精要，如人一心，为四肢百骸之主宰也。其实大师作所诠法释，故圭峰曰："藏和尚般若心经疏，作所诠义释，意谓般若之心，是万法之体，故云'心'也。"后世误与岳公，乃谓"疏主不知约法以解心"，陋矣！

别曰：虽然如是，觉王同禀，祖胤亲传：离文字相，离心缘相；只许悟入，不许言宣。所以楞伽四卷："佛语心为宗，无门为法门。"世尊灵山会上拈花，迦叶破颜微笑，便道："吾有正法眼藏，涅槃妙心，付嘱于汝。"达摩初祖，得得西来：不立文字，直指人心，见性成佛。四七、二三，传个什么？后来千七百个老汉，牵藤引蔓，刺刺不休，甚至派列五家，灯分百代，却总是这个影子也。马大师"一口吸尽西江水"，一脚踏杀天下人；石头"竺土大仙心，东西密相付"，临济"玄要""宾主""驱耕夫之牛，夺饥人之食"，敲骨取髓，痛下针锥；曹洞"银碗盛雪，明月藏鹭"，"兼带""挟通"，"正不立玄，偏不附物"，"不犯当头，不居正位"，兔角金针，龟毛玉线；沩仰"暗机圆台""啐啄同时"，云门"天中函盖""目机铢两"，不涉世缘，"顾盼犹倍句芦""扬眉落二三"；法眼何止"唯心"眼声、耳色，六根互用，六用齐施——你作么生悟入去？佛佛手授，授此旨；祖祖相传，传此心。又道："不是心，不是佛，不是物。"不是心，是什么？学者须会得这个消息好！不然，动成窠臼，又作么生？

口义："经"之一字，学者亦知梵语"修多罗"，义翻"契经"。"契"有"契理""契机"二义：上契诸佛理，则合道之言；下契众生机，则逗根之教。"经"有"贯""摄""常""法"四义：贯穿所说理；摄持所化生；古今不易曰"常"；近、远同尊曰"法"。又《杂心论》明五义：涌泉义、出生义、显示义、绳墨义、结鬘义，皆自能诠之教，如来所说"文字般若"是也。

别曰："如来说法四十九年，不曾说着一字。若人谓如来有所说法，即为谤佛。世尊一日升座，文殊白槌云："谛观法王法，法王法如是！"世尊便下座。那讨说法来？然早是和盘托出了也！空生晏坐深岩，帝释谓"善说般若"，世尊默然良久，外道谓"开我迷云！"及手摇唇鼓舌，说"有"说"空"，分"半"分"满"，与么领略，已是不唧嚼汉！何况加以文诃，形之楮墨？云庵《宝镜三昧》云："但形文彩，即属染污！"永明《宗镜录》云："今时学者多执文背旨、昧体认名、认名忘体之人，岂穷实地？"徇文迷旨之者，何契道原？怪得汝等看经，牛皮也须穿过！瞎驴眼不能觑进开，枉在讲肆中称学者！不见东印度国王请二十七祖般若多罗斋？王曰："何不看经？"祖云："贫道入息不居阴界，出息不涉众缘。常转如是经，百千万亿卷！"

### 唐三藏法师玄奘

口义：玄奘法师，人人晓得，他是贞观时三藏，本名祎，姓陈氏，洛州缑氏人，跋涉西域一十七载，灵松东指，请到梵本经论六百五十七部，奉太宗诏，就弘福寺翻译，梁国公房玄龄专知监护。所经一百余国，掇其山川风俗，撰《大唐西域记》。此经罗什师译之于前，久在震旦，奘师持之西往，中途屡逢魔妖，诵经则退，后更重译也。"译"，谓取彼梵天之语，易成汉地之言。宋通慧大师赞宁曰："'译'之言'易'也，谓以所'有'易所'无'也。譬诸枳橘焉，由易土而植，橘化为枳。枳、橘之呼虽殊，而辛、芳、干、叶无异。东僧往西，学尽梵书，解尽佛意，始可称善传译者。"

别曰：桓公读书，已是古人糟粕，况依样画猫儿？画得也相似，争奈死鼠不能捕，而况活着乎？学者须是从故纸堆中翻得一个筋斗，许你有转身吐气分，否则被陈年故纸、腐烂葛藤埋没多少！休说你等学人，就是如今居师席的，终日指东画西，说得天雨花、石点头，若也不曾另具一只眼，向人天外透得出一头，却被傍人简（检）点多少！昔亮座主参马祖，祖问："汝称讲经。将何物讲？"对曰："将'心'讲。"祖曰："'心如工伎儿，意如和伎者。'如何讲得经？"亮厉声曰："'心'若讲不得，莫是'虚空'讲得么？"祖曰："却是虚空讲得！"亮亦契悟，归谓其学徒曰："我自谓平生讲学，天下无能过者，今日见开元老宿，一唾净尽；我从前见解皆欺诳汝！"遂渡漳水，隐于西山。寂音尊者尝作"渔父词"歌其标韵曰："讲处天花随玉尘，波心月在那能取？旁舍老师偷指注。回头觑，虚空特地能言语！归对学徒重自诉：从前见解皆欺汝！隔岸有山横暮雨，翻然去，千岩万壑无寻处！"呜呼，这个阿师方不枉称人天座主也！

### 观自在菩萨

口义：此菩萨也，人人晓得是大智大悲、楞严耳根圆通、不自观音、以观观者；法华寻声救苦，观其音声，皆得解脱；千眼表鉴瞩之智，千手表提拔之悲；不住生死，不住涅槃；十方国土，无刹而不现其身；九界众生，无类而不显其应；尘尘混入，刹刹圆融；既称观自在，又名观世音；自觉、觉他，是以谓之菩萨。梵语"菩提萨埵"，言"菩萨"者，略；此云"觉有情"，亦云"大道心成众生"也。

别曰：却不知观自在菩萨是那一个。外求有相佛，于己不相似。若道"他"是"佛"，"自己"却成"魔"。人人有个观自在，在生死不为生死所绊，在涅槃不为涅槃所缚；非天非人，而能天能人。只恐你自己不敢承当！不曾认取，向外驰求，道：别有个智、悲双运、手、眼通灵的菩萨摩诃萨，不干己事。噫！何其不丈夫也！须一朝摸着自己，原是眉横鼻直，便做一个顶天立地汉子。这番带水拖泥！上天堂，入地狱，救苦众生，也忒煞自在！衣敝絮行荆棘中，却没一些儿兜惹，岂不快哉！岂不快哉！然也不是鲁莽得底，切要在声、色场中每日兜三惹四处认取自己；观，便自在；不观，便不自在。洞山辞云岩，问曰："和尚百年后，忽有人问：还邈得师真否？如何只对？"岩良久，曰："只这是。"洞山沉吟，岩曰："价阇黎，承当这个大事，直须仔细！"洞山初无所言，后因过水睹影，方始彻悟，作偈曰："切忌从他觅，迢迢与我疏。我今独自往，处处得逢渠。渠今正是我，我今不是渠。应须恁么会会，方得契如如。"噫！欲契如如者，可从他觅乎？切忌！切忌！

**行深般若波罗蜜多时**

口义：什么叫作"深般若"？一种学者便道，永嘉云："慧中三，应须别：一、人空慧，谓了阴中无我，如龟毛兔角；二、法空慧，谓了阴等诸缘，缘假非实，如镜缘水月；三、空空慧，谓了境、智俱空，是空亦空。"人空则浅，法空则深；法空则浅，空空则深。此菩萨慧彻三空，谓之行深般若"，不同二乘，仅入人空故；有时亦同二乘。今非彼时，故曰"行深……时"也。

别曰：咄！这是什么所在？许你说深说浅？般若无名相，"空"，犹相也；"空空"，犹名也。直得朕兆不存，文采不露，五眼不能见其形，二听不能闻其声；虚虚寂寂，杳杳冥冥，智犹身子，辩若满愿，穷才极虑，莫窥其畔！

道出有、无，理绝情、谓，名曰"般若"，已属强名，更量深、浅，失之逾远！试问汝：若为道虚空是长？短？大？小？维摩云："法无有比，不可喻故。""法身无为，不堕诸数。"然则，汝言"深般若"者，浅浅乎？其言般若也，经知即浅即深，无深无浅。盖此境界，是菩萨入慧光定境界，亦即是首楞严菩萨于其自住三摩地中境界，亦即是世尊于普光明殿入刹那际诸佛三昧境界，亦即是法华世尊结跏趺坐于无量义处三昧身心不动境界。岂是浅、深测量得的？我替你一念不生、浅深情尽，顿入刹那际三昧，便是"行深般若波罗蜜多时"也。如今拟待一"行深般若"，且作么生"行"？一切法不行，是"行深般若"。见一切色，与盲等；闻一切声，与聋等。达摩为二祖说法，只教："外息诸缘，内心无喘；心如墙壁，可以入道。"岂但一切世间法不行，一切佛法亦不行也：止观、定慧，解脱、三昧，菩提、涅槃，鸟道、玄路——一切不行，才有所行，便堕妄情窠臼，非般若矣！又菩萨"行于非道，通达佛道"，是"行深般若"：行五无间而无恼恚，乃至示入于魔而顺佛智慧，不随他教，现遍入诸道而断其因缘，现于涅槃而不断生死——如是行于非道，是为通达佛道。佛界如，魔界如，凡夫界如，声闻界如，一切行而无所行，是"行深般若"矣。审如是，不妨向异类中行，镬汤炉炭中行，毗卢顶额上行，蟭螟目睫上行——那一处不是菩萨游戏神通，甚深般若？且道：学人还有分也无？不可行虑，吾因行之；竖起生铁脊梁，掆瞎铜铃眼孔；剑锋丛里也去挨身，猛火焰中也须插脚——直得丧生失命，然后大死还苏，推倒万仞银山，打破上牢漆桶，那时节来衲僧手里吃棒有分！为什么如此？老赵州问南泉："如何是道？"泉云："平常心是道。"州云："还可趣向也无？"泉云："拟向即乖！"又昔僧问赵州："学人乍入丛林，乞师指示！"州云："吃粥了也未？"僧云："吃粥了也。"州云："洗钵盂去！"此僧悟去。且道：此僧悟个什么耶？

**照见五蕴皆空，度一切苦厄。**

口义：学者都解道："五蕴"是色、受、想、行、识——质碍曰"色"，领纳曰"受"，取相曰"想"，迁流、造作曰"行"，了别曰"识"。"色"独是"色"，余四皆"心"，识是"心王"；受、想、行是"心所"。"蕴"者，积聚之义，谓众生由此五法积窥成身，复因此身积聚有为烦恼等法，能受无量生死也。"一切苦厄"，即分段、变易二种生死。生死不净，苦厄不亡，菩提、涅槃究竟乐果不证，皆由不能"照见五蕴皆空"故。今菩萨以深慧之力，达缘生无性，五蕴皆空；五蕴自性尚不可得，况所依"我"耶？是空亦空，二"死"何有？故曰："度一切苦厄。""照蕴空"，正是"行深般若"；"度苦厄"，则"行深般若"之"效"也。

别曰：是则是。且道：五蕴为本来自空耶？为本不空，照而后空耶？若本自空，何用照为？若本不空，照而后空，是无常空，非真空矣。市南之争，僚丸曷解，曰："诸法本空，情迷谓有。照破迷情，本空自现。"若非照了，焉知本空？三祖灿大师"信心铭"曰："一心不生，万法无咎；无咎无法，不生不心。能随境转，境逐能沉。"却不是照见五蕴皆空也？虽然，灿大师只有两句道："归根得旨，随照失宗。"又道："不用求真，唯须息见。"今此说个"照见五蕴皆空"，"照"不返，"见"不息，得无受"照见"之累耶？当知"照"实无照，"见"无所见。佛告须菩提："汝当说般若，教诸菩萨。"须菩提言："我不见一法名般若，亦不见一法名菩萨。云何如来教我说般若、教菩萨耶？"佛告文殊："汝于佛法岂不趣求？"文殊言："世尊，我今不见有法非佛法者，何所趣求？"佛又问云："汝于佛法已成就耶？"文殊言："我都不见有法可名佛法，何所成就？"然则不见有法名五蕴，不见有法非佛法，不见有法名般若、名佛法，是为"照见五蕴皆空"，非有能照、所照、能见、所见也。金屑虽贵，落眼成尘。昨夜起"佛见""法见"，被如来贬向二铁围山，尝谓观自在菩萨"犹有这个在"。石巩云："教某甲自射，便无下手处。"二祖云："觅心了不可得。"六祖云："本来无一物，何处惹尘埃？"这个都不是"照见五蕴皆空"底橡子？况一切苦厄，在什么处？拟要度他，更添一重枷锁。《法华经》是曰："如来明见三界之相，无有生死；若退若出，亦无在世及灭度者。"《华严经·十地品》曰："生死皆由心所作，心若灭者生死尽。"今人要尽生死，乃不息灭妄心，是犹畏影而逃口中也；行愈疾，影愈随，求其影之息，不亦难乎？僧问大珠："如何是'大涅槃'？"珠曰："不造生死业。"问："如何是'生死业'？"珠曰："求大涅槃。"知"求大涅槃"

是"生死业",则知拟"度一切苦厄"者正不免"一切苦厄",何以故?只为伊妄想心不断故。枣柏《华严论》曰:"华严第三会于须弥顶上说十住者,表八万四千尘劳山,住烦恼大海。于一切法无思无为,即烦恼海枯竭,尘劳山便成一切智山,烦恼海便成性海。"若起心思虑,有所攀缘,则尘劳山愈高,烦恼海愈深,不可至其智顶。

琅琊觉禅师尝问讲僧:"如何是'居一切时不起妄念'?"对曰:"'起'即是病。"又问:"如何是'于诸妄念亦不息灭'?"对曰:"'息'即是病。"又问:"如何是'住妄想境不加了知'?"对曰:"'知'即是病。"又问:"如何是'于无了知下辩真实'?"对曰:"'辩'即是病。"重重扫尽,纤芥不留,庶乎知"度一切苦厄"也。

**舍利子,色不异空,空不异色;色即是空,空即是色。**

口义:这四句,是教中"真俗不二""事理无碍"之极谈,学者亦知其玄妙。"舍利子",即舍利弗,此云"鹜子"于小乘十大弟子中智慧第一,今欲明大乘般若智慧,故以之为当机。"色"即五蕴之一,属事;"空"属理。"空"字大小乘皆有,小乘之"空"与"色"异,大乘之"空"与"色"不异。盖使"色"为"实色",必"灭色"而后"空",则"色"与"空"异矣。今则"缘生"之色,乃"幻色",非"实色"也;当体性空,与真理何异?知"色不异空",则知"空不异色";盖使"空"为"短空""断空",则"空"与"色"异,今乃灵觉无相之真空也。此"空"是诸佛源,万灵母,昭昭群象之前,晃晃诸尘之内;随缘而起,虽然声嗅,体物不遗,与千差之事何异?且非持不异而已也;"不异",犹两物相似,"色即空,空即色",则一体无殊:"有"是"空"家之"有","有"而未始不"空",万化森然而冲漠无朕;"空"是"有家"之"空","空"而未始不"有",冲漠无朕而万化森然。然以"空"夺"有",以"有"夺"空",则两亡;以"有"显"空",以"空"成"有",则相在,二谛双泯,一味恒存;不有不空,即空即有,遮、照同时,是为"中道",斯即华严四法界"事理无碍"之玄门也。若就观行释,则观"色"即"空",以成"止"行;观"空"即"色",以成"观"行;"空""色"

无二,一念顿现,即"止""观"俱行;且见"色"即"空成大智而不住生死;见"空"即"色",成大悲而不住涅槃;以"色""空"境不二,"悲""智"念不殊,成无住行。更约天台智者大师,依璎珞经立"一心三观"义,一从"假"入"空"观,则"色即是空";二从"空"入"假"观,即"空即是色";三"空""假"平等观,即"色""空"无异。呜呼!从前言之,谓之"教",从后言之,谓之"观","教""观"具,"解""行"全矣!

别曰:说则任你说得玄妙,将"色""空""真""俗",辊做一团,圆融绝待,无有缝罅,要且只是教家极则!假饶你说到"事事无碍法界":小中观大,大中观小;一为无量,无量为一:毛吞巨海,芥纳须弥,坐微尘里转大法轮,于一毛端现宝王刹;掷大千于方外,卷法界于掌中,要且出他不思议解脱境界不得!若到衲僧手里,一捏粉碎!为什么如此?一边是"说"到,一边是"用"到;你若是"用"他不得,说得来十成,总是他家茶饭,如人数他宝,自无半钱分!须信自己不思议解脱境界刻刻现前,只莫被"色""空"瞒却!又切忌是胸中存着一种"不空不有""即空即有"的见解:口里串习这一种"不空不有""即空即有"的说话,逢人铺排,随处施设一上,当作"圣谛第一义"。且不要说圣谛第一义是这等的,就使圣谛第一义也,何处安脚?不见达摩初来,见梁武帝,帝问:"如何是圣谛第一义?"摩云:"廓然无圣。"帝云:"对朕者谁?"摩云:"不识。"帝不契,遂渡江至少林,面壁九年。赖得初祖机缘不契,拂袖便行。寥寥冷坐少林,默默全提正令,祖庭至有今日。不然,称带廉纤,便成义学沙门,何处讨"不立文字、直指人心、见性成佛"宗旨乎?后虎丘隆禅师立祖堂,图像题赞,赞达摩曰:"阖国人难挽,西携只履归。只应熊耳月,千古冷光辉!"呜呼!一道寒光,自照千古!至今还有相辉映者么?众星朗朗,不如孤月独明!后来纵有白水真人,争得似泗上亭长也?

**受、想、行、识,亦复如是。**

口义:学者都道:一蕴既尔,四蕴亦然。如《大庄严经》佛者为瓶沙王说:"色"如聚沫,"受"如水泡,"想"如阳焰,"行"如芭蕉,"识"如幻事,皆无实体，原是性空，则"不异""即是"之理齐也。

别曰：呜呼！说是"性空"，却不曾真得"性空"，口口说"空"，步步行"有"，过在于何也？只为心意识不曾断得，过境便领纳；爱憎纷起，逢缘便取相；安立分齐，随施设种种名言；迁流造作之心，如灯焰焰而不灭，似水涓涓而不绝；分别计度；胡张三，黑李四；放倒，抬起；一个不了又一个，一层不休还一层。大家似此打哄过日！若教你把住咽喉，不通气息，上下扎定，一刻也是难过，如何有大死一番的日子？脚下命根不断，眼见步步在"有"中，假饶说得"即是"，说得"空空"，也只是教家所谓"似乌云空，如鼠云唧"，虽有其声，究竟将来，都无实义，有甚干涉？真是个汉，便须提起吹毛，直下将命根截断，不容丝发——这番随你说即空也得，说不空也得，任运腾腾！领受好，领受恶；分别好，分别恶，总不堕在受、想、行、识窠窟里！不见永嘉大师道："分别亦非意！"知分别非意，说什么受、想、行、识空不空也？大抵学者最怕坐在两头，说"不空"有"不空"的着，说"空"又有"空"的着。这总是心意识不曾断得的缘故。若真正断命根人，决不如是。

**舍利子，是诸法空相：不生不灭，不垢不净，不增不减。**

口义：学者都道"诸法空相"，犹法华云"诸法实相"也。"实相"无生死，亦不涅槃，则"诸法空相"，岂惟不生？亦复不灭；岂惟不垢，亦复不净；岂惟不增？亦复不减。人知"生"也、"垢"也、"增"也之"非空"，岂知"灭"也、"净"也、"减"也之亦"非空"哉？盖"灭"与"生"对，"净"与"垢"对，"减"与"增"对，使诸法实有，则吾见其"生"，自是"垢"污，自是日"增"之数。譬如空花焉，"空"末始有花也。"生"实"不生"，乌乎"垢"？乌乎"增"？谓花灭"空"，楞严不虽愚痴之消，"净""减"，可知矣。是则缘起不生，缘谢不灭，随流不垢，出障不净，德满不增，障尽不减，但有为法，皆不可得。能见"六不"者，能知"空相"者也。

别曰：既然如是，且喜没你开口分！一切对待法，但有言说，都无实义，岂独"六不"哉？一"不"，则莫不"不"矣！去、来、一、异、虚、实、高、下、迷、悟、圣、凡、是、非、取、舍，乃至烦恼、菩提、生死、涅槃等，一切都"不"，是"不"亦"不"！倘去生、灭，存不生、灭，此"不生、灭"者，非"生、灭"而何？须知生、灭是一头，不生、不灭又是一头：生、灭是凡，不生、不灭是圣。这里不但凡情不可得，圣解亦不可得：若谓凡情宜舍，圣解宜取，（则）"才有是、非，纷然失心！"百丈云："但两头提汝不着。"使苦、乐相形，明、暗相酬，譬如卦兆，便被五行所管也！若然，则"空相"二字亦不容你着脚！唤作"空相"，祸莫大焉！你待如何开口？倚天长剑，三世诸佛莫敢婴锋！饶汝为他安名立相，唤他做"空空"，过犯山岳！直须向这里及尽始得。你有手，只好擎空；你有口，惟堪挂壁！若自负"不生不灭"等语为极则，依稀仿佛，模拟一个"空相"在心头眼角头，保你堕落邪见深坑，千佛也难搭救！幽州盘山宝积禅师曰："光非照境，境亦非存——光、境俱忘，复是何物？"

**是故空中无色，无受、想、行、识，无眼、耳、鼻、舌、身、意，无色、声、香、味、触、法，无眼界，乃至无意识界，无无明，亦无无明尽，乃至无老死，亦无老死尽，无苦、集、灭、道，无智亦无得。**

口义：共十三个"无"字，学者也知道般若空中，世、出世法，一切都"无"得罄尽，所谓"实际理地，不立一尘"也。无五蕴，无六根，无六尘，无十八界，是无世间法。"蕴"如前解，则五蕴不可得矣。"根"是能生义，"尘"是染污义，"识"是了别境识，界是界畔、种族义。眼界，耳界，鼻界，舌界，身界，意界，色界，声界，香界，味界，触界，法界，眼识界，耳识界，鼻识界，舌识界，身识界，意识界，根、尘相对，识生其中。前五识，所了是性境，能了是现量；第六识，所了通三境，能了通三量；若善、恶、无记三性，则六识皆通也。楞严云："由尘发知，因根有相；相、见无性，同于交芦。一则六根、六尘不可得矣。能生根、尘既无，所生之识何有？楞严云："根、尘不生，识无自体，界从谁立？"则十八界不可得矣。眼界举其初，意识界举其末，中间以"乃至"二字超之，以下仿此。无十二因缘，无四圣谛，是无出世间法。辗转能感果为"因"，互相由借而有为"缘"；"无明"缘"行","行"缘"识","识"缘"名色","名色"缘"六入","六入"缘"触","触"缘"受","受"缘"爱","爱"缘"取","取"缘"有","有"缘"生","生"缘"老死、忧悲、苦恼"——不生"惑""业""苦"三，无明、爱、取三烦恼。行有二支，属业道，余七皆苦也。此十二种法，三世循环不断：过去二支因，现在五支果；现在三支因，未来二支果，是十二因缘流转门也。"无明"灭则"行"灭，"行"灭则"识"灭，"识"灭则"名色"灭，"名色"灭则"六入"灭，"六入"灭则"触"灭，"触"灭则"受"灭，"受"灭则"爱"灭，"爱"灭则"取"灭，"取"灭则"有"灭，"有"灭则"生"灭，"生"灭则"老死、忧悲、苦恼"灭（文中"尽"即"灭"字），是十二因缘还灭门也。众生顺而不知，缘觉逆而悟道；顺即生死，逆即涅槃。"无明"本"空"，"生死"本"寂"，又何涅槃之有也？圆觉云："众生妄见流转，厌流转者，妄见涅槃。"则十二因缘不可得矣。"谛"者，审实也。"苦"即生死，"集"即惑业，是世间因果，因"集"而招"苦"也。"灭"即涅槃，"道"即戒、定、慧，是出世间因果，因"道"而证"灭"也。众生不知，四而不谛；声闻知之，四皆审实：知"苦"断"集"，慕"灭"修"道"。天台云："'苦'无苦相，'集'无集相，三'道'即三德；'灭'无灭相，'道'无道相，三'德'即三道。"则四谛不可得矣。

　　不特此也，三辞缘谛皆不可得，空也。空是所得之理，智是能知之智；境非智而不了，智非境而不生；外境如如，则内智寂寂；能知之智既寂，所得之理何存？无如外智能证于如，亦无智外如为智所证；如、智都冥，"智"与"得"亦不可得矣。本意只要显空，使人照见空理，到此空理亦尽。"无得"则无"空相"，"无智"则无知"空相"者；无"空相"则无"实相"，无知"实相"者则无观照——理、智俱空，并般若亦不可得："一物不干怀，万缘俱荡尽"，是真般若。金刚云："般若波罗蜜即非般若波罗蜜。"此之谓也，深哉！

　　别曰：深则深矣，不是说了便休。世尊因黑氏梵志运神力，以左右手擎合欢梧桐花两株，来供养佛。佛召："仙人！"梵志应："诺？"佛曰："放下着！"梵志遂放下左手一株花。佛又召："仙人，放下着！"梵志又放下右手一株花。佛又召："仙人！放下着！"梵志曰："我今两手皆空，更教放下个什么？"佛曰："吾口非教汝放舍其花。汝当放舍外六尘、内六根、中六识，一时舍却。无可舍处，是汝免生死处。"梵志于言下悟无生忍。今汝曾放得下么？若不会"一时舍却"，饶你将这十三"无"字丸作个蜜果子一口咽下，异时吞热铁丸有分在！开善道谦禅师诲众有曰："时光易过，且紧紧做工夫！别无工夫，但放下便是！"三祖《信心铭》曰："得，失，是，非，一时放却！"看古人多是一样钳锤。我你在根、尘、识上，放得下些子否？放不下，担起去！这关捩子，更转得好，更警策，不可与么说过！要晓得本来是"无"，放个什么？教人放下，已是伤锋犯手，平地风波！更刺头入去！件件是有，无绳自缚，那讨摆脱日子？困于葛藟，处于虺虺，动悔有悔！系用徽纆，置于丛棘，三岁不得。悲夫！虽然，这十三个"无"字，要妙契环中，不可徐六担板！得意底人，无也是，有也是。不然，说"无"字，却被"无"字死了！三祖又道："欲取一乘，勿恶六尘；六尘不恶，还同正觉；智者无为，愚人自缚！"《楞严经》曰："汝欲识知俱生无明。使汝轮转生死结根，惟汝六根，更无他物；汝复欲知无上菩提，令汝速证安乐解脱、寂静妙常，亦汝六根，更非他物。"五阴（同蕴）、六入、十二处、十八界，无非是妙明真心，如来藏性。"尽十方世界，是沙门自己。""扑落非他物，纵横不是尘；山河及大地，全露法王身！"拟"无"哪一件耶？若真得一无生一意者，决不坐在"无"字窠臼中，冷水浸杀，以全提为半偈也。山无重数，水无重数；善财于弹指声中见慈氏尊，楼阁又无重数。眼为光明法身，耳为音声法身，鼻乃庄严香法身，舌即清净味法身，身名普觉法身，意号了知法身，总具立于功德。青青翠竹，郁郁黄花，总教伊成就一切种智去。庞居士道："难！难！十石油麻树上摊！"庞婆道："易！易！百草头上祖师意！"溪、涧、江、河，流流是海；瓶、盘、钗、钏，器器皆金。入玄圃而无非夜光；揽雪山而尽为真草。步步踏金色之界，念念嗅薝葡之香。不可拣别"这是""那不是"也。才有是、非，有取、舍，便不是真"无"。将这"无"字看坏了。"弥满清净，终不容他，云何是中更容他物？"这才是"无"字的意旨。心领神会，妙契冥符。非五阴，非十二处，非十八界，非因缘，非四谛，非三菩提，非大涅槃——俱非世、出世间故；即五阴，即十二处,即十八界,即因缘,即四谛,即三菩提,即大涅槃——俱即世、出世间故。离即离非,是即非即,方见这"无"字,是太阿出匣,锋不可当;猛火燎原,焰不可扑。汝等诸人,若向这里悟得去,便悟去。不然,仍做一番道理商量,山僧罪过!咦,悟处不存,智得都遣,若有一毫无字脚,依前堑杀太虚空!

**以无所得故,菩提萨埵,依般若波罗蜜多故,心无挂碍:无挂碍故,无有恐怖,远离颠倒梦想,究竟涅槃;三世诸佛,依般若波罗蜜多故,得阿耨多罗三藐三菩提。**

口义:"涅槃",人都晓得是梵语,此云"圆寂"——德无不备称"圆",障无不尽称"寂"——是诸佛智果。"阿耨多罗三藐三菩提",人也晓得是梵语,此云"无上正等正觉"——"正觉",即如理智,正观真谛;等觉,即如量智,遍观俗谛,皆至极无边,故云"无上"——是诸佛智果:转生死得涅槃,转烦恼得菩提,故谓之二转依果。前既明所"离"义,此则明所"得"。菩萨、诸佛何以得此?良由"依般若波罗蜜多故"。"般若波罗蜜多"即"无所得"是也。这"无所得",是空挂碍、绝恐怖、离颠倒梦想之良方。"挂碍"是"业","恐怖"是"苦","颠倒梦想"是"惑"。惑、业、苦既断,何障而不寂?何德而不圆?涅槃究竟矣!"无所得",则"灵光独耀,回脱根尘,体露真常;不拘文字,心性无染,本自圆成——但离妄缘,即如如佛。"得"阿耨多罗三藐三菩提"矣!"因"入由此,"果"入亦由此。以"无所得故"而得,甚矣,"无所得"之妙也!"心"字,此处一见,即"般若心"。准不空译云:"菩萨有般若波罗蜜多心,名普遍智藏。"题之所由立也。菩萨入慧光定而说此"心",岂非甚深境界?

别曰:赞叹且置。既道"无所得",又"得"个什么?"菩提""涅槃"是甚热盌鸣声?却欺诳汝,却瞒昧汝,却钝置汝!现前不是顶天立地汉,要用装模仿样作么?说个"立地成佛去",入地狱如箭射!临济与王常侍到僧堂。王问:"这一堂僧还看经么?"师曰:"不看经。"曰:"还习禅么?"师曰:"不习禅。"曰:"既不看经,又不习禅,毕竟作个什么?"师曰:"总教伊成佛作祖去！"曰："金屑虽贵，落眼成翳！"师曰："我将谓你是个俗汉！"世尊初生下，一手指天，一手指地，周行七步，目顾四方云："天上天下，唯我独尊！"云门云："我当时若见，一棒打杀与狗吃却，贵图天下太平！"云门尝又道："且汝诸人，有什么不足处？大丈夫汉，阿谁无分？独自承当，尚犹不着便！不可受人欺护，受人处分！如今诸昆仲家，不问菩提是如何，涅槃是如何，菩萨是如何，诸佛是如何——只提一把金刚王宝剑，任他心、意、识中有什么玄妙道理、知见起来，都与我一刀两断：佛来佛斩，魔来魔斩！不要作'凡'会，不要作'圣'会，不要作'有'会，不要作'无'会——但有纤毫心、意、识在，我这里撉破面皮，决不肯阿容，教坏人家男女！"永嘉大师云："大丈夫，秉慧剑，般若锋兮金刚焰。非但空摧外道心，早曾落却天魔胆！"永嘉遗像，颓然坐匡床，出词吐气，威掩万僧，凛然不可犯。盖子房状貌如妇人，而魁梧奇伟之气，能用高祖。所谓"大丈夫"者，如是也。今人终日求"菩提""涅槃"，却不免"挂碍""恐怖""颠倒梦想"。何以故？求"菩提""涅槃"，便为"菩提""涅槃"所"挂碍"，便为"菩提""涅槃"所"恐怖"只此有求之心，便是"颠倒梦想"！玄沙曰："恰如世间画师，自画作地狱变相，作大虫、刀剑了，好好地看着，却自生怕怖！"亦不是别人与汝为过，但有所求，皆为心病！故三祖大师曰："将心用心，岂非大错！"中峰大师曰："你要成佛，是'将心用心'，要做祖，是'将心用心'，乃至要超生死，住涅槃，证菩提，断烦恼等，总不出个'将心用心'！"又曰："纵饶你不要成佛作祖等，亦出他个'将心用心'不得！即佛是心，心是佛，拟承当处早乖疏！饮光眉向花前展，平地无端起范模！"审如是，今时学者，聚十四州铁铸一个大"错"字不成，无他，也只为金刚正眼不曾向顶门上豁得开！老婆镜里，惊回演若之头；霹雳声中，突出摩醯之眼。那时节，自知"菩提""涅槃"还用得用不得？噫，诸兄弟，这也没有什么，只要你真个知"无所得"的消息。释迦老子实无一法与人："若有所得，燃灯佛即不与我授记。"实无有法乃得阿耨多罗三藐三菩提，到得阿耨多罗三藐三菩提。《楞严经》说："圆满菩提，归无所得。"诸兄弟，不要承虚接响，众犬吠声，痴狡捉月！

多子塔前，所谓何事也？只是一人传虚，万人传实也！阿难问迦叶尊者："师兄，世尊传金襕外，别传个什么？"尊者唤："阿难！"难应："诺！"尊者曰："倒却门前刹竿着"！达摩初祖，至我东土，面壁九年，忽过神光大师曰："弟子心未宁，乞师安心！"祖曰："将心来与汝安。"曰："觅心了不可得！"祖曰："与汝安心竟。"你看迦叶、达摩，是两土第一代祖师，其传法之际，便只如此，可谓与释迦老子同一鼻孔出气！向虚空里钻孔窍，求其一毫缝罅也不可得！后代做出许多神头鬼面，不知去释迦脚跟多少！香严曰："去年贫，犹有卓锥之地；今年贫，锥也无！"刘毅家无儋石之储，樗蒲一掷百万，百里奚爵禄不入于心。饭牛而牛肥："无所得"，乃"大得"也。

**故知般若波罗蜜多，是大神咒，是大明咒，是无上咒，是无等等咒，能除一切苦，真实不虚。**

口义：学者也尽知道般若功能，灵业奇秘，穷劫赞叹不尽，故以密咒而赞显经，说他有许大威神，许大光明。盖如来知见，禅定，解脱，三昧，十方，四无所畏等，总收入神通、智慧二种：神通现身，智慧说法，而般若即圆觉神通大光明藏，谁有出于其上者？又谁有与之齐等者？非直无与等也，且能等一切法，等一切生。是法平等，无有高下；众生、诸佛，平等平等；如是救度九界众生，拔除二种生死苦厄，真语，实语，如语，不异语，岂有虚妄者哉！上言得无上菩提乐，无上涅槃寂静乐，此言"除一切苦"，安有得乐而不除苦者？信开章所言不虚？此是照应而嘱众殷勤，亦寓流通之意矣。下遂以密说终焉。

别曰：咄！许大作用在什么处流出？流出来又安顿什么处？又，莫道他诸佛菩萨有许大作用，我和你没这样作用。何期自性本自神变！何期自性本自光明！何期自性本自超卓！何期自性本绝俦侣！何期自性本自玄同！何期自性本自秘密！何期自性本离诸苦！何期自性本自不虚！金刚智眼，烁破虚空；涅槃妙心，付嘱于汝！其或未然，认他驴鞍桥作阿爷下颔！

**故说般若波罗蜜多咒。即说咒曰：揭谛！揭谛！波罗揭谛！波罗僧揭谛！菩提萨婆诃！**

口义：既说了"显"，又说"密"。学者也知"密"咒是解说不得底。如来"显""密"圆通："显"非"密"外，"密"在"显"边；众生解"显"生意，持"密"生福：福、慧二严，成两足尊矣。

别曰：然也要知"持"法。般若通身是个"秘密"法门，般若通身是个陀罗尼，虽是多字陀罗尼，实即是个无字涅槃尼。这个无字陀罗尼，西天写不就，东人翻不出，却怎样"持"？不得已，说个方便：不以"有"持，不以"无"持，不以"色"持，不以"受""想""行""识"持，不以"眼""耳""鼻""舌""身""意"持，不以"色""声""香""味""触""法"持，不以"眼界""色界""眼识界"持，乃至不以"意界""法界""意识界"持，不以缘觉"十二因缘法"持，不以声闻"四谛法"持，不以菩萨佛"智""得"持，不以"空"持，不以求"大涅槃"持，不以求"三菩提"持，不以"成佛作祖"持——只怎么持：如大火聚，触之不得！背之不得！触即被烧！背即非火！如金刚圈，栗棘蓬，吞之不得！吐之不得！久久持去，忽然一日嚼破铁酸馅，打碎硬砂盆，"囫！"地一声，摸着娘生鼻孔，咦！又道"无眼、耳、鼻、舌"耶？那时节，任他诸佛诸祖，都卢是大般若：横心所念，横口所谈，手之所触，肩之所倚，足之所履，膝之所踦——拈一茎草，丈六金身；举一微尘，十方世界；一星火烧尽须弥山；一滴水汇成四大海；一呼而世界坏；一吸而世界成——纵横自在：出千手眼，现大圆通——人人观自在矣！虽然，止许顶戴受持，切忌钻龟打瓦！从来此事不容说破。香严在百丈处，问一答十，问十答百，被沩山问："父母未生时，试道一句看！"直得茫然，归寮将平日看过底文字，从头要寻一句酬对，竟不能得，乃自叹曰："画饼不可充饥！"屡乞沩山说破，山曰："我若说似汝，汝已后骂我去。我说的是我的，终不干汝事！"师遂将平日所看文字烧却，直过南阳，睹忠国师遗迹，遂憩止焉。一日，芟除草木，偶抛瓦砾，击竹作响，忽然省悟，遽归沐浴梵香，遥礼沩山，赞曰："和尚大慈，恩逾父母！当时若为我说破，何有今日之事！？"暹道者久参雪窦，窦欲举住金鹅。暹闻之，夜潜书二偈于方丈壁间，即遁去，后出世开先，承嗣德山远和尚，续通雪窦书。山前婆子见专使，欣然问曰："暹首座出世，为谁烧香？"专使曰："德山远和尚。"婆子诟骂曰："雪窦抖擞屎肠说禅为你，你得恁么辜恩负德！"呜呼！此亦雪窦之过也。当时若不抖擞屎肠，为他说禅，何有今日之事？"古人云："我不重先师道德，只重他当时不肯为我说破。"愚闻之觉和尚云："诸昆仲，般若毕竟是什么？"吾今为汝诸人费许多说词，如此注脚，幸喜不曾说着。汝诸人须自悟去，他时后日莫骂我去在！

## 二、本经的分析

正如"般若波罗蜜多心经"这个名称所显示的一样，本经被认为是"大般若经"中的要旨、核心或精髓。如此，问题便是：它真是这部佛教大经的心髓吗？或者，它的里面是否含有外来的异物？它的里面如果含有外来的异物或含有《般若经》本身以外之物的话，那么，我们就得看看此种外物是否亦属本经的本身，是否能够证明它是般若大经的心髓了。现在，且让我们就以此处所录的心经来探索一番。

首先，就我们所可确知的而言，观自在菩萨不见于"般若部"的任何一部《般若经》中：此中的几个本子，如梵本的《十万颂般若经》(The Śatasāhasrikā)、《二万五千颂般若经》(The Pañcaviṃśatisāhasrikā)、《八千颂般若经》、《七百颂般若经》(the Saptaśatikà) 等，汉译的《大般若波罗蜜多经》以及藏译的相当经典，皆所不见。假设此点没有弄错的话，我们便可以说《心经》是一部晚出的产品，并可指出它的里面混入一些外来的要素了。不过，这并不是我想在本文里面所要讨论的要点。本经除了涉及观自在菩萨之外，尚有另外一点，使我们怀疑它是后来的辑本。我的意思是指般若被与作为观自在菩萨谈空结语的密咒混同了。《般若经》中一向没有受到所谓"明咒"(vidyá)、"神咒"(Mantram) 或"陀罗尼"(Dhāraṇi) 等咒术的侵入。诚然，般若的本身在经文中亦被视为不可思议的大神咒，但经文中并没有写出独立的咒语，而本经的里面却赫然出现一个名字"般若波罗蜜多咒"的咒语："揭谛！揭谛，波罗揭谛，波罗僧揭谛，菩提萨婆诃！"（Gate, gate, pāragate, pārasaṃgate, bodhi svāhā）此咒的插入，颇不相类，值得我们特别注意。

且让我们将这两个问题——观自在菩萨的示现和这个密咒的插入——留在心中，开始分析经文本身的内涵。

在探求文意的当中，最使我们感到显眼的一点，似乎只是一连串的否定，而其中所谓的"空"或"空相"等等，似乎亦只是一切毕竟归于空无的纯粹否定之论，此外几乎一无所有。由此可见，它的结论将是：般若波罗蜜多或修行般若波罗蜜多，就在否定一切。结果是：五蕴被否定了；十二处被否定了；十八界被否定了；十二因缘被否定了；四圣谛被否定了；而在所有这一切皆被否定之后，任何种类的"智"与"得"（prapti or labdhi）也没有了。所谓"得"，其意是指意会或明了并执着于由相对推理方式而来的一种理解。既然没有此种性质的所得横于胸中，则心灵不但祛除了由知化作用所起的谬误和惑乱等等的障蔽，同时也远离了植根于知、情、意中之恐惧与忧悲、欢乐与烦恼、放逸与痴迷等等的障碍。学者一旦达到这个地步，也就证悟了涅槃的境界。涅槃与正觉是二而一。因此之故，所有过去、现在，以及未来三世一切诸佛，皆从般若波罗蜜多生。般若是诸佛和菩萨之母，此意反复申述于般若部经典之中。

由上可知，这部《心经》与般若精神完全一致。首先以一连串的否定开端，而后以一个名为"大悟"或"正觉"（"阿耨多罗三藐三菩提"或"无上正等正觉"）的肯定为其结语。"空"这个观念往往使得未得其门而入的人感到惊慌失措，因为他们往往将它视为一种完全的灭绝或"断灭"，尤其在心经看来似乎只是一连串的否定而别无有之时。但是，由于此种"否定之道"（via negativa）最终将我们导入某种确实的境界——此种境界远非通常所谓的"确定"所可形容，所以，《心经》也就绝对不是虚无主义者所讲的那种福音了。般若既然能使吾人获致此种奇迹，亦即由此等所向无敌的否定而得一种重大的肯定，称之为"无等等咒"，也就并无不当之处了。一般而言，《心经》当以此等陈述为其结语；观自在菩萨对舍利子所做的这篇开示，以此为结语，乃是一种再也自然不过的事情；故而也就不必再继续下去，乃至以极富戏剧性的手法来个"即说咒曰：'揭谛，揭谛……'"了。

说般若波罗蜜多是"大神咒"，这还可以理解，但说这个"般若波罗蜜多咒"是"揭谛，揭谛……"似乎就没有什么意义了。明白而又合理的讲述，至此忽然来了一个不可思议的神奇转变，使得《心经》变成了一种神秘丹方的课文！变成了一纸属于咒术的文字。这显然是降格或退堕的现象。这种"突变"的意义何在呢？为何要有这种可说是"胡闹"（nonsense）的表现呢？

此处的"般若波罗蜜多咒"，如果将它的意思译出来，便是："啊，智慧，行，行，行到彼岸吧！登上彼岸吧！萨婆诃！"这里的"萨婆诃"（svāhā）是一种祝愿语，含有祝福成功的意思，大凡神咒或真言的末尾，免不了都要用到它。这种呼唤与吾人修行甚深般若波罗蜜多究有什么关系呢？一般认为，真言或密咒一旦诵出之后，便可产生不可思议的神力；就以此处所说的"般若波罗蜜多咒"而言，由诵"揭谛，揭谛"而产生的奇异效果，便是无上正觉的体悟了。那么，我们能不能说佛徒修行的目标可以由诵念神秘的密咒达到呢？单就本经而言，这是显然的结论，何以见得？因为，除此之外，并无其他可能的指涉。我们怎能将般若波罗蜜多与"揭谛，揭谛"这种密咒混为一谈呢？

我们可以看出，真言密宗的信徒采取《心经》作为他们的教本之一，是一件多么自然简单的事情。但禅家又怎么会在他们的日常功课中来诵它呢？在禅门的信徒看来，密咒或真言这个观念对于他们未免太怪异了。从空与正觉的哲理，一变而成一种咒术的宗教，这种转变实在难以想象。

使得这个咒语在《心经》里面出现显得更加神秘的另一点，是这个作为结语的密咒总是不予意译地诵出，好像它那梵汉对译的语音本身就是发生奇迹作用的动力一般。无论哪一种密咒，都没有译成中文。从某一方面来说，这是非常自然的事情。就如它们的语句根本不可解一样，这种不可解性正是它们的目的所在：使它们保持原状，显得愈不可解，则其中所含的神秘力量也就愈大、愈有效应了。但是，这种不可解性对禅又有什么必要呢？不可解性（unintelligibillity），并不就是《般若经》中常常用到的不可得性（unattainabillity）。

毫无疑问的是，禅在中国的发展过程中采取了不少真言密宗的用法，因此，我们可在它的仪式中看到许多本属真言密宗的真言和密咒。因此之故，我认为《心经》的产生，较之整个《般若经》的本身，要晚出很多。且不论此意如何，这个"揭谛，揭谛"的密咒，在作为禅宗教学里占有首要地位的经典之一的《心经》之中，意义究在哪里呢？设使此咒在本经里面占据一个无关紧要的位置——虽然，在这样简短的一篇经文中，要找一个次要的东西并非易事，此咒的意义也就不很重要了。但是，纵然是一个阅历不深的读者，也会一望而知这个密咒在般若哲学的发展历程中占有一个非常突出的地位。实在说来，整篇经文似乎就是为了此咒而作，别无所为。如果如此的话，此咒的意义与它的文意岂不显得更加违越了么？它在《心经》之中为何占据一连串全部否定的高潮或顶点地位呢？

在我看来，这个神秘的问题一旦得到了解冻，不仅可以明白整个的般若妙理，甚至它与禅宗教学的根本关系问题，亦可迎刃而解了。以上就是我对此咒插入心经之中之所以要费这么多口舌的原因。

在"揭谛，揭谛"这个咒子吐露它与性空和正觉之间的关系秘密之前，先来看看"般若经"的根本教要义[①]究系什么，也许并无不当之处。有了此种认识之后，再来评估《心经》的价值，尤其是它与禅悟经验之间的根本关系，将会容易得多。

我们可从我在下面所要谈到的有关《般若经》的话中看出，这篇心经所说的教义，比之它的主经所说的教义，从某一方面来看，有其共同的地

---

[①] 有关《般若经》的主要教义，述于下面所录另一篇论文：《般若的哲学与宗教》（The Philosophy and Religion of the Prajñāpāramitā），见本书第一八一至二五六页。

方，但从另一方面来看，也有不同的处所：共同的一面是，两者皆以"般若"为开悟或正觉的主要根源，而不同的一面则是，《心经》将它的整个重点放在"揭谛，揭谛"这个密咒上面——此系般若部主要经典完全没有的一个现象：般若波罗蜜多的修行，到了《心经》之中，与此密咒的诵念混而为一了。

据译者玄奘本人表示，在他上路前往印度时向他显圣的观自在菩萨，曾经劝他诵念整篇《心经》，而非教他诵念这个咒子。观音菩萨对他说，在他前往印度途中，经过冰天雪地、飞沙走石的荒野而为毒虺猛兽等等艰难所阻之际，即诵此咒。以病伧形象出现的这位菩萨，当时系为便利中国的这位伟人行脚僧而诵出此经。而他也虔诚地信守、奉行了菩萨的劝告，终于抵达了他所心向往之的国度。此经当时曾被认为含有诸佛的心髓。①

这个故事虽然颇为有趣，但当时诵念此经的目的在于避开有形的困难，而非豁开心眼，直证无上正真之道；至于将般若波罗蜜多与此咒合在一起，用以祛除心灵上的障碍和烦恼，此处并未提及。此事的意义，须向别处去寻。

倘若依照"般若经"劝人修习般若的办法复诵此咒而思索它所可能发生的效果，是否就有某种神奇的法术使得灵眼大开而彻见般若的奥秘呢？有人探询一位禅师，问他住持的寺院共有多少僧众，他的答语是："前三三，后三三。"对于一般人而言，这样的答话对于这位禅师当时心中所想的东西，什么也没有说明。"揭谛，揭谛"这个密咒里也许含有某种东西，但只有已入其门的人始可晓了；因此，当这句答话里的神秘一旦了然之后，这个问题的本身也就不言自明了，而隐含于般若之中的一切也就毫无遮掩地呈现在面前了。就算这句话没错，那么，为什么偏偏是"揭谛，揭谛"这个神咒，而不是其他任何一种真言呢？这个从某一方面看来可谓毫无意义的密咒，就其所含的字面意思而言，却也并非完全不可理解。它的没有

---

① 详见慈恩为《唐梵翻对字音般若波罗蜜多心经》所作序言（载《大正藏经》第二五六号）。

意义，只有在被想到它与我们已知的整个《心经》内容之间的关系时，才会显示出来。在此，我们要问的问题乃是：在"智慧啊，行，行，行到彼岸吧！"这种陈述或者呼叫，与《心经》的整个教义之间，究有什么固有的关系呢？

## 三、作为禅悟经验的心理记述

在我看来，在彻底了解《心经》方面所遭遇的一切难题，要循着如下的途径始可得到解决。

在般若经教与佛教经验完全合而为一之时，《心经》便以一种极其精简的形态被提出来，一方面提示般若波罗蜜多的要义，同时又指呈行深般若波罗蜜多者的心路历程。此经（《般若经》）采取另一个发展途径之后，它便扩展而成一种极为冗长、极为饶舌、极为铺张，中译称为《大般若波罗蜜多经》（The Mahāprajñāpāramitā）的堂皇巨构，它的前面四百卷大体相当于梵本的śatasāhasrikā-prajñāpāramitā，亦即《十万颂般若波罗蜜多经》。究竟哪一个出现较早，缩短还是扩大，我们无可奉告[①]。但这里所谓的缩短，并不只是浓缩而已，同时也使经文化成了般若体验的一种心理文献。这是一种卓著的转变，"揭谛，揭谛"这个神咒的加入改变了这个缩影的整个面目。如果没有这个密咒，此种简化仍然只是毫无意义的一个单纯事实而已，而这部文献的重要意义也就完全失掉了。

我虽不能查出《心经》究于何时在中国被作为一种禅的教本加以运用，但可确定的是，禅史初期的那些大师们的眼光必然非常锐利，乃至能够在

---

[①] 此处需做一个简单的说明。现今的学者大都同意：最古的《般若经》是梵本《八千颂般若经》和中译本《道行般若经》（The Tao-hsomg prajñāpāramitā）或鸠摩罗什所译的《小品般若经》（Smallcr Prajñāpāramitā）之类的《般若经》。这部文献以此为原本，发展而成《十万颂般若经》和玄奘的六百卷《大般若经》等经典。即有此种扩张的一面向前发展，就有简缩的一面同时并进。对于佛教的经典，正如对于印度的其他多数著述一样，它们的编年记载难以解决先后的问题；不过，正如我已在前面说过的一样，"揭谛，揭谛"这个神咒的加入，似乎可以说明《心经》比较晚出——虽然，这个神咒究在何时才被加于汉译的《大般若经》上，我们亦无从得而确知。

纯然的博约之外看出别的一些东西。就以此点而言，《金刚经》早在六祖慧能之前就已达到了这个目的。在玄奘说出了他念心经所得神效之后，禅师们不但对它发生了兴趣，同时也在其中看出了别的一些东西。此处所说的"别的一些东西"，也许会逃过唯识学（the vijñāptimātra philosophy）者的检视，但却难逃过重视经验甚于学理，故而敏于一切佛典心理价值的禅师们的眼目。对于这个神咒的意义，他们的认识与真言密宗信徒的理解，可说大异其趣。

"揭谛，揭谛"这个神咒，亦见于玄奘所译的《大般若经》之本，已是一个众所周知的事实。此咒似乎是元代被添上去的，因为它只含于此经的元代版本上面。附加此咒的主意，也许出自《心经》吧？——也许在它开始在佛徒之间广为流传之时吧？据《八千颂般若经》中说，般若波罗蜜多是一种不可量、不可测、不可比、至高无上的伟大明咒；既然如此，则从《心经》以那样炽热的语句赞叹此咒的观点看取"揭谛，揭谛"这样的密咒，也就没有什么难处了。

言归正传，所谓"行深般若波罗蜜多"就是参究公案，关于此点，这部禅学论丛第二系列中的第一篇论文已有专论。观自在菩萨是一位禅行者，因此，佛陀才在《心经》里面将这位菩萨如何修习般若的情形告诉我们。因为，般若即是给他参究的公案——作为体悟无上正觉的一种法门。是以，所谓"无明"，就是不能如实地（yachābhūtam）看清真理（dharma）。因此，"心经"这才给我们做了一连串的否定，甚至连"智"与"得"也被否定了；此盖由于，只要仍有所得的意识横在胸中，便有障碍横在趣向正觉的路上。一个人一旦成了自己以及一切万法的主宰，就有办法能够自由自在地活动，而得彻底扫除阻碍般若智慧自动自发、自由自治的障蔽。否定就是这种扫除、净化的工作。在公案的参究中，这种扫除的工作也是初步的程序。

众所周知，否定只是用以达到某种目的所采取的手段，此在般若波罗蜜中亦然，它的功用只在引导吾人达到它底修习目标。禅一开始就给我们一则不可以理智解会的公案，它虽未明明白白地要我们走否定的路子，但却使我们不得不采取这样的路线。这篇属于般若部的《心经》，所循的也是这样的路径，故而它的里面也充满着"不""非""无"或"空"等等的否定语（no's）。但是，当我们将每一种理智的、概念的宝贝悉皆抛弃之后，究在哪里落脚呢？所谓"空"，只是"空无"、只是"空虚"、只是"空性"么？倘若果真如此的话，那就表示我们仍在概念的限域之中打转。这一点也需放弃，因为这仍然不出"颠倒梦想"的范围。

在净土真宗中，放弃"自力"的意念，就是往生弥陀佛国。真宗避免作知解的追求。它的否定主义虽然没有般若的否定那样令人害怕或绝望，然而，纵然在这里，也要悬以一种"无畏""无碍"的心境，作为它的目标。这个目标究系什么？此种无上正觉究系什么？它在哪里？何时达到？

它在观自在菩萨高呼"揭谛！揭谛！波罗揭谛！波罗僧揭谛！"的时候达到。因为，这种呼叫，乃是在他经过一连串的否定之后而从他的内心深处发出的一种呼唤。作为一位般若波罗蜜多的行者，他总不能永无止境地翻来覆去地绕着一种否定的圈子打转。他一旦到了终点，面临理穷智竭而毫无希望可待时，他便明白他所剩下的究系什么了。但这里面仍有某种东西。促使他继续向前推进。在情、识俱尽的情况下，他作了最后一次的冲刺。于是，突然之间，将他系于相对于"自力"世界的那条系带完全断了。他发现他已到达彼岸了。于是，他为此种感觉所震，情不自禁地发出了这样的呼叫："揭谛！揭谛！"而此"揭谛！揭谛！"达成了他的咒子，而此"揭谛！揭谛！"遂成了"般若波罗蜜多咒"。一切的一切，皆因此种呼唤而扫除得一干二净，于是，观自在菩萨所修的般若波罗蜜多，至此遂大功告成了。

我的结论是：这便是《心经》的意义。如此解释此经，我们不但可以明白其以"揭谛！揭谛！"作为结语的原因，同时亦可了解这种结尾何以能以一种极为殊特的方法表现《心经》内含的道理。这个咒子本身既不传达什么意义，而它与般若波罗蜜多之间的根本关系，亦属不可理解。我们绝对不可以一种知识的媒介探究《心经》的内容——尽管表面看来它似有此暗示。我们必须依循宗教经验的路线加以探发——这也就是说，我们必须依照参究公案所得的线索加以叩击。这个咒子的意义由此而得揭示它的秘密，而其结果便是：《心经》成了伟大宗教价值的一种完全可解的文献。

假使《心经》出于中国天才家之手的话,这个咒子也就不会采取"揭谛!揭谛!"的形式了。正如我们已在种种方面所见的一样,禅师们的神咒,有着与此全然不同的色颜。但从心理学上来说,中国人与印度人所体悟的精神历程,可以说完全一样——实在说来,唯有如此,绝无二致。有人问一位中国禅师:"如何是佛?"他的答话是:"桶底脱落。"如拿通常的逻辑标准来说,这句话听来好似"陀罗尼"一般——没有意义。将佛比作一只水桶,似乎有些亵渎,但从禅的观点来说,桶底必须完全脱落,才能使其中的水完全倾出,而不留月亮的余影。唯有如此,佛陀才能显示他的本身和他的三十二相。《心经》虽然说得没有这么具体,但它对禅悟经验所做的描述,却也十分明显。

《心经》的种种否定,到了此际,已在"揭谛!揭谛!"这个神咒中达到大肯定的境界,亦即一切大乘经典所说的"如如"(talhatā)之境。所有这些否定,莫不皆是使般若行者达到此种巨变所用的手段。玄奘所做的诵习,未能超出咒术的作用,但到此处,却充满了伟大深刻的宗教价值。学者多少以求知的方式所理解的正等正觉或大彻大悟,经由这个作为结语的神咒轻轻一拨,便成了一种伟大的灵悟经验的事实。《心经》在禅宗教学中所占的地位,到了此地,才使它的真正内含得到确实的评价。

仍须探究的一个问题,是这个特别咒语如何至此方才被诵出来。这个问题所需的篇幅,较此处所能容许者要多很多;在此,我所能表示的看法只是:"彼岸"这个观念,为印度思想所持有,故而亦见于印度的早期宗教文学之中。如我们可以从初期的佛教文典中找一个例子,那便是《法句经》中所说的一句话:

Appakāte manussemye janāparagamino Athāyam it arāpajā tiram evānudhāvati.[①]

---

[①] 此节文字见于该经第八十五节,大意是说:"于此人群中,达彼岸者少;其余诸人等,狂奔于此岸。"

从某一意来说,所谓"多陀羯陀"(Tathāgata),即是"波罗羯陀"(pāragata)

这也就是说,所谓"如来",即是"到彼岸者"。但是,在佛教哲学中,"多陀"的观念比"波罗"的观念显著多了,因此之故,"波罗羯谛"已被"多陀羯陀"取而代之了。"波罗"意念的痕迹则留在"波罗蜜多"(paramitā)里面了,后者的意思是指引导行者到于觉悟彼岸的德行,"波罗蜜多"一词通常被译为"到达彼岸",与被译为"去到彼岸"的"波罗羯谛",所指的意义实际皆为同一种事实,这两种表现之间的差别,只是方向上的差异而已:从这一头来说,叫做"去到";从另一头来说,名为"到达"——全视我们的立足点如何而定。以"般若波罗蜜多"(the prajñāparamitā)一词而言,最适当的说法,是将观自在菩萨的行程描述为"波罗僧羯谛"亦即"登上彼岸"。

洞山良价禅师(807—869),幼岁聪慧,从师念《般若心经》至"无眼、耳、鼻、舌、身、意"处,忽以手扪面,问师曰:"某甲有眼、耳、鼻、舌等,何故经言无?"其师骇然异之,曰:"吾非汝师。"即指往五泄山,从灵默禅师披剃,以为大乘种车。①

一个像洞山这样喜欢追问的青年,一旦碰上了般若波罗蜜多的否定主义,前途就有希望了。如果他能继续不断地追询下去,必然会有忽然爆发的一天。不过,一旦爆发之后,最好还是回到此种"否定之道"上,看看肯定此种经验的东西究系什么。一个人起初未能理会的东西,后来一旦看清楚了,将会意味无穷。性空之说并不只是纯粹的否定之论而已。正如我将在下文之中解说的一样,它就是"如实地"(yathābhūtamm)看待万法,看取它们"如如"(tathaba)的真面。它并不否认这个森罗万象的世界,山河历然;樱花盛开;月到中秋分外明亮;但在同时,它们并不止是殊象而已;它们还以一种内在的意义吸引我们,要我们从看似与它们无关的关系方面体会它们。《心经》的要义就在其中。

---

① 详说《传灯录》卷第十五(译语见于《指月录》卷第十六——译者)。

下而所引洞山的一首诗偈,被认为是他在渡水之际看到自己的影像时所作,也许可使我们一窥他在契悟般若波罗蜜多真理时所得的内在经验:

切忌从他觅,迢迢与我疏!
我今独自往,处处得逢渠!
渠今正是我,我今不是渠!
应须恁么会,方得契如如!

## 第六篇

# 般若的哲学与宗教

《般若经》既是一种哲学，也是一种宗教，故而其道理也就不失为一种本体论与心理学的综合物了。实在说来，它所关注的问题不在如实的存有，而是其人间意义。认识这个世界，就是认识人类的灵性及其作用。凡是形而上学的问题，同时也都是救度和觉悟的问题。因此，菩萨一旦如实知见这个世界，也就如实了知人心的本来样子，也就由此准备实现他的善巧方便了。

# 引言

　　《般若波罗蜜多经》是译成中文的最古佛典之一。最先译成中文的一部般若经，名叫《道行般若经》，出现于公元172年。一般认为，《四十二章经》系由耶纪69年到达中国的第一批印度传道师译出，但我们对它的历史可靠性不太确定。于148年从安息来到中国的安世高，致力于佛典翻译的工作，凡二十有二年，但其所译，皆属小乘经典。如此看来，由月支国〔当时称为"贵霜王国"（the Kingdom of Kuṣaṇa）〕支娄迦谶（Lokaraksha）译出的《道行般若经》，在所有引入中国的佛经之中，是名副其实的第一部大乘经典了。说来颇为微妙的是，最早在富于实用精神的中国人常宣讲的重要经典，竟是宣称"万法皆空"而"无有自性"的这种教义；而可以确定的则是，奉行此种"空"义的行人，却没有把这种传教活动视为一种"空"无意义的工作。

　　到了三世纪，又有两部属于般若的经典译为中文，迨至四世纪，又有另一部出现。鸠摩罗什的译本《小品般若》完成于第五世纪初期，时至第七世纪下半叶，玄奘译出了为数六百卷的堂皇巨构：《大般若经》——一部百科全书式的编辑物，里面包括了大多数大乘经典中的《般若经》。

在梵文原本中，最大的本子为十二万五千颂（每颂三十二个音节）。较小的本子分别为十万颂、二万五千颂、一万颂，以及八千颂四种。最小的一种，由印度学者密陀罗（Rājendralāla Mitra）出版于 1888 年；十万颂的一种则于 1902 年由瞿沙（Pratāpacandra Ghosha）辑印，但就我所知，至今还没有一个完整的梵本出现。在此种种般若编纂品中，最古的一种似乎就是最短的一本，亦即《八千颂般若》较长的本子都是后来的扩大的东西。这部《八千颂般若经》，相当于支娄迦谶所译的《道行般若经》，鸠摩罗什所译的《小品般若》，玄奘法师所译《大般若经》第五百三十八——五百五十五卷，以及施护所译的《佛母出生三法藏般若波罗蜜多经》（以下简称《佛母般若经》）①。由于所有一切有关般若的根本观念（从哲学与宗教两方面来看）悉皆包含其中，因此，本文也就以此经的梵文原本及与它相当的各种中文译本为主要依据了——虽然，有时亦偶引用其他本子的般若。对般若部经典感兴趣的读者，应该参考松本德明氏所著的小册子《般若文献》（*Die Prajñāpāramitālitertur*, verlao W.Kohlhammer, Stutgart, 1932）。

但是，对于一般读者而言，此处提及的梵本《八千颂般若经》以及几种中译本般若经，皆不易获得，也不易了解，墨勒（Max Müller）和金米尔（William Gemmel）所译的《金刚经》或《能断金刚》（*the Vajracchedilcā or Diamond Cutter*）似乎可以推荐。不过，《金刚经》的主要缺点，在于过度强调般若教义的"空"的一面，致使一般语者得着一个错误的印象，以为这就是大乘佛教的全部了。海德堡的华勒泽博士（Dr.Max Walleser）曾将《八千颂般若经》的若干品目译成德文：Prajñāpāramita, die Vollkommenheit der Erkenntnis（pub.by Vandenhoeck und Ruprecht, Göttingen, 1914）。

本文的目的在于说明：《般若经》的主旨在于阐示"菩萨道"（Bodhisat-

---

① 本文所述般若经类，全部采用"缩刷藏经"。

tvabood)的本质。这在一切大乘经典中称之为"菩萨行"(Bodhisacttvacaryā)。梵文caryā一词含有"生活"或"生涯"(life)之意,而菩萨行使是使菩萨不同于其他行人,尤其是不同于声闻和缘觉的地方——以大乘佛教而言,此种生活见之于体会般若及其所含的一切意义上——包括智慧上、德行上,以及精神上和意志上。因此,在下面各节中,我们将先看看般若的意义为何,而后着手发掘它的实际内容。这个工作一旦完成,菩萨道或菩萨行的本质也就不言自明了。禅在历史与学理两者上皆与《般若经》教具有极为密切的关系,我想已是读者熟知的一个事实了。

那么,我们就从《般若经》中常见的各种观点来描述般若的性质吧。

# 一、般若的哲学

## （1）作为指导原则的般若

般若是为大乘佛徒或菩萨特别设立的六波罗蜜多或六度（pāramitá）之一。大乘佛徒或菩萨一旦将这六度一一修行完满,便有把握达到最后目标或证得无上正等正觉。但般若部诸经皆将"般若"度视为其他五度的指导原则,此盖由于,若无般若为其先导,其他诸度便不知道何去何从。它们犹如一群盲人,如果没有般若为首,便会迷失在旷野之中,而无法进入最后的实相住处。它们没有眼睛,不识一切智智,因此,如无般若领导,所做的一切也就皆是徒劳了。般若是它们的眼目,不但可以明白整个佛教生活的原野,而且可以确知如何引导菩萨的脚步。这五度是布施、持戒、忍辱、精进,以及禅定,其所以皆名"波罗蜜多"或"度"①的原因,就由于它们皆以般若为其眼目之故②。

又,般若犹如大地,能够生养万物。尽管有其他各种条件可使种子生

---

① "波罗蜜多"（pāramitá）,意为"彼岸到"或"到彼岸",简译为"度"。
② 详见《八千颂般若经》第一七二至一七三页。

长，但如没有土地，种子便无从长起。同理，如果没有般若为其基础，其他各度便会丧失它们的潜力；倘若果真如此的话，它们的里面便有生机可言了①。并且，其他各度亦需般若才能得到守护，得到掌握，得到聚集，乃至得到系统的修习。正如外道六十二见皆由身见（satkāyadṛṣṭi），亦即凡物皆有个别的实体而来一样，所有其他的五度皆由般若而来。正如身体上的每一个器官皆在"生命"中持续发挥各自的功能一样，其他五度亦须在般若以其覆翼保护它们的时候才能生活②。

### （2）被喻为鸟翼与泥瓶的般若

菩萨犹如天鸟，其翼展开，可达一由旬乃至五由旬之广，但如发育尚未完全，便不可飞行。假设它们想从天上的住处飞下这个世间，甚或改变主意又想飞返天上的话，能否降落人间而不受伤？可否安返天上的老家？不能，因为它们羽毛尚未丰盛，还不够资格作这样的飞行，是以，如果勉强而行，只有自毁的一途。同样的，菩萨尽管已经发起求悟的菩提之心，也许已在布施、持戒、忍辱、精进，以及禅定等等方面积累一切功德，然而，假如他还没有得到般若智慧及其善巧方便的话，所有他的意愿和努力皆将徒劳无功而堕回到声闻、缘觉的境地③。

又，菩萨若无般若智慧，好似尚未完全烧成的泥瓶一样。你可以用这个尚未完全烧成的泥瓶到井里或河中取水，但可想见的是，在你还没有将水取到家中时，这个瓶子早就破了。为什么？因为这个泥瓶尚未完全烧好，就被从窑里取出来用了。同样的，菩萨尽管已对正觉有了信心，已经生起求悟的意欲，而且对它也已有了耐心、喜悦、理解、精勤、净念等等，但是，如果他还没有般若智慧及其善巧方便作为行菩萨道时的适当护卫的话，

---

① 详见《八千颂般若经》第八十一页。
② 详见《八千颂般若经》第四三一至四三二页。
③ 详见《佛母般若经》第四十三页 b 至四十四 a。

那他就会退堕声闻、缘觉的境地，而不能证得一切智（Sarvajñatā）[1]。

本经如此强调般若智慧，使我们深深感到此度（波罗蜜多）极为重要。大乘佛教的崛起，改变了它的相对地位，使它脱颖而出，有了最高的优越性。如果没有般若这一度，其他诸度便失去了罗盘和船长，海舟便没有了主宰。这在佛教思想的发展史中，是一个特著的方面。我们一旦知道佛教系以开悟为其生命的源头，般若的重要性也就不言而喻了。不过，《般若经》的执笔人，曾经感到此种教义不会在当下直接且毫无保留地得到佛徒的信受，乃是可能的事。因此之故，我相信此经曾作许多指涉，教人对般若的义理不要恐怖、退缩。经中有言，若人听闻般若之理而不惊不怖，是事甚为稀有；对它信受奉行而不动摇，唯有多生多世培植善根功德，始可办到。

### （3）作为诸佛菩萨之母的般若

我们说般若是其他诸度的指导原则，是基于这样一个事实：它出于设立一切智（亦即知一切者所具的圆满之智）的大乘学者。因此，般若是一种无所不烛的光明，我们应予特别尊重。它超于人间的一切污染影响。可以消除这个二元世间的一切黑暗，而使一切众生得以清净和宁贴。它是盲者的明灯，能使他得以安全地走过无明暗夜。它可使走岔了路的人得以重回正道。它为我们揭示万法的真理，而这便是一切智。它是一切众生的庇护之所，使他们得以无所畏惧。它是照见整个世间的五眼（亦即佛智）。它是离于生死、超于一切有为和渴爱的真理。它是空的本身，是一切真理的宝库，是一切诸佛菩萨之母[2]。

般若既是一切诸佛和菩萨的生母，他们就得经常关心她的健康和畅旺。经云："它像一位子女众多的母亲，如果她病了，她的所有子女都要照顾她，

---

[1] 详见《佛母般若经》第四十页a。般若智一旦圆满，一切智即可证得。"一切智"属于佛果，为佛性的基础。"一切智"与"三菩提"（正等觉）两词，在《般若经》和《华严经》中可以作为同义语互换着使用。

[2] 详见《八千颂般若经》第一七〇至一七一页，二五三页，二七二页，三九六至三九七页，等等。

希望她早日康复。他们所想到的一点是：她是将他们一手抚养长大的母亲，而今他们宣称属于自己的一切，都是她的智慧和慈心之所赐。他们不应疏忽她，只有好好侍奉她，给她一切汤药的照顾，好使她恢复健康，消除一切的痛苦和烦恼。他们应该如此系念她。"[①] 同样的，诸佛和菩萨悉皆关心作为他们的母亲的般若的安康，运用一切的方便善巧使她免除邪魔的干扰，并帮助她在世间得到坚固的建立。因此，他们从事弘法的工作、书写、研究、诵读、忆持、观照，以及讲解般若波罗蜜多经，直到永恒。

### （4）等于正觉与一切智的般若

般若智慧据说原是达到佛徒修行最高目的的手段，亦即求得无上正觉或大悟所用的法门。但它如今已与它自己的目标合而为一了——般若即是正觉；因为，就佛教的开悟经验而言，本来清净的般若作用，只有在觉悟的时候始可发生。当其被认为有一个外在的目的需要追求时，它不但还没有成其为自己，同时也就没有处于清净的境地之中了；它只有在与正觉合为一体时，才能够恢复它的本身。你只要认为正觉是一种需以般若为手段加以追求的东西，那你不但距离正觉仍然遥远，即连般若也不能发挥它的固有功能了。般若必须与正觉合而为一，始可成其为般若。因此之故，我们不妨说，般若须在正觉的里面发现本身，认取它那毫无遮蔽的本来面目。般若的修行一旦达到了它的顶点，般若与正觉的合一也就不得不能成功，不得不能成为一种事实了。

大概而言，般若首先想要知道被它视为其目的或对象的那个东西。但是，当这种知识一旦真正完成之时，此中的能知与所知也就合而为一了；二元对立的情形既然不复存在，一种名为正觉或一切智的完全合一的境界也就出现了。此种开悟经验亦可以如下的方式加以描述：般若为了看看它自己的面目，首先使它自己分裂为二或使它自己自相对立，因而产成了一种二

---

[①] 详见《八千颂般若经》第二五三页，"观世界"品第十二。

元性的状态，例如手段与目的，主体与客体，能见与所见，如此等等。但当这个要看自己的工作一旦以般若的求知方式完成之后，也就没有二元性的情况存在其间了。如此，则般若系因正觉而得见，而正觉亦因般若而得悟了。它随处所见，皆是它自己的名号，只是写法不同而已；般若是一个名号，正觉是另一个名号，涅槃是第三个名号，如此等等，不胜枚举。这也就是说，所有这些名号，都不过是一些概念而已，只是为了知识上的方便才作此等区别。唯一真实的一点，只是这些名号的合一之性，此外别无所有。

由此看来，则般若便是正觉了，般若便是一切智了，般若便是涅槃了，般若便是如如了，般若便是真心了，般若便是佛性了；如此一来，般若的本身便是显然不可思议而得的了。而不可思议而得的般若便是一切实际和思想的根基了。由此可见，《般若经》的作者们称般若为一种奇迹的行使者，几乎将它奉为一种崇拜的对象，终而至于劝使它的信徒甚至对一切含有般若经教的经典悉皆致以最高的敬礼，好像这些经典的本身就是奇迹行使者的具体化生一般。他们不但怂恿它的信徒研究、读诵、忆持、书写这些经典，而且劝使他们以鲜花、花环、好香、膏油、明灯、旌旗、幢幡，以及衣服等等作为供物，并加以恭敬、礼拜。至于以至诚之心加以信奉的善根功德究有多大，谁也无法去作确切的估计。般若的信仰面与它那种天马行空的至高形而上学作了奇异的融合。

但是，适当地说，《般若经》的主题是菩萨的行处，在于修行般若，并以此证悟无上正等正觉。关于如何修行般若的问题，经中不时提出并加以解答——可说是一切般若经最为引人入胜的课题。这个目标一旦达到之后，修行的事项也就圆满结束了。但是，正如前面已经说过的一样，般若的修习，性质上并不是开悟以外的事情。正觉之由此种修习而证，正如花朵之由植物生长而来一样；正觉与般若之间具有一种生命的连续性，而此种连续性无异就是一种合一性。因此，下引的逻辑可以成立：般若系因修习而成形，而此种修习即是觉悟的内容；因此，般若即是觉悟。般若等于正觉这个公式，亦可从这个问题的实际面予以确立。这些术语既可在《般若经》中经常互换着运用,能够用以描述般若的,也就可以拿来描述正觉了。实在说来,"般若等于正觉等于一切智"(Prajñā=Sambodhi=Sarvajñatā)这个三位一体(thetrinity),乃是连接其中各种教理之链的一根绳索。你只要拈起其中的一个链环,其余的即皆陡然而起。不过,假如我们要在此处来个分别的话,我们不妨说:般若是一种认识论的工具,一切智即由它来求得,而正觉则或多或少含有一点心理学的意味,这也就是说,暗指一种精神觉醒的状态。般若为一切众生所共有——尽管可能不在他们心中产生绝对清净的作用。对佛而言,般若就是一切智,此盖由于他经常处于大彻大悟的圆觉境界之中。

菩提在《大般若经》中被用下列术语描述:"菩提者,是空义,是真如义,是实际义,是法界义,是法性义。复次,善现,假立名相,施设言说,能真实觉,最上胜妙,故名菩提。复次,善现,是真是实,非虚妄,非变异,故名菩提。复次,善现,不可破坏,无分别义,是菩提义。复次,善现,诸佛所有,真净遍觉,故名菩提。复次,善现,诸佛由此于一切法、一切种种相现等正觉,故名菩提。复次,善现,唯假施设,世俗名言,无实可得,故名菩提。"①

对于菩提或正觉,如果以此等同义语继续描述下去,结果也许显得有些混乱,关于此点,稍后再加详述。就此描述的本身而言,可在体悟上转化而成般若,因此,我们不妨这样说:般若就是澈见万法的如实自性;般若就是澈见万法的自性空寂;如此澈见就是直达实际,亦即超越人智所及之境域;般若即是掌握那不可掌握者,获得那不可获得者,体会那不可体会者;如将有关般若作用的这种描述用心理学的术语译出,那就是不系着于一切——不论那是一种观念还是一种感受,悉皆不著。

我们可在《八千颂般若经》的"天品"(the Devaparavarta)里面读到如下的语句:"初学般若者,应修六度,以使所得一切善根功德回向菩提,但不可执取菩提为修习的目的,更不可执取五蕴为个别的实体,因为,一

---

① 详见《大般若经》卷第五百二十六,第三分"方便善巧品"第二十六之四,第二十九页a。

切智是超于执取的东西。"①

所谓"超于执取",意思是指"不可执着"。般若的自性既然不可获得,不可思议,证其本来功用的菩萨,即使对于般若、一切智,或者正觉,自然也就不会执着了。这是菩萨行处的一个重要方向,对于此点,稍后或有机会再加详述。

## (5) 作为如实知见的般若

我们可以说,般若由于具有此种不著的德性,所以能够澈见这个世界的本来样状,所以能够澈见万法如如的面目。这是般若最最特别的功能,系在菩萨体悟到现前的他系由般若本身而来、故而明白般若即是诸佛以及他自己的生身之父之时证得。他一旦开眼而见此一真理了,便会看出这个世界及其森罗万象悉皆处于如实的状态之中,这话的意思是说,就吾人的感官所知而言,这个世界时时刻刻在变,刹那刹那都处于种种不一的综合与分解之中。但在般若智慧已经完全觉醒的菩萨看来,形成这个世界的四大五蕴,尽管表面上都在不息地迁变着,但它们的自性却永远不灭,永远没有毁灭的迹象,永远不受盛衰、生死、成坏,生起欲望或烦恼的影响。

《般若经》既是一种哲学,同时也是一种宗教,故而它的道理也就不失为一种本体论与心理学的综合物了。实在说来,它所关注的问题不在如实的存有,而在于它的人间意义。认识这个世界,就在认识人类的灵性及其作用。凡是形而上学的问题,同时也都是救度和觉悟的问题。因此之故,菩萨一旦如实知见了这个世界,也就如实了知人心的本来样子,也就由此准备实现他的善巧方便了。因此,经中有云,菩萨以般若慧眼知见一切众生心性,知其性质、功用、反应、德性、灵性,等等,变化多端,无有穷尽。然此如实知见、洞视此等表面现象,因而看出众生之心,不论清净还是不净,凝定还是散乱,贪着还是不贪,悉皆无有实体,无有执着,无有分别。

---

① 详见《八千颂般若经》第二九二页。

这就叫做知见一切众生的如实之面，纵然一切万象悉消隐了，在般若智光照射之下，仍然如实地呈现①。

由此可见，《般若经》中所说的如实知见万法，就是透过障蔽吾人凡眼的万象之幕知见它们，并以般若智眼掌握它们的如如样状。如如或真如（tathatā）虽是一个生疏的术语，但在佛学词汇中，却是最能表意的用语之一。我们一旦实实在在地明白了它所指的究系什么，也就明白了佛教的整个思想体系了。如如或真如不可与万法的"同性"或"一性"（the sameness or oneness）混为一谈。一旦谈到"万象消隐"四个字，人们也许认为，为了显示它们的同一的一面而被忽视或沽灭了。但般若信徒所指的意思却是：我们必须从它们之间的真实关系去认识它们——不但要从它们彼此的关系去看待它们，而且要从它们与使它们获得存在理由的那个东西之间的关系去体会它们。

经中有一段讨论须菩提之作为如来随生或顺生（an anujāta of the Tathāgata）的语句②。所谓"随生"或"顺生"，析言之，就是随着如来而生或顺着如来而生之意。作为般若哲学解说者的须菩提，乃是随顺如来而生，亦即如来的弟子，更为明白地说，他系依照使得如来成为如来的那个道理而生，此在《般若经》中，乃是极有意义的说明之一，尤其是在与真如的教理相关而谈之时。

"如来"（Tathāgata）一词，通常被视为佛陀的另一个称号，字面的意思是"如此而来者"或"如此而去者"。它在这里吃重的地方是"如"（tatha），而不是"来"（āgata）或"去"（gata）：显而易见的是，《般若经》的执笔人对"如"甚为契重，将它视为体会"真如"或"如实"（Tathatā or Yathābhūtatā）教理的钥匙。当他写到"如来之如"（tathāgata-tathatā）一词时，他的意思是指使得如来能够出现于世的理由、原因，或者根由。由此可见，所谓须菩提随着如来之如而生，意思是指须菩提与如来悉皆出自同一个字

---

① 详见《佛母般若经》第三十五页 b；《八千颂般若经》第二五九页以下。
② 详见《八千颂般若经》第十六章"真如品"。（译文依《摩诃般若经》"大如品"——译者）

宙的母胎——亦即出自楞伽等类佛典所说的"如来藏"(tathāgatagarbha)。有了这样一个基本认识，下面所述的"随生"和"真如"，就比较容易了解了。

尔时须菩提语诸天子："汝等言，须菩提是佛子，随佛生。云何为随佛生？诸天子，如相故，须菩提随佛生。何以故？如来如相，不来不去，须菩提如相亦不来不去，是故须菩提随佛生。复次，须菩提从本已来随佛生，何以故？如来如相，即是一切法如相，一切法如相，即是如来如相，是如相中亦无如相，是故须菩提为随佛生。复次，如来如，常住相，须菩提如，亦常住相；如来如相，无异无别，须菩提如相，亦如是无异无别，是故须菩提为随佛生。如来如相，无有碍处，一切法如，亦无碍处；是如来如相，一切法如相，一如无二无别。是如相无作，终不不如。是故是如相无二无别，是故须菩提为随佛生。如来如相，一切处无念无别；须菩提如相，亦如是，一切处无念无别；如来如相，不异不别，不可得；须菩提如相亦如是，以是故须菩提为随佛生，如来如相，不远离诸法如相，是如终不不如，是故须菩提亦不有异，为随佛生，亦无所随。复次，如来如相不过去、不未来、不现在，诸法如相亦不过去、不未来、不现在，是故须菩提为随佛生……。"

又在第十七章"不退转菩萨相品"中，我们读到：

菩萨如实知异生地、二乘地、菩萨地、佛地，于诸法真如中，无变异、无分别，皆无二、无二分；虽如实悟入诸法真如，而于诸法真如无所分别，以无所得为方便故：闻真如与一切法无二无别，而无疑滞，以真如与一切法不可说一、异、俱、不俱故。是菩萨若无义利，终不发言，不观视他好、恶、长、短、平等怜愍而为说法。

由此可见，般若的功用之一，是"如实"知见万法或观其"真如"的一面，在此如如之中，一切万法悉皆不染，故而与因此而被称为如来的诸佛无二无别，既然无二无别了，故而互为随生(anujāta)，包括诸佛与菩萨在内，悉皆如此。出生这些"随生"的这个母体，被称为"如来藏"，至为真实。般若的母性既然愈来愈为令人信服，尊重般若的意义也就愈来愈为自然了。

## （6）般若与性空

一般皆视"般若经"为专讲性空哲学的经典。绝大多数的人，包括佛教学者在内，悉皆同意此一看法，但"性空"的真义毕竟为何，似乎并没有一个很清楚的概念。由于研究《般若经》的意义就在观察万法的如如或性空，且让我在此对性空的教义略述数言。

以玄奘所译的《大般若经》而言，其中所列举的"空"计有十八种[①]，在龙树所著的《大智度论》中皆有详细的解释。实际说来，此种列举的目的在于表示了达"空"义的方式可有十八种之多。这十八种表示的方式是：

① 内空（Adhyātmā-śūnyata）；

② 外空（Bahirdhā-śūnyatā）；

③ 内外空（Adhyātmā-bahirdhā-śūnyatā）；

④ 空空（Śūnyatā-śūnyatā）；

⑤ 大空（Mahā-śūnyatā）；

⑥ 胜义空（Paramārth-śūnyatā）；

⑦ 有为空（Saṃskṛita-śūnyatā）；

⑧ 无为空（Asaṃskṛita-śūnyatā）；

⑨ 毕竟空（Atyanta-śūnyatā）；

⑩ 无际空（Anavaragra-śūnyatā）；

⑪ 散空（Anavakāra-śūnyatā）；

⑫ 本性空（Prakṇitā-śūnyatā）；

⑬ 自相空《Svalaṣaṇa-śūnyatā）；

---

① 《十万颂般若经》中列有二十种"空"，但《八千颂般若经》中却无此种列举。

⑭ 一切法空（Sarradharma-śunyatā）；

⑮ 不可得空（Anupalambha-śūnyatā）；

⑯ 无性空（Abhāva-śūnyatā）；

⑰ 自性空（Svabhāva-śūnyatā）；

⑱ 无性自性空（Abhāva-svabhāva-śūnyatā）。

略释如下：

①"内空"的"内"，系指内在的六识（vijñāna），称为"空"，是指吾人的心理活动或其作用背后，没有一个自我灵魂（ego-soul）为其主宰，但我们一般人却作如是想。此系举示"无我"（Anātman or Anatta）教义的另一种说法。

②"外空"的"外"，系指六识所认知的对象，亦即通常所说的"六尘"或"外境"，称其为"空"，是说它或它们的背后没有自主的实体。正如心理现象的背后没有自我为其主宰一样，外境的背后亦然，亦无自我为其主宰。这个情况名叫"物无我"或"境无我"（the egoless ness of things）。原始佛教认为吾人心中无我（称为"人无我"），而大乘佛教更进一步，将这个理论推展到外在的对象或外境（称为"法无我"）。

③ 内外空，对于一件东西，我们通常将它分为内外两面，但因这种分别没有实质可得，故而在此亦可否定；这种分别只是一种思想的构造，其间的关系随时可以倒转，故在此处亦无永久的定性可言。如将立场改变，则内即是外，而外就是内了。这种相对性在此名之为"空"。

④ 一旦内外皆被宣布为"空"时，我们往往不是以为这个"空"的观念仍然真实，就是认为唯有此"空"可以客观的方式求而得之。亦此"空空"的目的，就在打破此种执着。抱持这个"空"的观念，无异一切皆被扫除之后仍留一星微尘①。

⑤ 所谓"大空"是指虚空的虚妄不实。古时认为虚空是一种具有客观

---

① 参见本论丛第一系列《禅的历史》第一节赵州答"无"的那一节文字。

真性的东西，但大乘学者认为虚空亦"空"。大凡虚空中的东西，莫不皆受生死律的支配，这也就是说，莫不皆受因果律之所管辖，而这也是一切佛徒所明白的，但他们认为虚空的本身常住不灭。大乘学者认为，这个广大的虚空亦无客观的真实性可得，故此虚空的观念亦只是一种虚构而已。

⑥ 所谓"胜义"，就是"究极的真理"，是指一切万法的如实性境，离于种种主观性，不生不灭，无彼无此，不可执着。由此可见，即此究极的真理亦"空"。设使真实不虚的话，那它就是一种可以限制而被因果律所系的东西了。涅槃亦是空名；如果是某种可得的东西，那它也就不是涅槃了。我们不难看出，此处所说的"空"，与 ③ 项所说"内外空"的"空"，含意稍有不同。

⑦ 与 ⑧ 两项，可以一并解释。此处所说的"有为"，是指由于因缘而生的物事，含有"造作"而成的意味。此处所说的"无为"，是指非由因缘所生的东西，例如虚空。说"有为空"，无异是说外在与内在的世界皆"空"。大凡存在的物事，有时分为有为与无为，有时分为内在与外在，有时分为五蕴、十二入、十八界，等等不一，全视推求的需要而定。但是，所有这一切的分别，皆是相对的分划，皆无相当的客观性，故而亦复皆"空"。"无为"系对"有为"而立。后者既"空"，前者也就没有立足的余地了。因此可知，两者皆"空"，但有名字而已。

⑨ "毕竟空"在于强调一切"万法"绝对空。"毕竟"的意思即是"绝对"。否定一切万法的客观实在，在此作了毫无保留的举示。实际说来，此与"空空"一样。但房间既用扫帚打扫干净之后，如果仍将扫帚留着的话，那就是没有到达绝对空的境地，故此要将扫帚，乃至打扫的人，也要一齐抛开，才能达到"毕竟空"的境界。只要仍有一法一物、一人，甚或一念一留存，便有一个可执之点可以存在，便有一个恐怖、烦恼的世界可以构造。"空"超于一切可能的限定，超于无限钩锁连环的依倚——这就是涅槃。

⑩ 有人说世界无始（没有起始），人们便以为有这样一种无始的东西存在着，而执以为实。为了去除此种执着，便说无始是"空"。人类的知识就在这两个极端之间摇来摆去，有始的观念被推翻之后，无始的观念即取

而代之，但实际说来，两者皆是相对的观念而已。"空"的真理必然超于此等极端，但也不离其间。因此，《般若经》苦口婆心地提出此种中道之说而又不为其所滞；若有所滞，便不是中道了。此种性空之说，就这样从每一个可能的观点加以阐述。

⑪ 世间没有一个绝对单纯的东西。每一样东西注定最后必将分解。看来它似乎作为一个单位而保持它的形态，而成为它自己，但其中没有一样东西可以作为它的组成要件，故而最后必将归于分散。困于思想世界的东西似乎不会分解，但亦只是以另一种方式发生变化而已。在时间的作用之下，没有任何永恒性可说。"受"（Vedanā）、"想"（Samjñā）、"行"（Samskara）、"识"（Vijñana）四蕴，最后亦将分散而消灭。不论如何，它们也都是"空"。

⑫ 此处所谓的"本性"，是指使火发热而使水凉爽的那种特性，是每一个个别东西的本来性质，但这个"本性"的观念本身也是一种"空"性。前已说明，被我们视为个别东西的背后，悉皆没有个别的自我可得，何以故？因为一切万法皆由种种因缘所生，皆无独立、坚固、自主的本性可得。所有一切毕竟皆空，没有本性这种东西的话，那也不过是"空"而已。

⑬ 此处所谓的"相"，系指每一个个体之可知的一面。在某些情况下，"相"与"性"不可分；两者彼此相关，不可分割。火的本性可因其热而知，水的本性可因其冷而晓。佛教的僧侣可在持戒上了知其本性，而他的光头和衲衣则是他所特有的外相。《般若经》告诉我们，事物此种可知的外相是"空"，因其只不过是由种种因缘凑合而成的形象而已；既是相待而有，就无实性可言了。由此可知，所谓"自相空"，就是每一个东西皆没有可以名之为己的常恒不灭的性质。

⑭ "一切法空"这句话含义极广，因为此中的"法"不仅是指感官的对象而已，同时亦指思想的客体。所有这一切，一旦宣布为"空"之后，便无法再予详加解释了。但《般若经》显然不惮其烦，要翻箱倒箧地使得学者彻底明白空的教义。据龙树说，一切万法皆有如下的特性：存有性、可知性、可感性、客观性、有效性、因果性、倚待性、相互性、二元性、多边性、一般性、个别性，如此等性，但所有这些特性，悉皆没有恒性，

没有定性，皆是相待而有的现象。愚者不见诸法的真性，因而执着于凡物皆有实体的观念，死死不放。智者之所以不同于愚人，就在能够远离此等虚妄不实的观念，就在能够看出"一切法空"而得随缘自在。

⑮这种"空"名为"不可得"，并不是说心灵不能插手，而是说没有真正可作为客观体会的东西可得。"空"含有"无"的意味，但一旦以"不可得"加以限制之后，那它也就不再只是一个否定语了。其所以"不可得"的原因，是由于它不是相对意识所能想象的一种对象。意识一旦升高到般若的程度，便可体会"不可得空"的意味了。《般若经》提出"一切法空"的大胆主张之时，唯恐吓走它的信徒，于是接着补充说，所云相对而起的这些观念空无所有，并不是指一种断灭的空，只是指一种不可得的空而已。

对于智者，此空即实。狮子哮吼的时候，其他动物无不胆战心惊，认为这种哮吼是完全超特的事情，只有众兽之王始能办到。但对狮子而言，这种哮吼并不算什么，即不是它所特有，对它也没有什么增加。这在智者看来，亦复如是，既然是"空"，就不可作为思想的一种对象而有所得。纵有所得，实际上也是无得。

⑯⑰，以及⑱，此三者可一并说明。在此，存在系从"有"（astsva）与"无"（nāstiva）的观点来看，故这两种看法，不论是从个别的还是相对的关系来看，皆说为"空"。"无性"在此为"有"的否定，从某一意义来说即是"空"，此处所谓的"自性"，是指"自有"或"因其自身而有"，但因世间并没有这样的存有，故而亦说为"空"。如此说来，有、无相对还算真实么？否，这也是"空"，何以故？因为，这相对的每一方悉皆是"空"。

"空"的真意究系什么？我想这个问题已由这些详解说清楚了。"空"与"无"既不可混为一谈，也不可假想有一个名之为"空"的思考对象，因为这个观念与"空"的本身性质恰好相反。并且，我们也不可像某些学者所做的一样，将它界定为相对性。不错，《般若经》上说，诸法相待而有，系由因缘凑合而来，是故皆"空"。但我们不能因此就说相对与"空"为同义语。实在说来，说诸法相待而有，是一回事情，而说诸法皆"空"则完全是另一回事情。"空"是一种"直观"的结果，而不是推理的结论——虽然，这里所用"是故"两字，使这句话有了一点推论的意味。"空"的观念出于体验，为了要给它一个逻辑的基础，才在相对的上面建立这个前提。但从严格的逻辑观点来说，"相对"与"空"，仍然有着一道鸿沟存在其间。"相对"无法使我们跨过这道鸿沟；只要我们立足于相对的一边，我们就处身于一个圈子之内；明白我们处身于一个圆圈子之中，故而必须跳出，才能看清它的全貌，这就表示我们已经超越这个圈子了。当我们开始谈论相对的问题时，此种"空"的体验从未离开过。我们可从"空"过渡到"相对"上来，但反之则不通。这种分析般若哲学的理解颇为重要。澈见"空"的各种含义的，是般若而非知识或意识，因此，能以般若慧眼明白"空"之真相的人是为智者。大乘体系如以相对观念为其建立基础的话，它所透露的信息就不会像它在印度、中国，以及日本历史中那样引起如此热切的反应了。"空"的教义之在远东人民的精神生活中造成了种种不可思议的奇迹，就是它透入人类意识深处的铁证。

因此之故，"空"而以"不可得"或"不可思议"称之，这就说明了它不是一种可以纳入任何逻辑范畴的概念。它与"如"是同义词。是以，"如"或"空"是菩萨研习的目标。

## （7）般若与如幻

般若学者在欲加深吾人对空理的印象时最喜运用的类比之一，是"如幻"（Māyā）一词，故而往往被他教的导师称之为"如幻论者"（Māyāvādins）。这个"如幻"之喻的真义究系什么呢？且容我引用几节经文来对"如幻"的意义作出解释：

佛言："须菩提，于汝意云何：幻异于色[①]？色异幻不？如是，幻异

---

[①] 色（Rūpam）、受（Vedanā）、想（Saṃjñā）、行（Saṃskāra）、识（Vijñāna）五者，佛家称为五蕴（Pañcaskandhāḥ），亦即存有的五种根本构成要素。因此，大凡述及此等五蕴之处，不妨解作这个物质与心念世界的整体性。如果我们视之为究竟的真实，便会生起执着之心而无法摆脱它们的系缚。

受、想、行、识？受、想、行、识异于幻不？"

须菩提言："不也,世尊。异幻非色,异色非幻。彼幻即色,彼色即幻。受、想、行、识,亦复如是。"

佛言："须菩提,于色云何：所有五取蕴是菩萨不？"

须菩提言："如是,世尊：如是,善逝。"

佛告须菩提："当知五取蕴即是幻人。何以故？说色如幻,受、想、行、识亦如幻。彼色、受、想、行、识,即是六根、五蕴。是故,菩萨摩诃萨亦如幻。若欲修学般若波罗蜜多者,当如幻学,即得阿耨多罗三藐三菩提。"

须菩提问佛言："世尊,若有初住大乘菩萨闻作是说,得无惊怖耶？"

佛言："须菩提,彼初住大乘菩萨,若随恶知识,即于是法闻已惊怖；而彼菩萨若随善知识,即闻是法不生惊怖。"①

像这样的一种论述,若无适任的般若学大导师善加指导,也许会使听者闻者做出放任的愚行。再听下面所述：

佛言："须菩提,譬如幻师,于四衢道以其幻法出多人聚出已即隐。须菩提,于汝意云何？是诸幻人有所从来,有其实不？有所灭去？有所坏不？"

须菩提言："不也,世尊。"

佛言："须菩提,菩萨摩诃萨亦复如是,虽度无量无数众生令至涅槃,而实无众生有所度者。若菩萨摩诃萨闻作是说不生惊怖,当知是菩萨摩诃萨被大乘铠而自庄严。"②

须菩提对满慈子言："汝今当知,幻人色无缚无解,幻人受、想、行、识,无缚无解；幻人色真如无缚无解,无解；幻人受、想、行、识

---

① 见《八千颂般若经》第十六至十七页（《佛母般若经》第三页b）。(译文依后者——译者)
② 《八千颂般若经》第二十一页（《佛母般若经》第四页a）。(译文依后者——译者)

真如无缚无解。何以故？无所有故，无缚无解；离故，无缚无解；不生故，无缚无解。若菩萨摩诃萨如是了知者，是即安住大乘、被大乘铠，大乘庄严。"①

是时，诸天子众白须菩提言："云何尊者，一切众生为如幻不？"

须菩提言："一切众生，皆悉如幻，亦复如梦。所以者何？一切众生，与其幻梦，无二无别。以如是故，彼一切法，亦如幻梦。所有须陀洹，须陀洹果；斯陀含，斯陀含果；阿那含，阿那含果；阿罗汉，阿罗汉果；缘觉，缘觉果，皆如幻如梦。彼阿耨多罗三藐三菩提果，亦如幻如梦。"

尔时诸天子众复向尊者须菩提言："若阿耨多罗三藐三菩提，说如幻梦者，彼涅槃法亦如幻梦耶？"

须菩提言："如是，涅槃亦如幻梦，况余法耶？"

诸天子言："彼涅槃法何故亦说如幻梦耶？"

须菩提言："若复有法过涅槃者，我亦说如幻如梦。何以故？而彼幻梦与涅槃法无二无别故。"②

由此看来，般若行者以如下的话作为结语，也就不足为怪了："世尊，菩萨但有名字（nāmadheya-mātram）③，而彼名字亦无所生；般若波罗蜜多亦但有名字；而彼名字亦无所生（anabhinivṛtta）。世尊，如说，我、我法毕竟无所生，我无自性故，一切法亦尔。"④

名字没有真正的生处，犹如虚空，无法知其来处和去处，故非种种臆想所及，换句话说，这个虚空即"空"。

世尊，佛所说法，随顺一切法，离诸障碍，而一切法了不可得，

---

① 《八千颂般若经》第二十二至二十三页（《佛母般若经》第四页 b）。（译文依后者——译者）
② 《八千颂般若经》第三十九页（《佛母般若经》第六页 b）。（译文依后者——译者）
③ 此处所说的"名字"，系指概念或思想的产物。因此，般若波罗蜜多亦只"但有名字"。此处是性空之理与瑜伽唯识之说接触之处。
④ 《八千颂般若经》第二十五页（《佛母般若经》第五页 a）。（译文依后者——译者）

犹如虚空,离障碍相。世尊,诸法如虚空故,一切法不可得;诸法平等故,二法不可得;诸法无生故,生法不可得;诸法无灭故,灭法不可得;诸法无相故,取相不可得;诸法无处故,一切处不可得。①

从上面所引各节看来,我们也许会得这样一个结论:般若波罗蜜多所说的真理,毕竟只是一种如幻、如梦、不可把捉的东西——几乎等于一种没有实质的东西。假如随顺般若波罗蜜多看待一切万法就是随顺一切智看待一切万法的话,又如随顺一切智看待一切万法就是随顺虚空之性看待万法的话,则般若波罗蜜多所说的真理便是空无之教,便是名无俱实的"如幻论"(Māyāvada)了②。毫无疑问,我们可以说,《般若经》一而再、再而三地警告读者,听闻甚深般若波蜜多(gambhirā-prajñāpāramita)的哲理之后,要"不惊、不怖、不退失"③。那么,我们是否可因这些理由宣称:般若如幻、如梦,但有名字,而大乘只是一种空中楼阁,只是由水泡和回声构成的概念游戏呢?这显然是某些学者,特别是西方某些学者的结论。他们不但很难超越"诸法不实"的观念,更难接受"诸法本如"的说法。认识如幻之说,再去体会万法皆如的意义。

印度人以长于幻术见称于世,它的佛教哲人自然也就以幻术为手段来举示诸法的无常性质了。但我们决不可以辞害意——我们必须努力体会它的真意。正如前面已经一再申述的一样,《般若经》所取的论证气势,在于针对我们一般人对于这个世界所持的根本谬误看法——亦即朴素的实在论(naive realism)。这种实在论的主要特点,是把这个世界看成一种永远不变,但在现象上却与被视为一种由思想、感情,以及知觉构成的内在世界相对而有的实在——尽管后者受制于一种与他人相离但又相争的自我灵魂(ego-soul),摧毁此种朴素实在论的要塞的最好办法之一,莫如宣称:一切

---

① 《八千颂般若经》第三○六页(《佛母般若经》第四十三页a)。(译文依后者——译者)
② 《八千颂般若经》第三○页(《佛母般若经》第四十二页b)。
③ 般若群经不但随处提出此种警告,而且表示,菩萨道的真正考验,就在踊跃地信受这种教说并欢欢喜喜加以奉行。

皆幻，世间没有永恒不变的程序，二元论的世界观如内与外、有与无等等，悉如幻影，唯有唤醒般若智慧，证得那不可得者，才能深达万法的真正基础。何以故？唯有运用般若智慧，才能消除属于知或情方面的一切攀缘和执着，才能实实在在地体会并踏上万法皆如的境地。《般若经》尽管有着天马行空的想象和永不消失的神秘之感，但它总是照顾着它这哲理的实用的一面。

佛教假如有任何哲学系统的话，它的目的就在根除妨碍般若智慧自在作用的烦恼（Kleśa）。由于烦恼总是一种偏执的东西，故而可以造成种种不同的攀缘，而烦恼和攀缘则可由身、口、意三方面造成恶业，以致如此反复循环而无有出期。因此，经中告诉我们，吾人所招的苦乐没有不变的实性，同样的，苦乐的对象亦然，也都是无常迁变的东西，犹如幻事，悉皆没有实体。它们只是现象，故而不可视之为实，故而没有执取的价值。就以现象而言，它们宛然俱在，而那也是一种不可否认的事实，但如执为究竟真实，那就错了。对于此点，智者看得非常深切，因为他们的般若慧眼可以透视实相的底层。据龙树菩萨表示[①]，小孩看到月在水中，便欲伸手将它捞起。但他无法办到，于是大为烦恼。智者见了，对他表示，水中所见之月，无法把捉。同样的，现象世界亦不可否认，可以否认的只是它的可捉性或可得性，森罗万象的世界，既然呈现在智者眼前，亦呈现在愚者的眼前，所不同的是，前者以无著的心灵加以观照，而后者则尚未到达性空的境界。菩萨看出那是虚幻的障幕，而未得解脱的人则认以为实。

由上可见，此种如幻的教说，需以性空或真如为背景而加以体认。不然的话，则幻依然是幻，而佛徒便永远得不到他的立足之地了——虽然，我们亦不可认为此种立足之地属于分别的范畴。如果没有上列解释，这里所说的如幻，便完全失去它在般若经教里面的意义了。否则的话，"涅槃亦如幻梦"这句话便成了一句没有意义的隐语了。善于随顺其意的智者可看出，这个障幕的后面有着一个实相的世界，具有种种不可说的奥妙和"不可得"的真相。

---

① 详见《大智度论》卷第三十二。

## （8）般若与直观

若要了解作为一种哲理教说的般若立场，学者必须写明它的根底究在何处。否则的话，作为一个批评家，便会把影子说成实物。那么，般若哲学的根底究在何处呢？依照大乘学者的看法，它的依据不是通常所说的逻辑，而是直观的法门。般若波罗蜜多是一种直观的体系。学者如欲求彻底的认识，必须来个大大的跃进，直接跳过逻辑而至彼岸才行。如果没有这种体验而欲有所窥视，这个体系就会变成乱麻一团乃至成为一种不可理解的隐语。为文讨论大乘佛学的作者，大都没有这种不可或缺的基本条件。首先，他们必须舍弃概念的论证才行。

般若之教中所说的这种舍弃，意义何在呢？

依照大乘学者的看法，所谓的"逻辑"或我们一般人类的思维方式，系由"有"与"无"等等二元论的解释而来。这种二元论统治了我们的整个思想方式。如果我们不离开这种思想的情状，就永远没法摆脱二元论的境地。"A"与"非A"的对立，已经成了人类理解的经纬而变得不可或缺。但是，几乎毫无例外的是，假如我们不能超越此种显然逻辑的根本立场，我们的心灵或精神就永远不会有安静的一天。一般而言，在我们的实际生活中，逻辑是一种最有用处的工具，假如没有它的话，我们就没法超出一般动物的生活层次。我们之所以能够走出我们本身之外，之所以能够走出吾人的直接经验，就在我们具有这种构造概念的能力。它是我们战胜吾人的兄弟动物所用的犀利武器。不幸的是，我们对自己这种制造概念的能力过于迷恋了，以致我们在不知不觉中逐渐背离了吾人的生命来源——可使我们制造理念并作出抽象推理的本源。纵使是在对于逻辑的精确深信不疑之时，我们的内心似乎仍然怀有一种空虚之感，尽管我们无法指出它在逻辑中的位置究竟何在，但我们总会感到，整个逻辑的本身缺乏某种令人心服的根本力量。无论如何，只要我们执着"有"与"无"、"A"与"非A"等等的二元论思想，我们就不但不会对我们本身感到自足，对整个世界也不会感到满意。

我们所谓的"逻辑",也许是吾人处理浅显生活物事所用的最有功利价值的工具。精神或占据吾人最内生命的那一部分的什么,需要某种完全不是概念的东西,亦即比纯然的知识解会远为直接、远为敏锐的东西。知识的解会须从概念撷取材料,而精神则需直接的感知。显而易见的是,若要精神得以圆满自足,必须唤起经由感官表现,但不受感官所限、可以名为内在或高度感觉作用。

所有一切的佛教修行的最终目标,皆在唤起此种内在的感觉。般若波罗蜜多的修持亦然,亦以此种觉醒为最需要的一点。《般若经》中所讲的一切教理,以及警告学者勿生惊怖的那些大胆陈述,皆是展开在菩萨已经唤醒的此种感觉之前的见地。此等见地,都是他的直观所见,都是他的直接经验表现,而不是他的概念陈述。这就是经中何以不惮其烦地反复述及"如实"知见诸法的道理。在此,我们必须记住的是,这里的话题是"知见",而不是以逻辑的方式加以"推理"或"论证"。"如实"一词,只可用于"知见"的作用,而不宜用于推演的历程。

大乘学者高举这种从觉醒内在感觉(亦即"般若智"或"一切智")而得的新观点,并且宣称它比纯然的逻辑更为根本。不论般若所做的陈述多么不合逻辑乃至矛盾百出,但是,只要它是一种与超然于"有""无"两边的内在感觉完全契合的"如实"陈述,它就能够完全满足精神的要求。由此看来,这样的陈述可以说具有"如实"的特色,或者,简单地说,这种陈述就是"真如"或"真理"的陈述。人们可以说这种陈述不合逻辑,但不合逻辑并不就是虚妄不实。就以"真如"或"真理"而言,其中所含,绝不少于逻辑。所谓"真理",就是"如实",而所谓"如实",就是"不少"。

在一种超于"有""无"的境地中所做的这种直接感知的陈述,在眼界从未超过感官世界二元实用主义的人看来,必然会感到非常惊异。"一切如幻""一切如梦",这种宣言,确使他们感到又惊又怖。但是,假如我们使自己的眼界超越"有""无"二边的话,我们就会明白"有"是"无"之"有",而"无"则是"有"之"无"的道理了。我们挑不出一样可以称之为绝对的究竟的东西，而这都是吾人在日常生活或一般逻辑方面所作所行的事情。《般若经》说"一切如幻"这句话时，只是描述它在这个感官世界"如实"知见的样子。所谓"如幻"，正确地说，就是"有如没有"或"没有之有"（to exist as if not existing）①。这并不是一股脑儿地全盘否定这个世界。从浅处看来，这是一种否定，但在同时，却也在否定的背后肯定了某种东西。这既是一种否定，同时也是一种肯定。逻辑的推理不能持取这种说法，但般若的直观却可以这样说。研读大乘经典的学者总得奉劝记住此点，永志不忘。

## （9）不可得的般若与相对性

由内在感觉的觉醒而来的这种般若观点，叫作"不可得"（anupalabdha）。话说到这里，矛盾就不可避免了。对于这些矛盾，黑格尔的辩证法，亦可依照逻辑的法则加以解释。但以般若波罗蜜多而言，根本不必运用正、反、合的程式，何以故？因为，大乘的直观世界根本没有容许这种绕着圈子思考的余地。一旦超越了二元论的世界，不可得就是可得，而可得也就是不可得了。这可称之为般若波罗蜜多的超越观点（the transcendental viewpoint of the prajñāpāramitā）。

现在，我们可以看看那些拟将性空之教与相对之论混为一谈的学者何以是错的了。照此等学者所说，万法之所以皆空，乃因为它们完全为相对的原理所限，这等于说，一切万法皆受因果法则所拘。假如佛教哲学以因果业力为其建立基础的话，这便是相对性；又如一切万法皆因因果之网遍覆整个存在境界而如实存在的话，而一切万法悉皆如此以"空"为其特性的话，空性便是相对性。但如此将空性与相对性视为等同，是不能成立的；这种等同无异就是混同。这些学者尚未完全抓到大乘教义的意旨；他们仍然没有超出他们的万有的立场——亦即尚未超出我们的内在感觉觉醒之前通常所持的那种立场。

---

① 此意的梵文原句是 Yathā na samvidyante tathā samridyante，见《八千颂般若经》第十五页。

若要如实地体悟性空的意义，此种觉醒是不可或缺的先决条件。此种觉悟即是"转依"（parāvṛitti），《楞伽经》等等的大乘经典皆不时提及。所谓"转依"也者，就是反转一个人的心理秩序。原是二元论的观点，如今似乎成了"错的一面"了。这个一直隐而不显的内部，如今完全显露出来了。如今，一切万法，皆从这个新发现的观点来看了。不用说，一个人对世界的看法必然会变；一切万法，从外面观察，与从里面观察，自然不会一样。一棵树，先前所见，系以色彩及其随风摆动的枝条表现于外；然而现在，既不再有一棵不同于他树及其环境的树；树的叶子也不是绿的了；摆动的枝条也没有了；开着的花也不见了——所有这一切，完全消失了；感官所见，以及心识所造的一切，悉皆不见了。这儿出现了一个新的世界。曾经"可得"的一切依然在此，但已变了——虽然并未化成空无一物的状态，因为所谓"空无一物"，仍然会有某物的意味。由于没有适当的表述可说，《般若经》才称之为"空""无碍"，以及"不可得"，如此等等。

这里没有相对性设计机械的余地。所谓的"相对性"，乃是我们在从"有"与"无""正"与"反"，以及有"A"必有"非A"相伴的观点观待万物时所形成的观念之一。要想从这种观点透视性空的境地，是枉费工夫；必须将这种观点一下抛开，始有成功的可能；哲学家如果抱定这种观点而死不放松，他的相对论看法便会寸步不离而紧追不舍；他休想从其中引出任何别的东西；它怎么也不会化而为"空"。若欲进入"空"的境界，须使存在的本身大翻一个筋斗才行。我们必须一度体会的是：坐在存在的中心并从这个中心观察一切万法。如果停留在二元论的一边，相对性与空性之间的鸿沟就没有沟通的一天。这个世界的一切之所以成为相对，就因为万法的自性是"空"，而不是由于相反。"空"的体验，只有在此种内在的感觉觉醒之后，只有在阿赖耶识的里面有了转变之后，始可实现。要在有了这种亦是跃进的"转变"之后，我们始可作此陈述："一切悉皆系于缘生之链，故而一切皆空"；或者"一切如幻，故而一切皆空"；或者"一切悉皆如实，而又一切皆非"。

佛教学者为了说明一条河流的形成或者一幅佛像的制作而常述及因缘

(hetupratyaya or Kāraṇasamuptpāda)之链①，并说任何东西皆由众缘和合而成，更说它们来去皆无一定方所之时，这话的意思也许是指相对性与空性不二。在一部名叫《道行般若经》②的中译般若经中，我们可以读到如下的语句③：

　　……贤者复听，譬如阿迦腻吒天上天人所止观殿，光耀悉照天上，端正殊好。如天上殿舍，亦不自作，亦无有持来者，亦无有作者；本无所从来，去亦无所至；因缘所生；其天人本作功德所致，用于此间布施故，得生其上，在殿舍中解止；用是故，其人得宫观。贤者，欲知佛身，因缘所生，用世间人欲得见佛故，其人前世有功德，其人远离八恶处生；其人黠慧信于佛。贤者，欲知佛身，本无所从来，去亦无所至；无有作者，亦无有持来者；本无有形，亦无所著，如阿迦腻吒天上宫殿。佛所现身者，欲度脱世间人故……

此处所说的缘生（kāraṇasamutpādā）之理，只可适用于一种二元和因缘所生的世界。在没有此等情况的地方，这种学说便毫无意义。只要我们不出这个殊象的世界，我们随处所见莫非因果和相对之境，何以故？因为这就是因果和相对关系发生作用的所在。但是，由于我们总是不满于这种状态（不仅是在精神方面而已，即在深切的逻辑方面亦然），因此无论生死，我们总要登上"空"的境界，因而体会到：支持这个因果和缘生世界的，毕竟只是这个"空"。

使得这种因果得以发生作用的，就是此"空"，它是一种画布，而因果就在其上面绘制种种不同的图画。"空"这样先于一切——虽然，这

---

① 参见本论丛第二系列《常啼菩萨的故事》。
② "道行"两字是第一品的品名。该经的译者是东汉（22—210）的支娄迦谶，也是最早被译成汉文的一部《般若经》。在鸠摩罗什和玄奘法师的译本中，"道行"两字皆为"妙行"，而在梵本的《八千颂般若经》中则为："sarvākārajñatacāryā"。
③ 这一部分译文，在鸠摩罗什和施护的译本中，皆所不见。

里所说的先后，非指时间上的先后，因为，既有时间的先后就有因果的关系：这里的"先"是指"根本"。这种因果或相对关系一旦可以思议了，"空"也就亦在其中了。这种分别，不但在吾人的宗教经验之中十分重要，同时我还认为，就是在吾人所有一切明晰的哲学思维中，亦莫不皆然。因此之故，般若学者这才坚称："空"是最最根本的观念——在他们的直观所见以知性的媒介表述"空"本身之时。这并不是一种否定性的观念，而是一种绝对肯定的说法。只有尚未到过障幕那边的人，才会有否定之感。倘使此种透视残缺不全的话，所知所见便会因为显得混浊不清而弄出许多错误的推测。

不幸的是，学者们忽视了一个事实：在般若以及其他大乘经典中，"空"（śūnyatā），"真如"（tathatā）或"如实"（rathābhūtatā）等词，在表达同一的思想时，皆被当着同义语使用。假使"空"之一字只是一个否定语而无任何肯定含义的话，那它就无法被用来建设一个号称大乘佛教的伟大宗教建筑了。假如我们看出那些居然看不出人类感觉多么需要真正肯定，故而亦支持灵魂的东西的批评者们是多么偏执、多么浮浅的话，我们也许会大感意外而惊异不置。大体而言，由生命的中心向外作用的东方心灵，比之西方，似乎较为深入、直观得多。它也许不像西方心灵那样爱讲逻辑和体系，然而正因为如此，却更能深切地体悟生命的根本事实。从二元论构造的世界观出发的人，就不能摧毁这种构造物而回到它那非源头的源头。尽管"正"（有）与"反"（无）可以提升而成一种"合"，但毕竟说来，这仍是一种理念或一种概念，而不能成为一种经验或体验；因此之故，如果有人问他们："一归何处？"他们就茫茫然若失而无所适从了[1]。

哲学家也许会轻视直观，但直观却有种种深浅的不等。最深的直观，是由属于般若波罗蜜多级的宗教哲学心灵所体悟的那一种。但是当他们对直观所见以相对知识的术语译出后，显得多么荒谬！多么没有意味！多么富于否定的意味！如此一来，般若波罗蜜多就变得不可理解了。因此，它

---

[1] 参见本论丛第一系列《禅的实际教学方法》。

才一再提出警告，教人不要有所掩蔽，不要怀有疑影，乃至不要感到惊惶、恐怖，或者退堕。

## （四）般若与非理的表现

如此看清般若的立场之后，我们便会明白它们何以会有那么多否定的语句和非理的主张了。它的直观所见无法用任何其他的方式加以表达——假如可以表达的话。实际上，我们可以说，所有一切震动心灵的深切真理，莫不皆以极其矛盾的方式说出，以致几乎使我们不得不认为它们的作者在故意显示神秘或存心打哑谜。下面所引的文字即是其例：

具寿善现（须菩提）白佛言："云何菩萨摩诃萨行深般若波罗蜜多时，能学五蕴？"

佛告善现："菩萨行深般若波罗蜜多时，能如实知色乃至识，若（一）相、若（二）生、灭，若（三）真如——是名菩萨摩诃萨行深般若波罗蜜多时能学五蕴。

"善现，云何菩萨摩诃萨如实知色（一）相？谓菩萨摩诃萨如实知色毕竟有孔，毕竟有隙，犹如聚沫，性不坚固——是名菩萨摩诃萨如实知色相。善现，云何菩萨摩诃萨如实知色（二）生、灭？谓菩萨摩诃萨如实知色生时无所从来，灭时无所至去，虽无来无去而生、灭法相应——是名菩萨如实知色生、灭。善现，云何菩萨摩诃萨如实知色（三）真如？谓菩萨摩诃萨如实知色真如无生无灭，无来无去，无染无净，无增无减，常如其性，不虚妄，不变易，故名真如——是名菩萨摩诃萨如实知色真如。

"善现，云何菩萨摩诃萨如实知受（一）相？谓菩萨摩诃萨如实知受毕竟如痈，毕竟如箭，犹如浮泡，虚伪不住，速起速灭——是名菩萨摩诃萨如实知受相。善现，云何菩萨摩诃萨如实知受（二）生、灭？谓菩萨摩诃萨如实知受生时无所从来，灭时无所至去，虽无来无去而生、灭法相应——是名菩萨摩诃萨如实知受生、灭。善现，云何菩萨摩诃萨如实知受（三）真如？谓菩萨摩诃萨如实知受真如无生无灭，无来无去，无染无净，无增无减，常如其性，不虚妄，不变易，故名真如——是名菩萨摩诃萨如实知真如。

"善现，云何菩萨摩诃萨如实知想（一）相？谓菩萨摩诃萨如实知知想，犹如阳焰，水不可得，虚妄渴爱而起是想，假施设有，发假言说——是名菩萨摩诃萨如实知想相。善现，云何菩萨摩诃萨如实知想（二）生、灭？谓菩萨摩诃萨如实知想生时无所从来，灭时无所至趣，虽无来无去而生、灭法相应——是名菩萨摩诃萨如实知想生、灭。善现，云何菩萨摩诃萨如实知想（三）真如？谓菩萨摩诃萨如实知想真如无生无灭，无来无去，无染无净，无增无减，常如其性，不虚妄，不变易，故名真如——是名菩萨摩诃萨如实知想真如。

"善现，云何菩萨摩诃萨如实知行（一）相？谓菩萨摩诃萨如实知行，犹如芭蕉，叶叶析除，实不可得——是名菩萨摩诃萨如实知行相。善现，云何菩萨摩诃萨如实知行（二）生、灭？谓菩萨摩诃萨如实知行生时无所从来，灭时无所至去，虽无来去而生、灭法相应——是名菩萨摩诃萨如实知行生、灭。善现，云何菩萨摩诃萨如实知行（三）真如？谓菩萨摩诃萨如实知行真如无生无灭、无来无去、无染无净、无增无减，常如其性，不虚妄，不变易，故名真如——是名菩萨摩诃萨如实知行真如。

"云何菩萨摩诃萨如实知识（一）相？谓菩萨摩诃萨如实知识，犹如幻事，众缘和合，假施设有，实不可得，谓如幻师或彼弟子，于四衢道幻作四军，所谓象军、马军、车军、步军，或复幻作诸余色类，相虽似有而无其实，识亦如是，实不可得——是名菩萨摩诃萨如实知识相。善现，云何菩萨摩诃萨实知识（二）生、灭？谓菩萨摩诃萨如实知识生时无所从来，灭时无所至去，虽无来无去而生、灭法相应——是名菩萨摩诃萨如实知识生、灭。善现，云何菩萨摩诃萨如实知识（三）真如？谓菩萨摩诃萨如实知识真如无生无灭、无来无去、无染无净、无增无减，常如其性，不虚妄，不变易，故名真如——是名菩萨摩诃萨如实知识真如[1]。"

---

[1] 节自玄奘所译《大般若经》卷第五百三十二第三分施等品第二十九之一。（英文为并译，汉译依《大般若经》还原——译者）

般若的这种立场并不需要否定所谓的现象；它给了它应有的权利——作为生与死、有与无的一种舞台。但在同时，它也没有忘记它要提出的主张：在我们面前所展示的一切，只是背后某种东西的云影而已，假如我们不能彻底体验后者的话，后者也就得不到适当的认识和估计了。因此之故，大乘学者对于"可得"与"不可得"之间的区别才那样明察秋毫而毫不含糊。"可得"属于这个二元的世界，而"不可得"则属于一个超越二元世界的境界。凡有"有"与"无"可以相对之处，便有所得之性，故而也就有执着，而这正是开悟和解脱的障碍。

> 具寿善现复白佛言："云何名为有所得者？云何名为无所得者？"
>
> 佛告善现："诸有二者，名有所得；诸无二者，名无所得。"
>
> 具寿善现复白佛言："云何有二名有所得？云何无二名无所得？"
>
> 佛告善现："眼、色为二，乃至意、法为二，广说乃至诸佛无上正等菩提，诸佛为二——如是一切有戏论者，皆名为二；诸有二者，皆有所得。非眼非色为无二，乃至非意非法为无二，广说乃至非佛无上正等菩提、非佛为无二——如是一切离戏论者，皆名无二；诸无二者，皆无所得。"
>
> 具寿善现复白佛言："为有所得故无所得？为无所得故无所得？"
>
> 佛告善现："非有所得故无所得，亦非无所得故无所得。然有所得及无所得平等之性，名无所得。如是善现，诸菩萨摩诃萨于有所得及无所得平等性应勤修学。善现当知，诸菩萨摩诃萨如是学时，名学般若波罗蜜多无所得义，离诸过失。"
>
> 具寿善现复白佛言："若菩萨摩诃萨行深般若波罗蜜多时，不着有所得，不着无所得，是菩萨摩诃萨云何修行甚深般若波罗蜜多，能从一地进趣一地、渐次圆明、由斯证得一切智智？"
>
> 佛告善现："诸菩萨摩诃萨行深般若波罗蜜多时，非住有所得，非住无所得。行深般若波罗蜜多，能从一地进趣一地、渐次圆明，乃至证得一切智智。所化者何？甚深般若波罗蜜多无所得，一切智智亦无

所得，能行深般若波罗蜜多者，行处、行时亦无所得，此无所得亦无所得。"①

以上所录，假如我们自限于万法的相对面，或对人类心灵只作推测理解的话，听来也许感到荒谬可笑。但是，假如我们把次序倒转过来，用已因转依（parāvṛtti）而得睁开内在慧眼，从另外的一面来看这个万象世界所呈现的样子，我们将会发现：所有这一切"非理"的表现，悉皆合情合理。其所以有此"非理"的印象，只因为我们的观点不能相应。问题在于我们能否舍弃这种观点，能否采取一个全新的立场，如实地观待万法。如前所述，这种境界，要如在一种内在驱使力的驱使之下尽最大的努力，始可达到。能够展开这种全新观点的能力，只有我们的意志力，而不是我们的知解力。逻辑到此止步；理念的本身无法以正规的认识与分析程序整顿自己。理智服从意志的命令。大门一旦撞开之后，一种不可得的境界便展现在我们的眼前。我们之所以能够以真正无所得而得无所得，就在这种境界之中。评者也许要说："如此说来，我们什么也没有得到，因为我们毫无进展，仍然站立在转依之前的老地方。倘若此话没错的话，那我们对这个情境那样努力，岂非白白用功？假如我们得到一件东西而如同未得的话，这跟自始根本未得，实际上又有什么不同？"就知识的解说而言，这种推论可以成立。但我们不要忘了：我们早已到了知解的另一端，因此，不论我们作何陈述，都是在此种跃进之后作出。这里有一种经验的历史插足其中；这是一件大事，在哲学与般若教义之间造成了一道不可逾越的鸿沟。

## （11）不可得与无执着

"不可得"（anupalabdha）的另一种说法是"无执着"（apāramṛṣṭa）。"不可得"仍有一种知识的意味，而"无执着"则属情感的用语。"一切智实无

---

① 玄奘译《大般若经》卷第五百二十五第三分方便善巧品第二十六之三。

所着"（All-knowledge isindeed unattached：apāramnista hi sarvajñātā），实际说来，乃是我们在《般若经》不时读到的常言之一。这使我们深信：大乘经典乃是一种描述经验的另一面，亦即非有无二元论所可诠及的另一面的见地的文献。下文所引各节文字中，含义相同的"不着"（aśesa）与"无着"（asamga）取代了"无执着"一词：经文的记述者竭尽所能使我们明白此种"无着"教义的重要性。

　　菩萨摩诃萨一旦觉悟，即以无着教导一切众生。所谓"无着"者，即不为色缚（rūpasyā-sambandhā），不为受（vedanā）、想（samjñā）、行（samskara）、识（vijñāna）所缚也。众生不为色、受、想、行、识所缚，对其生、灭即不系心。于此既无所着，则无缚无解矣。①

　　尔时善现复白佛言："如是般若波罗蜜多，云何甚深、难解、难信？"

　　佛告善现："色非缚非解。何以故？色以无性为自性故。受、想、行、识非缚非解。何以故？受、想、行、识以无性为自性故。

　　"复次，善现，色前际非缚非解。何以故？色前际以无性为自性故。色后际非缚非解。何以故？色后际以无性为自性故。色中际非缚非解。何以故？色中际以无性为自性故。受、想、行、识前际非缚非解。何以故？受、想、行、识前际以无性为自性故。受、想、行、识后际非缚非解。何以故？受、想、行、识后际以无性为自性故。受、想、行、识中际非缚非解。何以故？受、想、行、识中际以无性为自性故。"

　　具寿善现复白佛言："甚深般若波罗蜜多，甚深难解！甚深般若波罗蜜多，极难信解！"

　　佛告善现："如是！如是！如汝所说……"②

---

① 《八千颂般若经》第二九四页（《佛母般若经》第四十一页 a）。（此据英译——译者）
② 《八千颂般若经》第一八五至一八六页；玄奘所译《大般若经》卷第五百四十五第四分"清净品"第八。（本文为并译，汉译据后者还原——译者）

若执名(nāma)相(nimitta)，即有所着(samga)，名相为分别(vikalpa)所生。执般若为般若，即生分别。分别、执着，及以不见般若，皆名异而义同，在大乘佛教中可以交互使用。色即是空（rūpam śūunyam），一经提出，即成执着，而此执着即使我等远离般若波罗蜜多。

新学菩萨，已发菩提心，已修菩萨道，自念已集善根功德。但才有此念，即成执着，即离般若波罗蜜多。才有分别，即生执着；反之亦然，才有执着，即有分别。无上正觉，唯有无着，不加着意，无有有无之分，始可得之，何以故？正觉无得，以无自性为自性故。①

这种离诸分别，离于攀缘或执着，以及以无自性为自性，有时称之为一种"毕竟净"（atyantariśuddhi）的境界。因此，由于这种毕竟清净的关系，经上才说般若波罗蜜多是一种深不可测、光明灿烂、完美无缺的单元，而"不可得，不可执，不可知，无生无灭，无有住处……"②

为了进一步说明《般若经》中所说的这种不可得或绝对孤绝、毕竟离（absolute solitude or atyantaviviktā）的哲理，且让我再从该经的"幻喻品"中另引一段：

尔时尊者须菩提白佛言："心如幻故，云何以是心得阿耨多罗三藐三菩提耶？"

佛告尊者须菩提言："于意云何？汝见有心如幻耶？"

须菩提言："不也，世尊。"

佛言："须菩提，汝见幻相可得耶？"

须菩提言："不也，世尊。我不见有心如幻，亦不见幻相可得。"

佛言："须菩提，汝以是心相可得阿耨多罗三藐三菩提耶？

---

① 《八千颂般若经》第一九○页（《佛母般若经》第二十五更b）。(以上据英译译汉——译者)
② 《八千颂般若经》第一八六页（《佛母般若经》第二十五页）。

须菩提言:"不也,世尊。"

佛言:"须菩提,于意云何?若不见有心如幻及幻相者,离是心是相,汝见有法可得阿耨多罗三藐三菩提耶?"

须菩提言:"不也,世尊。离如幻心及彼幻相,亦不见有法可得阿耨多罗三藐三菩提。世尊,若离如幻心及离幻相有法可得者,是法亦不可说是有是无。是故,一切法毕竟离中不可说有、不可说无。若一切法毕竟离故,阿耨多罗三藐三菩提亦毕竟离,般若波罗蜜多亦毕竟离。以一切法毕竟离故,即无法可修,亦无法可得。以一切法无所得故,阿耨多罗三藐三吾提亦不可得。以是毕竟离故,菩萨摩诃萨亦毕竟离。世尊,菩萨摩诃萨因般若波罗蜜多故,得阿耨多罗三藐三菩提。而菩萨摩诃萨毕竟离,阿耨多罗三藐三菩提亦毕竟离。若菩萨摩诃萨得阿耨多罗三藐三菩提者,云何以离得离耶?"

佛赞须菩提言:"善哉!善哉!须菩提,如是!如是!一切法毕竟离,般若波罗蜜多亦毕竟离,阿耨多罗三藐三菩提亦毕竟离,菩萨摩诃萨亦毕竟离,而诸菩萨摩诃萨于是法中如实了知般若波罗蜜多毕竟离故,即非般若波罗蜜多。须菩提,是故,诸菩萨摩诃萨虽因般若波罗蜜多故得阿耨多罗三藐三菩提,而于是中无法可取,无法可得。以无取无得故,菩萨摩诃萨虽得阿耨多罗三藐三菩提而非以离得离。"[1]

## (12) 彼岸所见的实相

"毕竟离"(atyantavivikatā)、"毕竟净"(atyantaviśuddhi)、"不可得"(anupalabdha)、"无执着"(aśleṣa, asamga, or aparāmṛṣṭa)、"非缚非解"(aboddhāmukta)、"不生不灭"(anutpādānirodha)、"无有住"

---

[1] 见《八千颂般若经》之"幻喻品"第二十六,第四三八页以下;《佛母般若经》第六十一页(汉译据此——译者);《大般若经》卷第五百五十三卷,第六十页 a;《摩诃般若经》第七十八页 b。

(asthita)、"无有依倚"(anāśraya)、"无有穷尽"(asṣaya)、"无路可寻"(apatha)、"无迹可求"(apada)，如此等等——这些是《般若经》中常见的用语，悉皆来自性空的境界。当我们尝试从对付相对问题的逻辑观点去理解它们时，它们便如没有表示什么意义似的；它们不是显得过于消极，就是意义过于暧昧，使我们无法看清它们所指的方向。然而，当我们舍弃这种二元论的相对观点而深入诸法的内在生命时，我们便似乎明白了这些隐晦的语句，甚至认为这种内在的世界，唯有运用此种神秘的言辞，始可描述。毕竟说来，宗教的生活，乃是一种生活和体验的生活，而不是一种思想的概念，只因人类心灵的构造如此，难免要将这种生活表述出来。由此可知，《般若经》中的这些表述，或多或少是大乘精神的知解倾诉。

由此可见，修行般若波罗蜜多，目的就在趣向这种"毕竟离"或"毕竟净"的境界。般若智慧通常隐蔽于意识的至深之处。因此之故，除非将它完全唤醒，使它见到实相的彼岸，亦即如实知见实相，否则的话，便难逃无明的系缚和困苦。这种系缚的解除，便是证得无上觉或一切智。

般若波罗蜜多是一切佛教修行的目标。但这个目标达到之后，便没有真正可得的东西可说。下述语句："真如不知其如""毕竟净不以毕竟净而证""虽有所成而无分别，以般若波罗蜜多无分别故"等，皆指此意。有些人也许认为这些语句是神秘用语，因为它们不但不合情理，而且亦非推理所可推及。这话也许没有说错，因为一切大乘经典中最常用到的术语之一，就是"不可思议"(acintya)。但从般若学者的观点看来，他们所说的话并不是非理的表现，只是将他们的般若慧眼如实所见的一切宣示出来而已。

起初，他们由于不满于本身的现状，更不满于这个所谓的客观世界，因此到处追求究竟实相，以作安身立命之处。他们的内心产生了"转依"(the parāvṛtti)的情况。诸法的秩序逆转了。于是，他们不再从此前曾经深深陷入而不可自拔的那种观点看待这个宇宙或一切万法(sarvadharma)了。现在，他们将那种观点完全舍弃了。看来，他们似乎是从相反的一面观待诸法了。这个世界，虽然仍跟以前一样，是由色、受、想、行、识构成的世界，但现在看来，却显出了真如的银裹，而不再是一种被与根源割断的孤立事件了。倘使没有这个非根源的根源，我们只是一片在秋风里飘荡的枯叶罢了，而这种飘荡，运用佛教的术语来说，只是毫无意义的无明、轮回、受苦而已。现在，景象已经变了，《般若经》的执笔人也为了简朴地描述这种变化而竭尽了他们的文才。所谓"非理的表现"，属于哲学家和逻辑家，而非属于般若的信徒。

般若导师的立足点或其住处（sthāna），总是位于这个相对的另一面或其彼岸（pāram）。由此看来，他们似乎还在否定这个相对世界，将其视为如幻、如梦、如泡、如影等等。纵使是在述及他们自己的憩处亦即"空"时，此"空"亦空，而无固定的住处。因为他们的住处是一种"毕竟空"，故而不容反对，没有任何属性可说。如此一来，"如"便成了他们用以指称"空"的常用术语之一了。对于胸怀二心的人而言，所谓"毕竟空"或"毕竟净"，确是一种难以体会的境界。这就是《般若经》何以警告它的读者，要他们在听闻空理的时候不要惊惶退缩的原因。因为在他们听来，它所鼓吹的信息，无异是一种普遍的灭绝！因此之故，听而立即信受、毫无疑悔的人，就要大受称赞，说他们听受此法已有多生多世的时候了。这种警告与保证说明般若是一种极其殊胜的东西；而它也是的确非凡，因为在般若的慧光照射之下，诸法的通常秩序完全改变了。我们住在京都东北方的人天天都看到比叡山，若知此山不再是个真实的东西，岂不骇异？尤甚于此的是，若说整个太空，包括要经数百万光年时间才使光线转达此土的一切发光体在内，只是无穷空海之中的一些聚沫而已，听来岂不惊怖？听了这种大胆的宣布，有谁能够面不改色？但这还是透过《般若经》而发的宣示。彻见这整个大千世界犹如皂泡一般化为毕竟空（atyanta-śūnyatā）海的直观见地，又是何等的壮阔！

此"空"又被称为"毕竟"或"绝对"，是在它唯我独尊、非任何言诠可及的时候。只要它仍受内或外、生或不生、实质或现象等等所指，它就仍非"绝对"或"毕竟"，仍是相对和有所属的东西。须将一切修饰语悉皆扫除净尽，才能显出它的真正特性及其固有的威风。我之所以用"固有的威风"一词，乃因"空"的本身至此已经消殒，此身犹如抛在半空之中，而上无片瓦盖头，下无立足之地。想到这样一种情境，确是非常可怖。但是，毫无疑问，此是《般若经》特意为我们创设的。毫无疑问，在这方面它总是向我们提出警告。

"一切皆空"（sarvaṃ śūnyaam）——这下折了一条腿。"此空亦空"（śūnyatāśūvatá）——所余的一条也去了；同时，整个土地也在我的下面消失了。我成了香严所说的树上人①了，甚至连衔着树枝的牙齿也放开了。般若智慧由于这种大否定而觉醒，而一切智和三菩提的大肯定亦因此而产生。至此，空性似乎成了真如，但实际上，"空"即是"如"，而"如"即是"空"。坚固的大地不见了。比叡山矗立面前，甚至更加庄严了，而万点星空抑或一种更加壮丽的奇观——不仅是对哲学家而已，对我们大家亦莫不皆然。至此，我们真的明白"如实知见"的意义究竟是什么了。这个世界作为一种毕竟净、无执着、不可得、远离自我意念，故而也是安乐的家庭而显示出来了。大乘经典说了很多关于庄严世界的事。一旦菩萨觉悟了真如，他便是这个世界的庄严者（梵语为 Alamkāra 或 Vyūha）了。

## （13）禅匠拈提的般若

所有这些，看似阴晦么？般若波罗蜜多的本身既然也是一种幻化之物，就没有任何可能的参考点可供我们为这一切做一个知识上的说明了。这也许正是我们的读者在研究上述般若的特性之后所得的一种想法。但大乘学者要说，他知道（abhibudhyate）确有般若的体悟这回事，而此种认识就是佛教这种精神建筑的基石。在下面所引的记述中，读者不但可以看出禅宗师匠如何拈弄这种般若的辩证，同时亦可看出他们所用的手段如何有别于印度祖师乃至现代哲学家与逻辑家所用的方法。

---

① 参见本论丛第一系列《禅的实际教学方法》第三节"香严上树"的公案。

大慧宗杲禅师(1089—1163)[1]，某次引用永嘉玄觉禅师(逝于713年)[2]的话：

> 了了见，无一物！亦无人，亦无佛！
> 大千世界海中沤，一切圣贤如电拂！[3]

大慧禅师引用了永嘉禅师的名句之后，接着又引用另一位禅师对永嘉此语所做的评述："'了了见，无一物！'既然'无一物'了，又'了了见'个什么？"随后向他的座下征问道："诸位对这位老师的话有什么意见？他还具眼么？"

这就是禅宗师匠们征问的特色：显然不想得到答案。在这种情形下，"问"就是"答"。这位大师的问语已经答复了它自己的问题了（"答"在"问"中）。般若波罗蜜多在此被以一种自内反省的方式加以说明了。

又一次，大慧上堂，举示陆州和尚[4]的公案，

> 陆州问僧正云："讲得唯识论么？"
> 正云："不敢。少年曾读文字来。"
> 州拈起糖饼，擘作两片云："尔作么生？"（"你怎么解？"）
> 正无语。
> 州云："唤作糖饼是？不唤作糖饼是？"
> 正云："不可不唤作糖饼。"
> 州却唤沙弥："来，来，尔唤作什么？"
> 弥云："糖饼。"

---

[1] 参见本论丛第二系列《佛教生活中的被动性》第五篇以及其他某些地方。
[2] 同上第五节。
[3] 此系永嘉大师《证道歌》中的一节。
[4] 参见本论丛第一系列序说及他处。

州云:"你也讲得唯识论。"

接着,大慧对他的座下评述说,

僧正与沙弥,真实讲得唯识论,只是不知糖饼来处。陆州老人虽是一方善知识,若是"三界唯心,万法唯识",毕竟理会不得![1]

楚石梵琦禅师(1296—1370)[2],是明初宗门禅匠之一。某日上堂,他举云门禅师的公案对座下说道:

云门一日拈拄杖云:"凡夫谓之实有;二乘析谓之无;缘觉谓之幻有;菩萨当体即空。衲僧见拄杖,但唤作拄杖;行但行,坐但坐。总不得动着!"

接着又引妙喜(即大慧)对这个公案所下的评述说,

我不似云门老人,将虚空剜窟笼。(蓦拈拄杖云:)拄杖子不属有,不属无,不属幻有,不属即空(卓一下云:)凡夫、二乘、缘觉、菩萨,尽向这里各随根性,悉受用。唯于衲僧分上为害为尤:要行不得行;要坐不得坐;进一步,则被拄杖子迷却路头;退一步则被拄杖子穿却鼻孔。只今莫有不甘底么?试出来与拄杖子相见。若无:

来年更有新条在,
恼乱春风卒未休!

---

[1] 见《大慧语录》卷第二。
[2] 此处以及以下皆引《皇明名僧辑略》。

随后，楚石针对上述两位大师对拄杖子所下的评语提出他自己的意见说，

> 凡夫不合起"有"见，二乘不合起"无"见，缘觉不合起"幻有"见，菩萨不合起"当体即空"见。不可放过，云门老汉贪观白浪，失却手梳，累天下衲僧，总落拄杖圈绩。放过不可！好与一坑埋却！

在这则禅讲之中，拄杖子取代了般若的地位。在门外的看客看来，这些禅师未免小题大做，将蚁丘当作了高山。但这正是宗门禅匠的作略：无论碰到什么，就随手拈来，用以举示他对"空"或"如"的看法。这种事情与如此重大的形上问题似乎了不相干。从表面看来，确是毫无关系。但是，纵然是小如一粒微尘，亦非心外之物：若能明白此点，"空"以及与其相等的观念，也就不难理会了。

又一次，楚石另举赵州和尚的公案对他的座下，

> 昔有一婆子施时，请赵州和尚转大藏经。
> 赵川下禅床绕一匝云："转藏已毕！"
> 人回举似婆子，婆子云："比来请转一藏。如何和尚只转半藏？"

随后复述妙喜对这个公案所下的评语，

> 众中商量道："如何是那半藏？"或云："再绕一匝。"或"弹指一下"，或"咳嗽一声"，或"拍一拍"。恁么见解，只是不识羞！
> 若是那半藏，莫道赵州更绕一匝，直绕百千万亿匝，于婆子分上，只得半藏。设使更绕须弥山千百万亿匝，于婆子分上亦只得半藏。假绕天下老和尚亦如是绕百千万亿匝，于婆子分上也只得半藏。设使山河大地、森罗万象、若草若木，各具广长舌相，异口同音，从今日转

到尽未来际，于婆子分上亦只得半藏。诸人要识婆子么？（良久云：）

　　鸳鸯绣出从君看，
　　不把金针度与人！

接着，楚石禅师提出他自己的见解，

　　这婆子谓赵州"只转半藏"，弄假像真。当时只消道个："何不向未绕禅床时会取？"

下面，且再引一个禅家处理般若问题的手法。这位禅师是明代的杰峰英①，下面所录，便是我们要引的一则"勘辨"的公案：

　　大都安讲主来参。
　　师问讲主："讲什么经？"
　　答云："金刚经。曾于'无所从来，亦无所去'处得个省处。"
　　云："既是'无来无去'，因甚得到这里？"
　　答云："便是无来无去底。"
　　师云："即今在什么处？"
　　答一喝。
　　师云："下喝、行拳都且止。四大分散时向什么处安身立命？"
　　答云："尽大地那里不是自己？"
　　师云："忽过劫火洞然、大千俱坏时如何？"
　　答云："我到这里却不会。"
　　师云："六祖'不会'，破柴、踏碓；达摩'不识'九年面壁——你'不会'见个什么？"

---

① 引自《皇明名僧辑略》。

答云:"我只是'不会'!"
师云:"瞎汉!请坐吃茶!"

## 二、般若的宗教

### (1) 般若的宗教

般若波罗蜜多可以说是立足于绝对与相对之间的一条分界线上,而这条线是几何学上的一条线,只在标示境界,并无体积可言。纵使要观察这两个境界,我们也不可将般若视为这样看或那样看的东西。设使般若单取性空而舍不空,或单取不空而舍性空的话,那它也就不再成为般若了。为了象征这个道理,印度的某些神明在两只常眼的正中上方另外开了一只第三眼。这就是般若慧眼。此眼能使开悟或已证正觉的人如实地彻见诸法的实相,而不需将其分解为二,然后再加缝合,因为,这种分解与缝合的事儿,乃是抽象思维的工作。这只般若慧眼置身于一与多、空与不空、菩提与烦恼、智与悲、佛与众生、悟与迷、三昧与业用的分界线上,将这两重世界视为一种实际。"般若波罗蜜非此岸,非彼岸,非中流……菩萨若如是分别,即失般若波罗蜜,即远般若波罗蜜。"[1]

理智说般若跨在这两种境界的分界线上,但就般若本身而言,它并不知有此分界,它以它的经验而行。"空"并不是离于这个生死世界而感知的东西,而这个生死世界亦非离于"空"而感知的现象。般若提出它自己的主张,"空"与生死二者便连在一条线上了。在此之前,由于我们过于倚赖抽象思维,致使般若的色彩亦显得过于暗淡,而其结果便是:使得整个宇宙呈现一种过于冷漠的面目——也许不能完全满足我们的心灵需要。当这幅风景以一味的"空"色加以描绘时,宇宙的画布上就没有容纳山河大地和草木丛林的余地了。如有此偏的话,其过在于我们本身而非在般若

---

[1]《小品般若经》第五十八页 b。

身上。

通常，当我们欲使观念较易理解时，我们便使此等观念转化而成空间的关系。而后，我们便将此等关系视为实在，忘了空间的表象只是象征符号而已。符号的运作不同于原物的掌握。般若应该离于此等静态的纠葛。"空"的境界不应割离万象的世界；因为，这种分割只是便于知识的分析而已。这种方便一经利用之后，最好立即将它抛开，越快越好。《般若经》之所以不嫌累赘而一再重复的原因之一，就在迫使读者看清一个事实："空"并不是一种抽象的观念，而是一种实际的体验，甚至是在没有时间与空间观念的情况之下行使的行为。当《般若经》说"空"以及其他一切只是名字而已时，我们就应该如此信受，如是理解。

还有，人类所有一切的身心活动，皆在时间当中进行：至少，当我们描述这些活动时，皆将它们安置于时间的框架之中。甚至，在我们谈到永恒或无始时，永恒或无始这个观念，亦有了时间的背景。要想去除这种思维方式，实在很难，而欲使般若得到适当的认识，尤其困难。毫无疑问的，下面所述的问题，就是出于般若或正觉生于时间这个观念，而事实也是，时间始于般若的觉醒，而般若亦在时间与空间悉皆永生之际。

> 尔时尊者须菩提白佛言："世尊，菩萨摩诃萨所得阿耨多罗三藐三菩提，为前心得耶？为后心得耶？世尊，若前心得者，彼前心后心而各不俱（各个相应）；若后心得者，后心前心亦各不俱。云何菩萨摩诃萨而能增长诸善根耶？（又云何而能得阿耨多罗三藐三菩提耶？）"①

照须菩提的意思说，我们所谓的心，系由一连串的念头构成，故可切成许多心念，并以时间的顺序加以排列，亦即前心与后心，或前念与后念之类。如果心念依照时间顺序前后相续的话，那么，前后既不相俱或相应(samavahita)，两者究有什么相连呢？既然没有这种相俱或相应的关系，那

---

① 《八千颂般若经》第三五二页；《佛母般若经》第四十九页b。（下文所答为并译，中译复原——译者）

么，一念觉悟又怎能说成遍于整个一系列的心念呢？这是须菩提疑问的中心要点。

佛陀以火焰阐释，

> 佛言："须菩提，于汝意云何？譬如世间燃以灯炷，为前焰燃？为后焰燃？"
>
> 须菩提言："不也，世尊，非前焰燃，亦不离前焰；非后焰燃，亦不离后焰。"
>
> 佛言："须菩提，于汝意云何？是炷实燃不？"
>
> 须菩提言："是炷实燃。"
>
> 佛言："须菩提，如是如是，菩萨摩诃萨所得阿耨多罗三藐三菩提，其义亦然：菩萨非前心得阿耨多罗三藐三菩提，亦不离前心；非后心得阿耨多罗三藐三菩提，亦不离后心。又非此心得，非异心得，亦非无得，于中亦复不坏善根。"
>
> 尔时尊者须菩提白佛言："世尊，如佛所说，菩萨摩诃萨所得阿耨多罗三藐三菩提，非前心得，亦不离前心；非后心得，亦不离后心。又非此心得，非异心得，亦非无得，不坏善根。是缘生法，微妙甚深，最上甚深！"
>
> 佛告尊者须菩提言："于汝意云何？若心灭已，是心更生不？"
>
> 须菩提言："不也，世尊。"
>
> 佛言："须菩提，若心生已，是灭相不？"
>
> 须菩提言："是灭相。"
>
> 佛言："须菩提，彼灭相法而可灭不？"
>
> 须菩提言："不也，世尊。心无法可生，亦无法可灭。"
>
> 佛言："须菩提，即心生法及心灭法，是二可灭不？"
>
> 须菩提言："不也，世尊。"
>
> 佛言："须菩提，一切法自性而可灭不？"
>
> 须菩提言："不也，世尊。"

佛言："须菩提，如如所住，汝亦如是住耶？"

须菩提言："如如所住，亦如是住。"

佛言："须菩提，若如如所住亦如是住者，即是常耶？"

须菩提言："不也，世尊。"

佛言："须菩提，于汝意云何，真如甚深耶？"

须菩提言："不也，世尊。"

佛言："须菩提，真如即是心耶？心即是真如耶？"

须菩提言："不也，世尊。"

佛言："须菩提，异真如是心耶？"

须菩提言："不也，世尊。"

佛言："须菩提，汝于真如有所见耶？"

须菩提言："不也，世尊。"

佛言："须菩提，若菩萨摩诃萨如是行者，是甚深行不？"

须菩提言："若如是行，是无处所行，何以故？菩萨不行一切行如是行。"

佛言："须菩提，若菩萨摩诃萨行般若波罗蜜多，当于何处行？"

须菩提言："当于第一义中行。"

佛言："须菩提，于汝意云何？菩萨摩诃萨若于第一义中行，是菩萨相行不？"

须菩提言："不也，世尊。"

佛言："须吾提，于汝意云何？菩萨坏诸相不？"

须菩提言："不也，世尊。菩萨不坏诸相。"

佛言："须菩提，云何名为菩萨摩诃萨行般若波罗蜜多时得不坏诸相？"

须菩提白佛言："世尊，若菩萨摩诃萨作如是念：我行菩萨行而断诸相者。当知是菩萨未能具足诸佛法分。若菩萨摩诃萨有善巧方便，心不住相，虽了是诸相，菩萨过诸相而不取无相，是为菩萨不坏诸相。"

般若就这样避免吾人的一切知解努力，不容我们将它穿插在时间的织布机上。如欲得到真实的导向，须将这个历程倒转过来才行。我们不应将它安置于吾人的心念组织之中，相反的，要从般若的本身开始，以它作为吾人一切活动和思想的起点，如此一来，《般若经》的全部经验就明白可解了。时空的混融出于般若——尚无时空显示的时候。般若的智慧一旦觉醒，我们也就随着完全活转过来，而一个万象森罗的世界亦由此带着它的问题在我们的面前展开。这个开场白也许可以将我们导入本文的第二部分，继续讨论大乘学者所说的"善巧方便"或"方便善巧"（upāya）了。

## （2）善巧方便

　　倘使我们将吾人的观点固定于般若波罗蜜多的绝对面上，那我们就只有在此止步，而无更进一步的余地了。倘若果真如此，也就没有大乘佛教或菩萨道可言了。也许有人要说：假如一切万法皆如幻化，假如其中没有任何实性的话，那么，菩萨又怎能精进努力而求一切智呢？一切智本身的自性又怎能建立呢？又怎能有任何善根功德回向一切智呢？所有这些问题，都是想以其对般若的认识配合时间概念表的人自然要问的问题。且看下面所引舍利弗的答话：

> 　　时满慈子便问具寿舍利子言："若一切法皆如幻事，都非实有，云何菩萨回向、趣求一切智智而得成立？"
> 　　舍利子言："若一切法少分实有，非如幻事，则诸菩萨毕竟不能回向趣求一切智智。以一切法无少实有，皆如幻事故，诸菩萨回向、趣求一切智智。如是，菩萨有所堪能，回向、趣求一切智智，精勤无倦，皆由了达诸法非实，如幻如化，有所堪能，当知即是菩萨精进波罗蜜多。"
> 　　满慈子言："如是菩萨有所堪能回向、趣求一切智智，精勤无倦，是何法业而说堪能即是精进？如何修学如是堪能？"
> 　　舍利子言："堪能即是方便善巧之所作业。菩萨要依方便善巧，知

一切法皆如幻事。菩萨安住方便善巧，不怖法空，不堕实际。譬如有人住高山顶，两手坚执轻固伞盖，临山峰刃，跷足引颈，俯观岩下险绝深坑，伞盖承风，力所持御，虽临险崖而不堕落。如是菩萨方便善巧，大悲般若，力所任持，虽如实观察诸法如幻，虚妄显现，本性空寂，而心都无下劣怖畏……"①

所谓"善巧方便"（upāyakauśalya），简称"方便"（upāya），在大乘佛教中含有特殊的意义。它出于菩萨的大悲心。当他发现与他同体的众生由于无明与烦恼而执着万象世界，以致在生死海里浮沉而备受苦辛之时，他便为他们发起大慈大悲的爱心，发明种种方便法门，以便救度他们，开导他们，使他们的心智臻于成熟之境，以便领纳究极的真理。这种"方便"出于菩萨对性空真理所得的透彻认识，而非出于空性的本身。这样的真理必须透过菩萨的心阳，才能发生力量；因为声闻、缘觉这样的二乘圣者，对于众生的福慧大都漠不关心；他们满足于真理的知性认识，住着于真理的孤寂面，不敢冲出自足的限域，因而没有"善巧方便"可言。"善巧方便"与"般若真观"同住于菩萨的心中。他以他的智慧透视万法的自性，而见其虚幻不实，空无所有；但他的智慧洞视并不只是此种透视，并不只是知性，并不只是从绝对孤绝或永恒寂静的观点对痛苦不安的世界作一种冷漠无情的观察而已。由于他明白殊象世界悉如幻化，故而不会执着于它；但他也知道这个世界就在他的面前，就是他的一切活动演出的舞台，也就是说，所有与他同体的无明自私的众生实际受苦且极其受困的场合。是故善巧方便出于般若智慧。

联结大智、大悲，以及方便的这条链子，贯串于一切大乘佛教的体系之中。这个联结是它的最大特色之一。佛言：

"善现，六波罗蜜多是菩萨摩诃萨大乘相。云何为六？谓布施波罗

---

① 见玄奘译《大般若经》卷第五百八十七第十二"净戒般若波罗蜜多分"之四。

蜜多，净戒波罗蜜多，安忍波罗蜜多，精进波罗蜜多，静虑波罗蜜多，般若波罗蜜多。

"善现，云何布施波罗蜜多？菩萨摩诃萨以一切智智相应作意，大悲为首，用无所得而为方便，自舍一切内外所有，亦劝他舍内外所有，持此善根与一切有情同共回向一切智智——善现，是为菩萨摩诃萨布施波罗蜜多。

"善现，云何净戒波罗蜜多？若菩萨摩诃萨以一切智智相应作意，大悲为首，用无所得而为方便，自受持十善道业，亦劝他受持十善道业，持此善根与一切有情同共回向一切智智——善现，是为菩萨摩诃萨净戒波罗蜜多。

"善现，云何安忍波罗蜜多？若菩萨摩诃萨以一切智智相应作意，大悲为首，用无所得而为方便，自具增上安忍，亦劝他增上安忍，持此善根与一切有情同共回向一切智智——善现，是为菩萨摩诃萨安忍波罗蜜多。

"善现，云何精进波罗蜜多？若菩萨摩诃萨以一切智智相应作意，大悲为首，用无所得而为方便，自于五波罗蜜多勤修不舍，亦劝他于五波罗蜜多勤修不舍，持此善根与一切有情同共回向一切智智——善现，是为菩萨摩诃萨精进波罗蜜多。

"善现，云何静虑波罗蜜多？若菩萨摩诃萨以一切智智相应作意，大悲为首，用无所得而为方便，自方便善巧入诸静虑，无量无色，终不随彼定势力受生，亦能劝他方便善巧入诸静虑，无量无色，不随彼定势力所生，持此善根与一切有情同共回向一切智智——善现，是为菩萨摩诃萨静虑波罗蜜多。

"善现，云何般若波罗蜜多？若菩萨摩诃萨以一切智智相应作意，大悲为首，用无所得而为方便，自如实观察一切法性，于诸法性无取无著，亦劝他如实观察一切法性，于诸法性无取无著，持此善根与一切有情同共回向一切智智——善现，是为菩萨摩诃萨般若波罗蜜多。

"善现为知,是为菩萨摩诃萨大乘相。"①

《般若经》的宗旨在于:以彻底体悟大乘精神,亦即修持"菩萨行"(bodhisattvacaryā)为要务。当他的心(citta or manasikāra)日夜与般若波罗蜜多完全相应时,他便成了救护一切众生的施主(dakṣiniyata);因为唯有如此,他对一切众生才能生起大慈之心(maitrisahagatam cittam)。他以慧眼透视般若的性质,得知一切众生皆在系缚之中,距离自由主人的地步尚属遥远,因而生起大大的悲悯之情(mahākaruṇā)。由于他有般若慧眼,故而亦见众生饱受所造恶业之苦,或者陷于虚妄的罗网之中,而难以自拔。他对这些事实极为不安,于是下定决心,要做世间的保护者和依托处,解除众生的无明和烦恼。②

由此可知,一切智、般若智、大悲心、方便善巧、无上正觉或解脱之间,具有一种不可避免的关系。从理论上来说,一切智乃是可由般若证得的正觉之果或其内容;但是,般若本身并不能成就任何修行的结果,必须透过方便而行才能办到,而此种方便则由大悲生出。《般若经》以下面所引的譬喻举示此等关系:

> 佛言:"复次,须菩提,譬如有人,乘船入海,船忽破坏。是人若不取彼浮囊,或木或板等,当知是人,即于中路没水而死,由此因缘不到彼岸。须菩提,菩萨摩诃萨亦复如是,于阿耨多罗三藐三菩提,有信有忍,有爱有欲,有解有行,有喜有乐,有舍有精进,有尊重,有深心,有净心,离放逸,不散乱。虽具如是功德,若不得般若波罗蜜多善巧方便所护念者,是菩萨即不能成就一切智果,于其中路有所退失。须菩提,云何名为中路?又复退失何法?须菩提,'中路'者,

---

① 玄奘译《大般若经》卷第四一十三 "三摩地品之一"。
② 大意取自《佛母般若经》卷第二十 "善知识品"。

所谓声闻、缘觉之地；所退失者，谓一切智果。

"须菩提，又如有人，乘船入海，于其中路，船忽破坏，是人即时取彼浮囊，或木或板等。常知是人得离难事，不为海水所溺而死，获大安稳，到于彼岸。须菩提，菩萨摩诃萨亦复如是，于阿耨多罗三藐三菩提有信有忍，有爱有欲，有解有行，有喜有乐，有舍有精进，有尊重，有深心，有净心，离放逸，不散乱。具足如是功德已，复得般若波罗蜜多善巧方便所护念者，是菩萨于其中路无所退失，不堕声闻、缘觉之地，即能成就一切智果。"[1]

下面是另一喻：

佛言："复次，须菩提，又如世间百二十岁老人，忽于一时为彼风、癀、痰、疮诸病侵恼，以是因缘，忍苦于床。须菩提，于意云何？是人若时无人扶持，当能从床而自起不？"

须菩提言："不也，世尊。"

佛言："须菩提，是人设或能从床起，亦不能行一里二里，乃至由旬。何以故？已为老病所侵恼故。须菩提，菩萨摩诃萨亦复如是，于阿耨多罗三藐三菩提有信有忍，乃至离放逸，不散乱。虽具如是功德，若不得般若波罗蜜多善巧方便所护念者，当知是菩萨于其中路有所退失，堕于声闻、缘觉之地，不能成就一切智果。

"又，须菩提，而彼百二十岁老人，虽复有疾，忍苦于床，若时有二力士，来谓其言：'我等二人，各于左右扶侍于汝。汝速当起，随有所往，令汝得至，勿忧中路有所退失。'时老病人受其语故，能从床起，随往得至。须菩提，菩萨摩诃萨亦复如是，于阿耨多罗三藐三菩提有信有忍，乃至离放逸，不散乱。具足如是功德已，复得般若波罗蜜多

---

[1]《佛母般若经》卷第十四"譬喻品"。譬喻通常有四，此处但举其二。

善巧方便所护念者，当知是菩萨于其中路无所退失，不堕声闻、缘觉之地，即能成就一切智果。何以故？法尔如是故。

"须菩提，若诸菩萨摩诃萨于阿耨多罗三藐三菩提有信有忍，乃至离放逸，不散乱。具足如是功德已，复得般若波罗蜜多善巧方便所护念者，当知是菩萨决定不堕声闻、缘觉之地，即能成就一切智果，皆悉以是功德回向阿耨多罗三藐三菩提。"

## （3）菩萨与声闻

如前所述，使得菩萨胜于声闻、缘觉之处，在于前者关心一切众生的精神和物质福利，而后者则只满足于本身的觉悟或解脱，只要他们的禅定不受干扰，而不走出他们的静室去做一些事情，解除其他众生业惑和痛苦。后者这种自私自利的修行，与菩萨自我牺牲的精神，正好形成鲜明的对比。就其所得的悟境而言，菩萨与声闻两者纵使没有高下之分，但前者总是随时随地准备着，一有必要，便从他的最高地位下来，与尚未开悟，仍然在染，且为业缚所缠的同体众生和光同尘，并且，只要有机会饶益众生，就过众生所过的生活。因此之故，菩萨为了处身世间，与世人一起生活，忍受世间的痛苦，以便使世人达到一种究极觉悟的境地，而经常放弃潜修的生活、僧侣的生活，乃至隐者的生活。如此处身于一个分歧而又烦恼的世界之中，并遵从统御这个世界的法则（亦即"不昧因果"）——这就是菩萨的生活之道，而这就要"般若波罗蜜多与善巧方便之所护念"，而一切智即由此而来。

因此之故，我们随时可在《般若经》中读到，促使菩萨在自己心中证悟无上正觉的动机，并不是为了自利，而是为了利益众生；他希望使众生解除业惑的束缚，终而安住于涅槃之境。这是极难达到的目标——尤其是对住于生死（samsāra）界中的菩萨而言。因此经上经常劝他"当刚发精进，勿生惊怖"。

佛言："须菩提，菩萨摩诃所为甚难。须菩提，而诸菩萨摩诃萨为欲利益、安乐、悲愍诸世间（lokahita, lokasukha, lokānukampā）故，趣求阿耨多罗三藐三菩提。彼作是念：'我若成就阿耨多罗三藐三菩提时，当为世间作大救护，当为世间作所归向，当为世间作所住舍，当为世间作究竟道，当为世间作广大洲，当为世间作大光明，当为世间作善导师，当为世间作真实趣。'——以是义故，菩萨摩诃萨于阿耨多罗三藐三菩提发大精进。"①

由上可见，菩萨不但不是一个为了自己的圆满觉悟而经常逃避人世的消极隐者，而是一个极其勇猛的救世者；他积极努力，希望以深入世间的办法导致理想的结果。他的主张在于："当于一切众生起平等心（samam cittam utpadya）、无毒心（visamacittam）、慈心（maitracittam）、利益心（hita）、善知识心（kalyāṇa）、无障碍心（hihatamāna）、谦下心（apratihata）、无恼心（avihimsā）、不害心（avihethhaná）——当生如是等心。又于一切众生作父想、母想、诸亲友想。"② "慈"（maitri）、"悲"（karuṇā）、"愍"（anukampā）等等用语，都是我们在一些大乘经典中不时读到的字眼；此盖由于以此等心对待一切众生，乃是一切菩萨摩诃萨最热切抱持的一大意愿（praṇihāna）。

下面引用《大般若经》中舍利弗与富楼那弥多罗子（pūrṇamaitrāyaniputra，亦译"满慈子"）的一番对话，可使我们明白菩萨为何以慈悲之心对待未悟众生的道理。这种同体大悲的感情里面没有优越之感，没有分离之心，没有彼此相斥而不可调和的排他之意。菩萨，纵使是在修行、动机、戒律、证悟，以及智慧方面胜于声闻和缘觉时，也没有优越之感；他绝对没有轻视他人的倾向：他所抱持的态度，是敬事一切众生，视之为可能的佛陀或如来。

尔时满慈子问舍利弗言："菩萨为但应恭敬菩萨？为亦应恭敬诸余

---

① 《佛母般若经》卷第十四"圣贤品"第十五之一。
② 《佛母般若经》卷第十六，"真如品"第十六，《八千颂般若经》第三二一页。

有情？"

舍利弗言："诸菩萨众应普恭敬一切有情，谓诸菩萨如敬如来，如是亦应敬余菩萨，如敬菩萨如是，亦应敬余有情，心无差别。何以故？满慈子，诸菩萨众于诸有情，心应谦下，应深恭敬，应与自在，应离憍慢：如是菩萨，于诸有情，深心恭敬，如佛、菩萨。如是菩萨应作是念：'我证无上正等觉时，当为有情说深法要，令断烦恼得般涅槃，或得菩提，究竟安乐，或令解脱诸恶趣苦。'"

"又，满慈子，如是菩萨，于有情类，应起慈心；于诸有情，心离憍慢，作如是念：

'我当修学方便善巧，令诸有情一切皆得最第一性。所以者何？第一性者，所谓佛性（buddlhatà）：我当方便，令诸有情，皆得成佛。'如是菩萨，于有情类，皆起慈心，欲使有情一切皆得居法王（Dharmaraja）位。此法王位，最尊最胜，于诸有情，皆得自在是故，菩萨摩诃萨众，应普恭敬一切有情，慈心遍满，无拣别故，如来法身，遍一切故……"①

## （4）观空而不取证

现在我们知道：大智、大悲，以及方便的综合，组成菩萨的行处，而人生的根本奥秘就在这里，而此奥秘甚深难解，非智所可测而知之。这话的意思是说，这种奥秘里含有哲学家无法调和的矛盾。因此之故，《般若经》的记述者所要尝试的工作，不是将他所得的体验做一个合乎逻辑的报告，而是尽其所能地以最简明的字语做一个直接的表述。如果他的叙述当中有任何不合条理之处，那是出于此种经验的固有特性，因此，反观吾人本身意识的最内深处，而以这种办法努力体会此等经验。意思是说，我们必须运用吾人本身的生活与经验、而不是以我们的知性，来读诵《般若经》。

---

① 玄奘译《大般若经》卷第五百八十七第十二"净戒波罗蜜多分"之四。

当我们勤恳地、深切而又耐心地反观吾人的心灵作用时，我们便会看到此经在吾人的眼前展示它的内容。我们此前所碰到的难题，到了此时就完全冰消瓦解了；逻辑上的纠缠不清，以及知性上的不可解处，也就不存在了。这就好比将一个苹果当作一个苹果看待一样：这个水果摆在我们面前，我们眼睛看着它，我们以手把玩它，我们可以吃它，而尝出它的味道颇为甜美，我们在每一方面都感到它令人满意。尽管化学家、植物学家、医药学家、农业专家等，也许会发现这个苹果的里面仍有许多问题尚未得到解答，因而需要继续研究，并拿它做试验；但对于实际的世人而言，只要这件东西的实际性质是他深信不疑的，也就感到满意了，而不必依赖任何他人，更不必求助于某种总是与直接感受不相调和的分析和思维的程序。

下面引自《八千颂般若经》"方便品"中的几节文字，里面便充满着许许多多的难解性和复杂性——即使我们发挥最大的想象力，也难以求得满意的解答。但因它们是构成菩萨行的根本要素，姑且照录如下。

佛言："若菩萨摩诃萨欲修行般若波罗蜜多，应以坚固不动心（arikṣiptayā cittasantatyā）深入法性，观察（pratyavekṣitavyam）一切诸法[1]皆空，而不于其自身取证空性。"[2]

以吾人的一般思维方式而言，这是一种言之不通的情境：观察诸法皆空，住于空三摩地中，而不于其自身取证空性。这怎么可能呢？对此，佛陀答道："菩萨知见一切万法自含空理，而不追随此理，求其实际的结论，何以故？知修空时而不于己取证故。"[3] 是以，他在收获他所应得的三昧果实之前忽然刹车，而不会毫无保留地让他自己投入"空"的当中。在般若波罗蜜多功德力的护念之下，他虽不证空，但也不忽视修集趣悟的资粮，更不破除所有烦

---

[1] 指色、受、想、行、识五蕴。
[2] 原语为 Naśūnyatām sāk ṣātkaroti。
[3] 原语为 Parijayasyāyam kālo nāyam kālaḥ sākṣātkriyāyā，第三七〇页。

恼而入绝对寂灭的境地。这不但是菩萨虽可修得究竟解脱的空三昧而不会毫无条件地委身于空性取证的原因，同时也是他虽住无相（animitta）三昧之中而不会毫无保留地委身于无相的证取、并不住于有相的道理。他智慧甚深，善根具足，而在般若波罗蜜多的护念之下，他知道而今他当为成熟自己而非为取证空性而活。因此之故，他避免踏上证入实际的境地。

这种理由似乎不够充分，故而也不能令人完全信服——至少是对未悟之人而言。因此，再以下面所引的寓言举示菩萨的意愿和见地：

有一个人，他不但外表英俊，而且意志坚强，有大力量；他不但精神勃勃，而且奋发努力；作为一位军人，他精通十八般武艺；作为一位绅士，他为人机智而德行无亏，而他又很练达，熟知各行各业的人和事，因此，大凡认识他的人，对他都很尊重。

一天，他因事要办而须远行，必得通过被土匪和强盗盘踞的荒山僻野。伴他同行的父母、妻子、儿女等人，都很怕受到这些歹徒的攻击。但这人智勇双全，劝他们不必为此行担忧，因为，他自信有办法、有能力克服这些拦路强人而完全度过这个山野地带。他们听了他的保证，也就安下心来了。他们完成了这趟旅行，没有受到任何干扰，舒舒服服地抵达了目的地。这事的达成，完全凭借此人的机智、勇气，以及无比坚强的心志。

同样地，菩萨常以大悲心利益一切有情；他总是怜悯、同情、慈爱、欢喜，而无偏袒地对待一切众生；他以般若波罗蜜多力（prajñāpāramitayā parigrihitah）为守护，以方便善巧为装备，以他的一切功德回向一切智。因此之故，他虽修"空""无相""无愿"（apranihita），而不以其自身取证"实际"（bhūtakoṭi）①。这是他与声闻、独觉②不同的地方，因为他总是以众

---

① 原语为 Na tvcūa bhutakoṭim sákṣātkaroti. 其中"实际"（bhūtakoṭi）一词，全经随处可见，作为为"空"字的同义语加以使用。它的字面意思是："reality-limit"，颇有现代的意味。
② 参见《四十华严》或《入法界品》对于二乘所做的描述。见前第三十六页。

生的福慧为念，希望众生都能证得无上正等正觉的佛果。

菩萨修空而不以其自身证入空的实际，好有一比：如鸟飞空——既不停在空中，亦不落在地上。菩萨为了救度众生而愿学习一切法门，至于修行所得的果实则留到适当的时候再来受用。

又如高段箭手，接二连三地将箭射在空中，以使后箭支持前箭，使所有的箭皆在空中前进，而不致中途堕落地上。这是他有能力随意而行的事情。菩萨追求无上正觉，而在般若波罗蜜多神力的摄护之下，却不退入无为的实际理地之中。他的见地虽然深到能够澈见万法的空性，但他要到任务完成之后，才证入实际的境地之中。他慈愍一切在黑暗之中摸索的有情，要使他们自无明与痛苦之中解脱出来，而他又能从无所不包的同体大悲中生出种种善巧方便，以使他得以通过漫长而又艰辛的般若波罗蜜多行（Prajñāpāramitācaryā）的路程，都是决定菩萨道的力量。

且不论此意如何，毫无疑问的是，这是大乘学者精神生活中的最大神秘之一：生活于空，住于空中，得空三昧，而不以其自身证取实际。佛陀本人承认：这是至为艰难、至为奇特的一种成就。实在说来，这个神秘就在菩萨发此无比微妙的誓愿中：决不舍弃一切众生，一定使他们从无明和痛苦之中解脱出来。有关佛徒生活的一切神秘和不可思议之处，皆可溯源到发起此种普遍解脱的意愿上来。当菩萨在心中将此誓愿得到坚固的建立之后，他便可以说是达到不退转（Avinivartaniya）的地位了。尔时佛告须菩提："如是，如是！如汝所说，此事甚难！菩萨摩诃萨修行于空，住于空中，而得此空三昧，而不证于实际，是为极难。何以故？已发极妙愿故：不舍一切众生而予究竟解脱故。菩萨既发此愿已，即入空、无相、无愿解脱三昧，而不取证实际，具足善巧方便故。菩萨得此方便善巧之所护念故，能知距离完成一切佛法，乃至证入实际究有多远。菩萨发心坚固故，除非一切众生皆自执着与痛苦解脱出来。否则决不享受修空的成果。"[①] 经中又云：舍利

---

① 《八千颂般若经》第三七五页。

弗问须菩提："如我所解汝所说义，菩萨无生。既然无生，何以能够想到并承担饶益众生这样艰难的事情？"须菩提答言："我不认为菩萨会以为这种工作是难以设想、难以成就的事情。假如菩萨如此想的话，众生无量，就无力饶益了。相反的，我宁说菩萨认为此事轻松愉快，视一切众生皆如父母兄弟，何以故？这就是饶益无量无边众生的办法故"[①]。

顺便一提，说来也许小无趣味的是，达到此种地位的菩萨，究有哪些特点？因为，到了此时，梦的心理学往往可以测定菩萨的心态。实在说来，能够探测个人潜意识深处的人，并不只有心理学家而已。心灵亦可从它的源头深处透过梦境而发生作用。

> 佛言："须菩提，若菩萨摩诃萨，乃至梦中亦不爱乐声闻、缘觉之地，亦不生彼住三界心。须菩提，有是相者，当知是为不退转菩萨摩诃萨相……
>
> "复次，须菩提，若菩萨摩诃萨于其梦中自见其身处虚空中为人说法，及见自身放大光明，化苾刍相往彼他方诸世界中，施作佛事及为说法。须菩提，若彼梦中见是相者，当知是为不退转菩萨摩诃萨相……
>
> "复次，须菩提，若菩萨摩诃萨于其梦中见地狱中有诸众主随受痛苦。菩萨见已，作是思惟："愿我当得阿耨多罗三藐三菩提时，佛刹清净，无有地狱，乃至不闻其名，况复可见……须菩提，若彼梦中见是相者，当知是为不退转菩萨摩诃萨相……"[②]

阅读《般若经》时经常想到的问题是：澈见诸法空相的般若，其本身怎会出于只在殊象世界才有意义的慈悲和方便呢？经常两翼高翔而至一切智境界的菩萨，怎么会逗留在这个充满痛苦、罪恶、愚昧的人间呢？尤甚于此的是：菩萨怎会因为心向众生的福利而不愿让他们听命于业障的摆

---

① 《八千颂般若经》第二十八页。
② 《佛母般若经》第四十三页 b。

布,乃至使他自己迟迟不作最后逃逸,而使他早日达于修行的究极目标呢?他的目光如何能够同时照顾两个相反的方向呢?据《般若经》的解释说,他之所以要完成这个神秘的任务,就因为他志在般若和一切智并修而行之。

据须菩提说:"诸天子,菩萨摩诃萨行此甚深般若波罗蜜多,而不证彼声闻缘觉实际者,亦未足为难。"这句话已在某处说过了。"何以故?若菩萨摩诃萨被精进铠,欲度无量无数无边众生,普令安住大般涅槃,斯为难事,所以者何?众生毕竟离故无所有;以无所有故,不可得众生相,是故众生不可得度。诸天子,若菩萨欲度众生,如欲度虚空。何以故?虚空离故,众生亦离;虚空无所有故,众生亦无所有,毕竟无有众生可得。诸菩萨摩诃萨为欲度者,是为难事。诸天子,如人与彼虚空共斗,佛说众生不可得,亦复如是。何以故?众生离故,色亦离;众生离故,受、想、行、识亦离;众生离故,乃至一切法亦离。诸天子,菩萨摩诃萨闻作是说,不惊不怖、不退不没者,当知是为行般若波罗蜜多……"尔时世尊告尊者须菩提言:"……须菩提当知:修行般若波罗蜜多菩萨摩诃萨成就二法,不为诸魔伺得其便。何等为二?所谓(一)观一切法空,(二)不舍一切众生,是为二法……"[1]显而易见,这种矛盾,除了毫不畏缩地跃入空性深渊的本身之外,没有别的办法可以调和。

### (5)寓有深意的对立

《般若经》就这样给我们提出了一组对立的问题,让我们从中求得一种高度的综合——但不是运用逻辑的机巧,而是实实在在地过践履一切智道的菩萨所过的生活。若干含有深意的对立问题,可以归纳如下:

甲、般若或一切智对慈悲或方便——这个对偶在《般若经》以及其他一切大乘教说中皆为根本的对比。但这个对比属于概念上的对称,故而亦如其他一切诸例一样,颇为表浅;因为,这种对立在菩萨的实际生活中不甚显著,故而也不致阻碍佛事的进行。或者,我们也许可以说,这些表浅

---

[1] 《佛母般若经》卷第二十二"坚固义品"第二十七。

的矛盾观念一旦不见于一个人的宗教意识之中了，此人便是一位菩萨了。例如，下面所引的经语云：

> 尔时，尊者须菩提白佛言："世尊，菩萨摩诃萨欲学一切智，当云何学？"
> 
> 佛言："须菩提，菩萨摩诃萨若尽学，则学一切智；若离学，则学一切智；若无生、无灭、无起、无染、无性，如虚空法界寂静等学，则学一切智。"
> 
> 须菩提白佛言："世尊，若菩萨不学离学，乃至法界寂静等学，则学一切智者，是等当云何作？"
> 
> 佛言："须菩提，汝若如是说是等云何作者，须菩提，于汝意云何？如来证如如故，得名如来。是如有尽、有所作不？"
> 
> 须菩提言："不也，世尊。何以故：如无尽相，亦无所作。"
> 
> 佛言："须菩提，于汝意云何：如来证如如故，得名如来。是如有生、有灭、有起、有染、有得、有证不？"
> 
> 须菩提言："不也，世尊。"
> 
> 佛言："须菩提，菩萨摩诃萨学一切智亦复如是。须菩提，是故菩萨摩诃萨若如是学者，不尽如相；如是学者，是学一切智；如是学者，是学般若波罗蜜多；如是学者，是学佛地；如是学者，是学佛十力、四无所畏等一切佛法乃至一切智者——如是学者，能到诸学彼岸；如是学者，普能降伏魔及魔众；如是学者，速得不退转法；如是学者，速坐道场；如是学者，是学三转十二行相法轮；如是学者，学自所行；如是学者，学为他作所依性法；如是学者，是学大慈、大悲、大喜、大舍；如是学者，是学度众生界；如是学者，是学不断佛种；如是学者，学开甘露门……"①

---

① 《佛母般若经》第五十九页 b（玄奘译《大般若经》卷第五五二页；《小品般若经》第七十七页 b）。前者与后二者颇为不同之处，在于前者否定后者所肯定者。我已提出自己的结论。

乙、修习禅那而不证取其果——约如经言：

佛言："复次，善现，若菩萨摩诃萨如是学时，终不生于耽乐少慧长寿天处。所以者何？是菩萨摩诃萨成就方便善巧势力，由此方便善巧势力故，虽能数入静虑无量及无色定，而不随彼势力受生。甚深般若波罗蜜多所摄学故，成就如是方便善巧，于诸定中虽常获得入出自在，而不随彼诸定势力生长寿天，废修菩萨摩诃萨行。复次，善现，若菩萨摩诃萨如是学时，得清净力，清净无畏，清净佛法。"

具寿善现便白佛言："若一切法本性清净，云何菩萨摩诃萨众如是学时，复能证得清净诸力、清净无畏、清净佛法？"

佛告善现："如是，如是。如汝所说，诸法本来自性清净。是菩萨摩诃萨于一切法本性清净中精勤修学甚深般若波罗蜜多方便善巧，如实通达，心不沉没，亦无滞碍，远离一切烦恼染垢故。说菩萨如是学时，于一切法复得清净，由此因缘得清净力，清净无畏，清净佛法。

"复次，善现，虽一切法本性清净，而诸异生不知见觉，是菩萨摩诃萨为欲令彼知见觉故，发精勤修行般若波罗蜜多方便善巧，作如是念：'我于诸法本性清净知见觉已，如实开悟一切有情，令于诸法本性清净亦知见觉。'是菩萨摩诃萨如是学时，得清净力，清净无畏，清净佛法。

"复次，善现，若菩萨摩诃萨如是学时，于诸有情心行差别皆能通达至极彼岸，方便善巧，令诸有情知一切法本性清净，证得毕竟清净涅槃。"①

丙、菩萨对声闻——这种对立，所有一切的大乘经典都作了最大的利用，此盖由于菩萨乘与声闻乘恰好形成尖锐的对比。后者为了自己的觉悟和解脱而不惜离弃我们这个人世，乃至心甘情愿地听受诱惑者魔罗的劝告：

---

① 玄奘译《大般若经》卷第五百五十二第四分"迅速品"第二十五之一。（《佛母般若经》第六十页a；《小品般若经》第七十七页b）

"……赞叹天上快乐……欲界中有极妙五欲快乐，色界中有禅定快乐，无色界中有寂灭定乐。是三界乐，皆无常、苦、空、败坏之相。汝于是身，可耻须陀洹果、斯陀含果、阿那含果、阿罗汉果，不须更受后身。"菩萨的行程正好与此相反：他要留在我们人间，为我们做些事情。他修行般若，接受一切由修声闻行而来的一切精神利益，但他不接受永远住于声闻果的想法。他知道般若是三世一切佛、菩萨之母，知道佛果的构成要素是一切智。尤其明白的是：一切智即是般若，而般若即是一切智，彼此相生故[1]。他因明白此点，故而潜心修习般若。但他不仅不以为他自己是在修习般若，而且不以为他的修习会使他证取般若。他的般若行既不在见、闻般若，亦不在思维、觉知般若；因为这才是真正修习般若，而于其中行之。

为什么要这样呢？因为当你想到"此是我心""我知此心""我制此心"等等之时，般若就不再是般若了，因为般若即是无心[2]。

丁、实际对如幻——从表面看来，《般若经》似乎否定实际，称之为如幻之法；而性空与如幻亦被当作同义语使用。在理解《般若经》方面，这也许是最最难解的问题之一，关于此点，已经提过多次了。

经中有云[3]：一切如幻，五蕴如幻，何以故？一切无碍故；这也就是说，凡物皆无自体故。不但一切万法如幻，就连佛法也是如幻，涅槃亦幻；甚至如有一法超过涅槃者，亦复如幻；一切万法皆无分别——包括涅槃与幻妄在内。但不论此意如何，"如幻"一词不可解为虚妄或不实，不同于我们常说的一切如梦。"如幻"的佛教意义是：般若不在五蕴中求,亦不离于五蕴而求，须在"须菩提动转处"求。从静的一面看来，这个世界的背后没有实际；它是一种如幻的存在；我们须在它"动转"的时候，在它变化的时候，在它从一种状态转向另一种状态的时候，体会它的生命。当此动用停住时，它便

---

[1] 《小品般若经》第六十页 b，六十三页 b，六十四页 b，七十八页 b 等。
[2] 《小品般若经》第四十六页 b。
[3] 《小品般若经》第四十七、四十九页 a，以及其他地方。

成为一种死物了，当此动用本身被视为别于且离于它被所想的某种东西时，它便失去固有的意义了。如实地（yathābhūtam）明白此动用，便是般若。

当绝大多数的人听说这个世界虚幻不实时，便大吃一惊，因而认为，既然如此，他们的生命便无价值可言，因而为所欲为，而不再对他们的言行负责。这是对如幻之理的绝大误解。大乘学者作此宣布时，并无忽视某些如幻的法则之意。纵然一切皆如幻化，其中不但仍有法则存在，而且任何一种东西也不能逃过这些法则的管束。这个"如幻"并不能使任何人得以免除此等法则的控制。只有在如幻之中证入实相境界而不为其所拘的人，才能成为如幻及其法则的主宰。只有澈见这个真理的人才可以宣称：一切如幻，其余之人，不可妄说。

因此之故，与真空之理相应、住于般若，而不立足于色、受、想、行、识的大乘学者，既不住于有为（saṃskritas）世界，亦不住于无为（asaṃskritas）世界。住于般若的"住"，名为无住之住。由此可知，所谓"住于般若"，就是不住其中；如作其他任何解释，就是有一个固定的系着之点了，而这是必须避免的事情，假如吾人要自由自在，作为本身主宰的话。如有一点定于任何地方的话，纵使是在般若之中，对我们也会具有束缚的力量，而使我们在知性上、德行上，以及精神上失去独立自主的自由。因此，《般若经》教我们将心中所有一切可能的固定或依傍之点完全扫除干净。一个世界一旦到了没有任何固定或依傍的境地，那便是没有住处的住处或住于真空的住处了。佛陀或菩萨就从这个无住的住处宣说他的教义：由此可知，这里面即无说教的人，亦无被说的事，更无闻教的听者——三轮体空。这就是如幻的意义①。

戊、般若对分别——分别的念头或意识一旦升起（saṃjñāsyate），我们便抛开般若、远离般若了②。如此起念或分别（vikalpa），可以破坏般若的功

---

① 详见《小品般若经》第四十九 a，等处。
② 详见《八千颂般若经》第一八九至一九〇页。

用，阻断其殊胜的进程。毫无疑问的是，分别亦由般若而起，何以故？因为，如果没有般若，分别意识（saṃjñá）的本身即无从出现。唯一的麻烦是：它牺牲般若而独尊自己。它无视般若的存在——虽然，实际说来，它的分别作用全仗般若而生。如此的一偏之见，乃是分别意识的特性，故而总是与般若针锋相对，总是引起执着（saṃga），而对整个的意识境界产生不良的影响。分别的本身并无害处，但它一旦与执着搭配起来之后，就为害不浅了——不幸的是，而有起心动念之处，都免不了会有这种搭配的情形发生。是故经云："执因名（nāma）有，着因相（nimitta）生。"指名即是分别，着相亦然，而执着即由指名和着相而起。知识的活动与意欲的发动总是携手并进而不会单独出现。

> 尔时尊者须菩提白佛言："世尊，若菩萨摩诃萨于一切法有所分别者，即失般若波罗蜜多，即远般若波罗蜜多。"
> 佛赞须菩提言："善哉！善哉！须菩提，如是！如是！如汝所言！何以故？若于一切法起分别者，是即名相，有所着故。"
> 须菩提白佛言："世尊，若于所说般若波罗蜜多名中有所分别，此说为著。"是时尊者舍利弗谓须菩提言："云何名为着相？"
> 须菩提言："若菩萨分别色（是））空，分别受、想、行、识（是）空，是为着相。又若分别是过去法，是未来法，是现在法，是初发菩提者得若干福蕴，是久修菩萨者成几所功德——作此分别者，名为着相。"①

由此可知，修习般若波罗蜜多，并非依色、受、想、行、识而修，而是修如不修。修习是有所为，而亦无所为——这就是方便生于般若，这就是大乘学者将菩萨的行处形容为"着而不着"（sasaṃgatā cāsaṃgatā）的办法。这个既不分别又不执着的境界一旦达到之后，般若波罗蜜多的深处便可说是得到充分的探测了。

---

① 《八千颂般若经》第一九〇页；《佛母般若经》第二十五页 b（译文取后者）。

因此之故，般若首先被以自相矛盾的词语加以界定，最后终于又被宣称非相对知识可及的境界，乃是无可避免的事情。下面所引部分术语，是《般若经》中随处可见的用语，它们全部显示，一般知识与般若体验之间横着一道颇深的鸿沟：（一）"不可思议"（acintyā）；（二）"难知难解"（duranubodhā）；（三）"离"（于一切知识）（vivikatā）；（四）"不可理解"（nakaścid abhirambudhyate）；（五）"非知可解，非心可识"（na cittenajñātavyā'na cittagamaniyā）；（六）"非作而成"（akṛtā），"作者不可得故"（kārakānupalabdhittah）；（七）万法的"本性"（prakṛti）即是"无性"（aprakṛti），而"无性"即是"本性"；（八）一切万法皆以"一相"（ekalasana）为相，而"一相"即是"无相"（alakṣaṇs）。

下面所引《大般若经》中的一段语句，可作为这节文章的结语，

时舍利子问善现言："诸菩萨摩诃萨行深般若波罗蜜多时，为行坚固（sāra）法？为行不坚固法？"

善现答言："诸菩萨摩诃萨行深般若波罗蜜多时，行不坚固法，不行坚固法。何以故？舍利子，甚深般若波罗蜜多及一切法，毕竟皆无坚固性故。所以者何？诸菩萨摩诃萨行深般若波罗蜜多时，于深般若波罗蜜多及一切法，尚不见有非坚固法可得，况见有坚固法可得？"

时有无量欲界天子、色界天子咸作是念："若菩萨乘善男子等，能发无上正等觉心，虽行般若波罗蜜多甚深义趣，而于实际能不作证，不堕声闻及独觉地。由此因缘，是有情类甚为稀有，能为难事，应当敬礼。所以者何？是菩萨乘善男子等，虽行法性而于其中能不作证。"

尔时善现知诸天子心之所念，便告之言："此菩萨乘善男子等，不证实际，不堕声闻及独觉地，非甚稀有，亦未为难——若菩萨摩诃萨知一切法及诸有情毕竟非有，皆不可得，而发无上正等觉心，被精进甲，誓度无量无边有情，令入无余般若涅槃界。是菩萨摩诃萨，乃甚稀有，能为难事。

"天子当知，若菩萨摩诃萨虽知有情毕竟非有，都不可得，而发无上正等觉心，被精进甲，为欲调伏诸有情类，如有为欲调伏虚空。何以故？诸天子，虚空离（vivikta）故，当知一切有情亦离；虚空空（śūnya）故，当知一切有情亦空；虚空不坚实（asāra）故，当知一切有情亦不坚实；虚空无所有（na samridyate）故，当知一切有情亦无所有——由此因缘，是菩萨摩诃萨乃甚稀有，能为难事。

"天子当知，是菩萨摩诃萨被大愿铠，为欲调伏一切有情，而诸有情毕竟非有，都不可得，如有被铠与虚空战。天子当知，是菩萨摩诃萨被大愿铠，为欲饶益一切有情，而诸有情及大愿铠毕竟非有，俱不可得。何以故？诸天子，有情离故，此大愿铠当知亦离；有情空故，此大愿铠当知亦空；有情不坚实故，此大愿铠当知亦不坚实；有情无所有故，此大愿铠当知亦无所有。

"天子当知，是菩萨摩诃萨调伏、饶益诸有情事，亦不可得。何以故？诸天子，有情离故，此调伏、饶益事当知亦离；有情空故，此调伏、饶益事当知亦空；有情不坚实故，此调伏、饶益事当知亦不坚实；有情无所有故，此调伏、饶益事当知亦无所有。

"天子当知，诸菩萨摩诃萨亦无所有。何以故？诸天子，有情离故，诸菩萨摩诃萨当知亦离；有情空故，诸菩萨摩诃萨当知亦空；有情不坚实故，诸菩萨摩诃萨当知亦不坚实；有情无所有故，诸菩萨摩诃萨当知亦无所有。

"天子当知，若菩萨摩诃萨闻如是语，心不沉没，亦不忧悔，不惊不怖，当知是菩萨摩诃萨行深般若波罗蜜多，何以故？诸天子，有情离故，当知色蕴亦离；有情离故，当知受、想、行、识蕴亦离；有情离故，当知眼处亦离；有情离故，当知耳、鼻、舌、身、意处亦离……

"天子当知，若菩萨摩诃萨闻说一切法无不离时，其心不惊，不恐，不怖，不沉，不没，当知是菩萨摩诃萨行深般若波罗蜜多。"

尔时世尊告善现曰："何因缘故诸菩萨摩诃萨闻说一切法无不离时，其心不惊，不恐，不怖，不沉，不没？"

具寿善现白佛言:"世尊,以一切法皆远离故,诸菩萨摩诃萨闻说一切法无不离时,其心不惊,不恐,不怖,不沉,不没。所以者何?诸菩萨摩诃萨于一切法,若能惊等,若所惊等,若惊等处,若惊等时,若惊等者,由此惊等,皆无所得,以一切法不可得故。

"世尊,若菩萨摩诃萨闻说是事,心不沉没,亦不惊怖,不忧不悔,当知是菩萨摩诃萨行深般若波罗蜜多。所以者何?是菩萨摩诃萨观一切法皆不可得,不可施设。是能沉等,是所沉等,是沉等处,是沉等时,是沉等者,由此沉等,皆无所得,以一切法不可得故。以是因缘,诸菩萨摩诃萨闻如是事,心不沉没,亦不惊怖,不忧不悔……"①

## 三、结述

现在,我们该将前面所述《般若经》的主要教义来做一个结述了:

(1) 论述的目的在于劝导和赞扬般若的修行。

(2) 般若是六度之一。它是产生一切诸佛和菩萨的母体,故而也是其他一切诸度(波罗蜜多)的生机。没有般若度(般若波罗蜜多),其他诸度便都没有生气可言,也都不能生起善根功德了。

(3) 般若领导我们趣悟成佛的一切智。"一切智"一词可作为般若的同义语使用,因为过去、现在,以及未来三世诸佛皆由般若所生,而般若则由一切智所生。

(4) 菩萨以般若为方便澈见万法的自性,亦即空性。

(5) "空"并非指纯然的空无状态。它有一个积极肯定的意义,或者说,它是指称万法皆如的一个肯定词语。从某一方面来说,"如"与"空"是两个可以交互使用的术语或观念。

(6) Bhūtakoṭi 是用于大乘经典中的一个术语,在此译为"实际"(reality-limit bhūta=reality, koṭi=limit or end),因其往往被用作"性空"

---

① 玄奘译《大般若经》卷第五百五十三第四分"坚固品"第二十七之一。

(sūnyatā) 的同义语，故而亦有一切实相的究极之意。如果说"性空"与究极或绝对不二的话，"实际"就是究极或绝对的另一名称了。此词含有一种冷漠的知性意味。据大乘学者表示，声闻与独觉二乘最后终将潜入"实际"之中而完全无视与他们同体的有情众生的痛苦。他们证入了"实际"。而菩萨则不愿与绝对或究极合一，因为这种合一会使他们失去慈悲之心而不再同情尚在殊象世界受苦的众生。换句话说，菩萨以一只绝对纯净的眼睛澈见万法即空皆如，并以另一只眼睛照顾森罗万象，亦即无明与痛苦的世界。以专门术语来说，这就叫作"观空而不以自身证取实际"[1]。

（7）菩萨为何以及如何实现这个奇迹，亦即"入而不入"呢？这个矛盾为般若所固有，因为般若不仅有澈见万法空性的慧眼，同时也有跃入真际的情意。般若就这样将见地与情感融于一身。这个情感的一面名叫"方便善巧"或"善巧方便"（upāyakauśalya）。般若就以这样的方便施展一种救度一切有情众生的完美计划。这种矛盾的逻辑就是可以名为"般若辩证法"（the dialectics of prajñā）的东西。

（8）这种般若的辩证法流行于整个大乘思想之中。菩萨是活的生灵，在他所谓的"般若波罗蜜多行"（prajñāpāramitàcaryā）中实行这种辩证法。这就是他的生活或行处（caryā），但不仅是依循哲学家的逻辑行事而已。般若与慈悲，亦即通常所说的"大智"与"大悲"这两个矛盾原则，就这样调和地活在菩萨的身上。这是《般若经》的主要教理。

（9）一般读者都有的一个倾向就是，重视性空或真如的哲理甚于其实际德行的一面。实在说来，这也是若干佛教学者的倾向。但我们对于菩萨为了开悟和利益一切众生而发的慈悲誓愿及其意义，决不能视而不见，充耳不闻。这个悲愿往往因为"空"之一字显得过于可怕而不为所顾。但"空"却是小乘的主要特色，据一切大乘经典所说，小乘与菩萨的理想之所以南辕北辙，就在于此。

（10）当一切万法皆被视为性空而不可得时，菩萨所持的一切方便和誓

---

[1] 《八千颂般若经》第三七三页：Na bhūlakoṭiṃ sākṣātkaroti。

愿似乎就成了真正的"挑战虚空"。这种观念十分可怕，至少令人感到非常沮丧。说它可怕，是因为各人所做的一切德行努力似乎都成了泡影；说它令人沮丧，是因为世间的一切无明和痛苦皆如幻化，皆不能使菩萨的方便善巧产生实质的成果——纵然是有誓愿和方便，亦然。这是宗教生活，亦即菩萨行处的神秘之处。

（11）菩萨实行这种神秘，这在《般若经》中被视为稀有的奇事。他的目光同时照顾内、外两个方面；他的行处亦朝两个方向前进：一方面朝向一切皆空，另一方面朝向一切万法。他不潜入永远沉寂的海底，否则的话，他便不成为菩萨了；他留在汹涌的波涛之间，让他自己像柳叶一样接受颠簸的命运。他不在乎生死的暴虐，因为他知道他在这里可以作为有情众生的善友，因为他们也像他一样在此受尽折磨。

（12）菩萨的这种"般若波罗蜜多行"，相当于《楞伽经》所说的"无功用行"（anabhogacar-vā）；在此二者之中，皆没有为自己累积善根功德的念头；菩萨所做的每一件善行，意皆回向（pariṇāmana）一切众生，使其同证一切智或无上正等正觉；而即使如此做了，他也没有一念得意之感，决不认为他所完成的工作是值得赞美的事情。这又叫作"无分别行"（avikalpacaryā），或者，我们亦可称之为"田野百合的生活"。

（13）若要理解《般若经》的真理，必须完全抛开可以称为"此岸"的观点，并进而至于"彼岸"（param）才行。所谓"此岸"的观点，是我们通常的立足之点，亦即万象历然的世界伸展之地。由此观点转至性空，如如、寂静，以及一切智的"彼岸"，可说是一种极富深意的革命。同时也是一种意味深长的启示。《般若经》就从这个新的立场复观一切万法。毫无疑问，由此而作的表述和举示，若非矛盾百出，就是不合情理，除此之外，别无指望可期。

（14）此种转变如果没有彻底完成，吾人的观点便仍陷在许许多多的葛藤之中，而使我们难以自拔。何以故？当我们在想象一次完全的转变时，我们的脚上仍然带着旧有的泥土；每当我们尝试前进时，毕竟清净的道路也就沾上了灰尘。这话的意见是说，我们所依凭的推理和语言方式总是使我们想到"此岸"的看法。我们陷在吾人自设的天罗地网之中。因此之故，《般若经》运用一切可能的善巧方便，教我们远离这个自动作用的陷阱。《八千颂般若经》，就这样发展成了《十万颂般若经》。

（15）所有这些经典之所以如此不嫌重复，累赘得使我们现代读者感到厌倦的原因，悉皆基于一个事实：所有一切的大乘经典，尤其是般若部的经典，着眼点并非在诉诸吾人的推理功能，并不是运用吾人的知解能力，而是诉诸另一种不同的体会方式，亦即我们可以称之为"直观"的法门。当你读诵梵文、中文，或藏文的《般若经》而不着意于其逻辑的义理，但只一心一意地并决心决意地穿过这些大块大块的反复之文时，你的般若慧眼便会逐渐地睁开而愈来愈为明净。最后，通过所有这些矛盾、隐晦、抽象而又神秘的词语，你将澈见某种极其透明，可以明示"此岸"以及"彼岸"的东西。这就是般若智慧的觉醒以及甚深般若波罗蜜多的修行。经典反复的奥秘就在其中。

（16）"深入实际而不取证"的神秘，也许可以因此而变得可以领会了。我们只要立于"此岸"，就无法同时保持两个彼此对立而互相排斥的观念；如果我们拥有一样东西，就无法同时不拥有它；如果我们做一件事情，就无法同时不做它：有与没有，做与不做，存在与不存在悉皆互不相容。在这两组观念当中，横着一条无法超越的鸿沟。但菩萨不仅跨过了这条鸿沟，而且安坐"彼岸"，亦即如如的境界。他在此处发现，此前被认为无法完成的事情，而今不但唾手而成，而且毫无奇特之处。他的手里拿着一把锄头，但锄地的工作却以空手完成。他骑在一匹马的背上，然而马鞍的上面既无骑马的人，马鞍的下面亦无被骑的马。他从桥上踱过，然而流动的不是水，而是桥（这似乎是傅大士法身偈的演绎："空手把锄头，步行骑水牛；人从桥上过，桥流水不流。"——译者）。声闻虽已悟得彼空之理，但他仍然滞留"此岸"，可见他的觉悟与他所得的经验实是两回事。"空"这个观念障住了他的真实体验。对于已悟的菩萨而言，"空"已不是"空"了。他只是过他的日子，对于空与不空、涅槃与生死、正觉与无明等等两头的说法，已经不再烦心了。这在《般若经》中，就是所谓的"虽处空三昧中而不证实际"，而这也是菩萨看待存在或一切万法的特有态度之一。

（17）我们说菩萨以般若所特有的方便为手段，与其余的一切众生同受生死之苦，是对菩萨的实际生活或行处所做的一种描述。就是由于这种实际的体验，菩萨才能明白何谓生活和何谓痛苦。如果没有这种实际经验的话，他的一切"善巧方便"或"方便善巧"，便都成了纯然的抽象观念而不会产生任何种类的效益了；若果如此，他的誓愿也就不会超过纯然的热爱了。说到此点，也许不妨一述法藏菩萨（Bodhisattra Dharmākara）所发的"本愿"——建立净土教义基础的本愿。这些誓愿里面所表现的主要观念在于：除非所有一切的众生也都渡至"彼岸"，否则的话，菩萨决定不证正觉而成佛。因为他已修行多生多劫的时间，自然完全有资格证取无上正等正觉，但他不能下定决心抛开与他同体的一切众生而不顾。因此之故，他虽已证入生三昧，但仍不愿享受修行所得的成果。这便是般若菩萨——实际说来，所有一切的菩萨——之所以不同于声闻、独觉的地方。

（18）这种菩萨道的分化，表示佛教已经抛弃它的苦行禁欲主义了。一个曾经近乎危险地投合少数人的宗教，而今终于被从此种专断的贵族精神中拯救了出来，因为这种唯我独尊的贵族精神，与佛祖的立教精神根本不相为谋。虽然，回向（pariṇāmana）的教义在《般若经》中并无十分明确的列述，但这个观念在此已经产生显著的影响了，因为这是与所谓原始佛教的人间化与民主化不可分割的事情。菩萨的理想与宗教意识的社会发展具有极为密切的关系。将一个人的善根功德回向他人这个观念，唯有以饶益一切众生为先决的条件，始能成立。大乘佛教的社会性就这样强烈地反映在"回向"的教理之中了。

（19）般若经指出了菩萨的出尘生活（viviktavihārā）究以什么为真正的内容。对声闻而言，所谓出尘或出离，就是使他们自己远离尘世，远离都市生活，避免与其他众生共同生活于一个社会之中，因此，他们逃避群众，住于荒山僻野之中，他们认为，那样就不致陷入俗世的纠缠[①]。但是，对于

---

[①] 详见《八千颂般若经》第三九四页。(《佛母般若经》第五十五页a)

修习般若波罗蜜多的行者而言，所谓出尘或出世之行，就是对与他们同体的众生行使大慈大悲的仁爱之心，与众生共同生活，生活在众生之间，并为众生而活。纯粹的形体出离，并无任何意义可言。菩萨一旦澈见万法的空性，便是出离、出尘或者出世了。就菩萨的生活或行愿而言，"人间化"或"民主化"便含摄了它的精神。

（20）般若波罗蜜多的信奉者已以这种循循善诱的精神，将大乘佛教传布了整个亚洲。佛教是否能以其所谓的"原始"形态完成这件工作，颇有疑问。其中所述六度，不仅成了大乘佛徒的生活规范，而修般若波罗蜜多的行者，更从六度之中挑出这个"般若"的规范，作为六度的一种指导和统合的原则。布施、持戒、忍辱、精进，以及禅定的修持，如今皆已有了一种明确的意义。

（21）毫无疑问，神秘的倾向已在般若经教的宣扬之下产生了出来，此在中国，尤其显然。就宗教而言，最根本、最重要的项目是生活而非推理，而这种宗教的生活（在大乘佛教中指"菩萨行"或"般若波罗蜜多行"），即是一种重大的神秘。因此，当一个人在他一生中的某日面对这种不可思议的神秘时，他便充满了完全非知解可及的神秘之感。由于这种神秘之感非逻辑的表示所能说明，最后，这个问题的探讨终于转到了禅家的手中。

《般若经》中还有一些问题须要讨论，但我相信，上面所述各节，已使读者对本经所要陈述的东西有了一个大概的认识，因此，下面我想再引一些禅师的言句，作为本文的结语，希望这些引义亦能阐示般若波罗蜜多教说的神秘之处：

有一座主（英译为"学者"），讲得七本经论，来参师（陆州）。师云："你是讲得七本经论，是否？"

主云："不敢。"

师拈起拄杖蓦头打一下。

主云："某甲不因和尚，洎虚过一生！"

师云："道什么？"

主拟开口，师便打。

主云："谢和尚重重相骂！"

师云："依稀近佛，莽卤为僧！"①

有座主问南阳慧忠国师："汝宗传持何法？"

师反问云："汝宗传持何法？"

主云："我宗传持三经五论。"

师云："真狮子儿！"

座主恭敬作礼，正待离去，师召云："座主！"

主应："诺！"

师云："是什么？"

主无对。②

广慧元琏禅师问一座主："听说座主讲得三经五论，是否？"

主云："不敢。"

师竖起拄杖云："这个如何讲？"

主拟议，师便打。

主云："何太粗暴！"

师云："这个食人吐涎的掠虚头汉！道什么？"

主无对。

师云："近前来。"

主前进。

师以拄杖在地上划一划云："经里论里有这个么？"

主云："经里论里皆未谈到这个。"

师云："无孔铁链！归堂去！"

---

① 关于陆州禅师，参见本论丛第一及第二系列陆州和尚项下。
② 关于慧忠国师，参见本论丛第一系列。（此段文字，未见出处——译者）

稍后，座主复来问讯。

师云："甚处来？"

主云："学人已问讯了也。"

师云："这是什么所在？饭袋子！"说着，一脚将他踢倒在地。

主方立起，忽大叫道："我会也！我会也！"

师一把抓住道："这个魔子道什么？速道！速道！"

主捆师一掌。

师续挨拶道："这个钝根阿师，是何道理？速道！速道！"

主礼拜。

师云："养子不及父，家门一世衰！"

（按：这个公案未见出处。）

太原孚上座[①]，初为座主，在扬州光孝寺讲涅槃经，有一禅者阻雪在寺，因往随喜。师讲至三因佛性，三德法身，广谈法身妙理，禅者失笑。

师讲罢，请禅者吃茶，问云："某甲素志狭劣，依文解义。适蒙见笑。有不到处，伏望见教！"

禅者云："实笑座主不识法身。"

师云："如此解说，何处不是？"

禅者云："请座主更说一遍。"

师云："法身之理，犹若太虚；竖穷三际，横亘十方；弥纶八极，包括二仪；随缘赴感，靡不周遍。"

禅者云："不道座主说不是，只是说得法身量边事，实未识法身在！"

师云："既然如是，禅者当为我说！"

禅者云："座主还信不？"

师云："焉敢不信？"

---

① 参见本论丛第二系列第一六六及一六八页。

禅者云："若如是，座主暂辍讲旬日，于室内端坐静虑，收心摄念，善恶诸缘，一时放却。"

师依禅者所教，从初夜至五更，闻鼓角声，豁然契悟，走叩禅者门。

禅者问云："谁？"

师云："某甲。"

禅者咄云："教汝传持大教，代佛宣扬，夜来为什么醉酒卧街？"

师云："禅德，自来讲经，将生身父母鼻孔扭捏①。从今以后，更不敢如是！"

禅者云："且去，明日来相见。"

师即罢讲，遍谒诸方。

对于这个公案，古德有颂云：

一曲单于风引长，孚公闻处是宫商。

至今夜夜维阳客，空听楼头声断肠！

下面所引的一则禅话，不妨作为般若哲学这个论题的一个结语，

赵州禅师行脚时，问大慈②"般若以何为体？"

慈云："般若以何为体？"

师便呵呵大笑而出。

明日，大慈见师扫地次，问："般若以何为体？"

师放下扫帚，呵呵大笑而去，大慈便归方丈。

---

① 这句话的意思等于是说：大乘佛教的究极真理，必须加以切实的体验，而不只是作为知解分析的一种论题。此外值得注意的一点，是孚上座见到法身的真性之后，禅者的态度有了转变。由此可见，禅宗文献中常见的那些看似胡言乱语，乃至毒骂扪挖苦的记述，都是在开悟时所发生的某种精神转变所生的自然结果。

② 参见本论丛第一列第一九七页。

## 第七篇

# 祖师西来密意①

——禅悟经验的内容

① 关于中国禅宗初祖菩提达摩（简称达摩）其人的历史性，往往受到学者的讨论，但就禅的本身而言，这是一种没有意义的争论。禅的本身只要有如下的历史事实也就够了：它在中国得到发展；开始时，有一位来自印度的佛教导师，为当时的中国佛教徒带来了教外别传的信息；这个别传的信息不是通常所讲的教理或教义，故而不是语言文字所可传达。中国禅宗史传或一般佛教史籍里面所说或所记的一切，也许是实际的事实，也许不是，但不论如何，都不妨让历史学家们依照他们自己的研究方法去加以采究；在此，习禅之人所要关心的一点只是："如何是祖师西来意？"——"什么是中国禅宗第一位导师的秘传信息？"——本文即为这个问题而作。

# 禅

"如何是祖师西来意"这个问题,是直接针对神秘地隐藏于佛教体系之中的某种真理而发。简而言之,这句话的意思相当于:什么是禅的真理呢?这是禅徒们探讨的最有意义的话题之一,而他们的答语也变化多端。总结起来,这个问题既可运用人类所可能有的每一种表现方式加以举示,同时又无法传达心灵尚未成熟的他人。

"如何是祖师西来意?"这是禅师们常常探问的问题之一,也是习禅的首要话题之一。这个问题,作为一个历史事件来说,与达摩之来中国并没有什么关系,这也就是说,与达摩在中国佛教中的历史意义,并没有什么密切的关系。

史传记载说,他于普通元年(公元520年)在中国南部海岸登陆。但这个问题与这些事情毫无关系,为什么呢?因为禅是超越时空关系的,不用说,自然也是超越历史事实的了。它的信徒乃是一群不折不扣的超越主义者(trancendentalists)。他们探询达摩初来中国的问题,目的在于契入他的别传之教的内在意义——假如有任何意义可传的话,因为他们以为,这个意义要以以心传心的方式传给他的子孙的。在达摩来到中国之前,已有许许多多的外国佛教导师和学者来到华夏,而他们不但饱学、虔诚,将许多佛典译为中文,而且其中也不乏精于禅定的高僧,能以种种妙行感动遍布中国的神灵。如果没有与他的无数前辈截然不同的显明信息,达摩也许就没有什么特别的需要在他们之间出现了。那么,他的信息究竟是什么呢?他对远东的人民到底有些什么样的使命呢?

关于此点，达摩并没有作任何公开的宣布；他只是从人间消失了——依照史传所载，他销声匿迹，隐居魏境的嵩山，在那里待了九年的时间。假如他有任何关于佛教真理的信息带给中国佛徒的话，那就不得不是非比寻常的独特信息了。他为什么要那样孤绝呢？他的不言之教，究有什么意义呢？

这个问题得到解答了，不可以言传、不可以理推的佛教秘宝，也许就可略略露出一些了。由此可知，"如何是祖师西来意？"这个问题，乃是直接针对神秘地隐藏于佛教体系之中的某种真理而发。这句问话的意思相当于："禅宗初祖所体悟的佛教精髓究系什么？"佛教里面有三藏十二部经典所无法表达、无法解释的东西吗？简而言之，什么是禅的真理呢？由此可见，对于这个重于一切的问题所做的每一种答案，都是指呈这个究极真理而发的种种不同的方式。

就现存的史传所载而言，这个问题最初提出的时间，似乎是在七世纪的下半叶，亦即在达摩来华之后一百五十年左右，但这个观念必然已经酝酿了一段时间。六祖慧能一旦建立了与初祖印度禅相对、可以名之为中国本土禅的禅宗，中国佛教徒必然已经体会到禅门祖师的精神信息了。自此而后，"如何是祖师西来意？"自然就成为禅徒们探讨的最有意义的话题之一了。

对于达摩来华的意义，据《传灯录》所载，最先发问的人，是坦然和怀让，二人于七世纪下半叶参谒慧安国师时问道：

"如何是祖师西来意？"

"何不问自己意？"这位国师答道。

"如何是自己意？"

"当观密作用。"

"如何是密作用？"

这位国师以目开合视之，而不作任何言辞上的解说。

第二个发问者，据载是一位僧人，彼于八世纪初参见鹤林玄素禅师时问了这个问题，而这位禅师的答语则是："会即不会，疑即不疑。"又一次答云："不会不疑底，不疑不会底。"

自此而后，禅师们对于这个问题所做的答语，就变化多端，使得门外汉不知所措，使得他们真是大惑不解，不晓得究竟怎样才能透过这个思想迷宫、澈见它的精义了。尤其糟糕的是，答案的繁多与发问的频率同时增加，因为，就语言的运用而言，没有一位禅师会提出同样的答语：实在说来，设使他们提出同样答语的话，禅就不会传至今日了。然而，禅师们由此所表现的独创性与个性，不但没有澄清这个问题，反而使其复杂到了极点。

不过，我们如果细心地将这些答话细看一遍，将它们分为若干条目加以处理，倒也不是太难。当然，如此分类，并非表示原来不易理解的东西变得较易理解了，而是如此做，对于学者寻求某些线索、测取禅意的动向，也许会有若干程度的助益——虽然，这也只是尝试而已。下面所列，就是我为学者树立几个导向指标而作的一种不甚完全的尝试。

（一）利用身边某个东西答复问题的例子：学者请教禅师时，禅师也许碰巧正在从事某种工作，或者恰好向窗外眺望，或者正在静坐之中，如此一来，他的答话里面可能就会含有某种暗示——暗示与他当时正在从事的工作相关的某种东西。因此之故，在此等情况之下，不论他所说的话系什么，都不会是对他特地选用举示要点的一个东西所做的一种抽象的主张。

例如，沩山禅师，在仰山问他"如何是祖师西来意"时答云："大好灯笼！"也许他当时正在欣赏一只灯笼，或者，那只灯笼恰好就在他们身边，因此，沩山就地取材，用灯笼来作为他的径捷反应了。到了另一个场合，有人请问同样的问题，他的答话也许就不同了；不用说，他用另一种方式作答，自然会感到另一种方式比较合宜。这是禅不同于哲学的概念论证之处。

"如何是祖师西来意？"赵州和尚的答语是："庭前柏树子"。而汾阳善昭的答话则是："青绢扇子足风凉！"祖师之前来中国，与灯笼、柏树，或扇子等类东西之间的关系，看来似乎远得不能再远了，因此，这些答话自然也就要使我们的想象力作最大至极的努力了。然而，这正是要习禅的学者努力去做的事情；因为，据这些祖师表示，庭前柏树子一旦明白了，禅佛教的道理也就体会了，而禅佛教的道理一旦通达了，其他的一切也就自然通晓了，这也就是说，下面所列答话的一切变体也都或多或少地通晓了。

一百零八颗念珠，只用一条线索，就可贯穿起来。

（二）提出与问题本身或问者地位相关的明白判断的例子。

"如何是祖师西来意"，对于这个问题，大梅法常的答语非常明确："西来无意！"

陆州道踪云："不答这个话。"

梁山缘观云："吴乱道！"

九峰普满云："问人有何用？"

保明道诚云："老僧不曾去西天。"

南岳慧思云："又一个走旧路底。"

本觉守一云："河边卖水！"

保宁仁勇云："雪上加霜！"

龙牙居遁云："此语最难答。"

石头希迁云："问取露柱。"

僧云："不会。"

头云："我更不会。"

径山道钦云："汝问不当。"

僧云："如何得当？"

山云："待吾灭后即向汝说。"

引到此处，我禁不住要引临济义玄的答语，因为，他虽以"粗"和"喝"知名于世，但对这个问题所做的答话，却倒不难理解。

僧问："如何是祖师西来意？"

济云："若有意，自救不了！"

僧问："既无意，云何二祖得法？"

济云："'得'者，即是'不得'。"

僧问："既若不得，云何是'不得'底意？"

济云："为你向一切处驰求，心不能歇，所以祖师言：'咄哉！大夫，将头觅头！'你言下便自回光返照，更不别求；知身心与祖佛不别，当下无事，方名得法。"

（三）诉诸"直接作用"的例子："直接作用"用于这个问题的例子并不常见——虽然自从此处要引的马祖大师之后，运用此法举示禅宗真理，可说已经成为一种平常手段。马祖是禅宗史上最伟大的禅师之一，实际说来，禅之所以在中国被公认为一种伟大的精神力量，就是由于他有令人敬服的伟大作略。

水潦和尚问马祖："如何是西来的意？"

马祖云："礼拜着！"

水潦刚刚礼拜，马祖立即一脚当胸将他踢倒在地，而水潦却因吃了这一踢悟见了佛教的真理，于是爬起身来，拊掌呵呵大笑云：

也大奇！也大奇！
百千三昧，无量妙义：
只向一毛头上
一时识得根源去！

因此作礼而去，其后更对大众云：

自从一吃马祖踢，
直至如今笑不休！

（四）老师或弟子作出某种动作的例子：这是禅师们最常使用的一种方法，之所以如此也不难理解。禅既无法用语言加以说明，为了能使学者接近它的真理，那就只好运用一种动作或姿势加以指呈了①。由于禅是生命的真理，故而须用比语言更为亲切、更为径捷的方法予以表现，而这种表现

---

① 有人认为，这种动作或姿势含有说明的意思，但这是不很正确的想法，因为，这种动作或姿势，并不是为了传达此种动作或姿势本身以外的某种意义而作。假使如此而作的话，则此种动作或姿势的本身，便是全身（而非部分）所说的一种语言而传达某种意念或思想了。

禅师的动作或姿势中并没有此种意图，因此之故，假如学者心中有什么感受或体会的话，那便是学者本身内在经验的意义，而不是任何外人内在经验的意义。

方法则可在象征生命动用的某种动作之中求得。语言虽然亦可用到，但在此处并非用来传达思想或观念，而是用以表示生活和作用的东西。这也说明了呼喝或惊叹之所以亦被用作答语的道理。

雪峰与玄沙一同夹篦的时候，玄沙问云："如何是祖师西来意？"雪峰撼动篱笆一下作答。

> 玄沙云："某甲不与么。"
> 雪峰问："子又作么生？"
> 玄沙云："穿过篦头①来！"翠微在法堂内行，投子进前设礼问云："西来密旨，和尚如何示人？"翠微驻足少时。投子云："乞师指示！"翠微云："更要第二杓恶水耶？"（这话的意思是说：问话的人已是满身污水了，但还不知这个事实。翠微驻足时，已是作答了，因此，假如投子已经因此开眼的话，他就已经看清"西来密旨"，而不必再乞求语言的指示了；可惜他没有因此开眼，故而被翠微责备了一顿："更要第二杓恶水耶？"但这种责备，不可认为有轻视或侮辱之意。）

在所有一切的禅门"问答"之中，师徒之间存在着一种绝对的诚实和信心。尽管出语往往显得十分猛烈和急躁，但这正是禅师的为人之道，只是婆心恳切，希望有志的上士不致折倒在他的棒喝之下而已。禅并不是一种主张民主的宗教；本质上，它是一种为接引上根上智而设的宗教。

香严智闲禅师问僧："什么处来？"
僧曰："沩山来。"
师曰："和尚近日有何言句？"
僧曰："人问：'如何是西来意？'和尚竖起拂子。"

---

① 篦头，是夹篦或补篦所用的一种工具。

师闻举，乃曰："彼中兄弟作么会和尚意旨？"

僧曰："彼中商量道：'即色明心，附物显理。'"

师曰："会即便会，不会着什么死急？"（英译大意云："急着说理有什么用？"）

僧却问："师意如何？"

师还举拂子（像他的老师一样）。

又一次，有僧问香严禅师："如何是西来意？"

师以手入怀，出拳，展开示之；僧乃跪下以两手作接受之势。

师曰："是什么？"

僧无对。

又有一次，香严提出了如下所述的一则著名公案："如人在千尺悬崖，口衔树枝，脚无所踏，手无所攀，忽有人问：'如何是西来意？'若开口答，即丧生失命；若不答，又违他所问：当恁么时，作么生？"

借问洛浦（亦作"乐普"）元安禅师："如何是西来意？"

师敲禅床曰："会么？"

僧曰："不会。"

师曰："天上忽雷惊宇宙，井底蛤蟆不举头！"

这个问话的僧人是井底蛤蟆么？这位禅师的舌头很利，语带讥刺。日本俳句[①]诗人芭蕉，作了如下的一首诗偈：

　　青蛙古池塘，
　　跳在水中央，
　　扑通一声响！

使他觉悟禅的真理的，就是这个"一声响"。此种经验无法以其他任何方式加以解说，故而作此俳句以示其意：只是描写这个情境，既无意见，

---

① 俳句是日本的一种警句小诗，由十七个音节构成。

亦无评述。青蛙在日本文学作品中往往扮演一个重要的角色，且在许多富于诗意的联想中暗示清净和孤绝的境界。

（五）以在受因果律支配的相对世界中为不可能之事作答的例子：

"如何是祖师西来？"龙牙居遁禅师答道："待石乌龟解语即向汝道。"

洞山答复龙牙这个问题，也是不可能有的事。因为龙牙问道："如何是祖师西来意？"洞山答云："待洞水逆流，即向汝道。"奇怪的是：洞水果真逆流了，而龙牙也悟了祖师西来的大意。

马祖大师，正如我一再强调的一样，是禅宗史上一位极其卓拔的人物，而他对庞蕴居士所提出的这个问题，也提出了同样不可能的条件，因为，他答道："待汝一口吸尽西江水，即向汝道！"

所有上述各种情况，只要与吾人的意识保持着时空的相对关系，就都是一些不可能有的事情；所有这些，只有到我们悟入超越相对的经验时，始可明白。但因禅师们厌憎一切抽象的观念和理论，因此，他们的提示也就显得非常不合逻辑了。下列答话所弹的亦是超越主义的曲调：

"如何是祖师西来意？"北院通答云："壁上尽枯松，游蜂竞采蕊。"

石门聪答云："九里山上望舳船。"

僧问石霜性空禅师："如何是祖师西来意？"

性空答云："如人在千尺井中，不假寸绳，你若出得此人，即答汝西来意。"

僧云："近日湖南畅和尚出世，亦为人东语西话。"

性空唤沙弥云："拽出这死尸着！"

这里所说的沙弥，就是后来成了一位大师的仰山。后来，仰山在耽源禅师面前提起这个公案，问云："如何出得井中人？"

耽源云："咄，痴汉！谁在井中？"

仰山不契，后来又问沩山："如何出得井中人？"

沩山乃呼他的本名云："慧寂！"

慧寂应云："诺！"

沩山云："出也！"

后来，慧寂成了一位合格的禅师，作了仰山一座禅寺的住持，尝举上面的公案对他的座听众说："我在耽源处得名，在沩山处得地。"

在此，我们可否以哲理代替"名"而以经验取代"地"？

（六）举示自明之理的例子：这与上面所举的例子正好相反。云门上堂云："你诸人绕天下行脚，不知有祖师意，露柱却知有祖师意。你作么生明得露柱知有祖师意？"说到这里，他的话似乎与自明之理恰好相反，但云门向大家提出了这个问题之后，随即自动代替大众答云："九九八十一。"

到了此处，这位大师居然成了一位数学家。显而易见的是，他认为这种乘法可以说明佛教的真理。他的露柱之喻似乎使他的立场纠缠不清，但这是他的一种艺术手腕或善巧方便（upāya-kauśalya）；我们一旦明白了什么是"九九八十一"，也就明白了其中的整个秘密了——假如真有什么"秘密"的话。

现在，习禅的学者也许要问：我们怎能在上面所述的不可能之事与云门所提的自明之理之间建立一种前后一贯的关系呢？二者果真能够互相调和么？必然能够。否则的话，禅师们就不会拿此种不可调和的东西作为解决这个相同问题的办法了。只要有禅这样的东西，就有融合一切矛盾的办法。实在说来，这便是禅师们发挥才能的地方，但因他们不是哲学家而是实用主义者，故而也就不喜借重语言而诉诸经验了——可使一切疑问融化而成一种和谐统一的经验。因此，禅语中所有的实事求是以及势不可能，都必须视为直接发自他们这种内在的合一经验之中。

"如何是祖师西来意？"天目满答云："三年一闰。"在大家使用阴历的时候，这是人人皆知的一种不言自明之理，但它与"祖师西来"这件事情又有什么关系呢？

问话的僧人又问："师意如何？"

天目答云："九月九日重阳节。"

自古以来，中国人和日本人一向都以九月九日为重阳节，那正是菊花盛开的季节。"九"对中国人是一种幸运的数字，而"九"上加"九"，自是加倍的幸运了，当然值得庆祝了。不过，这个道理能够说明达摩祖师早在六世纪之初来到中国的意义吗？

下面是佛鉴慧勤禅师的答语："吃醋知酸，吃盐知咸。"

僧问三圣慧然禅师："如何是祖师西来意？"

三圣答云："臭肉来蝇。"

有僧将三圣的答语传到兴化存奘禅师处，兴化听了说道："我即不然。"

僧问兴化："如何是祖师西来意？"

兴化答云："破脊驴上是苍蝇。"

兴化凭什么说他与三圣不同呢？就苍蝇而言，它们聚集在臭肉上面与聚集在将死的驴身上，又有什么差别？

（七）以默然作答的例子。此例不多——我只引一个。僧问灵树如敏禅师："如何是祖师西来意？"灵树默然。后来，灵树迁化，弟子们欲立行状，拟将"默然"这个答语刻石纪念。当时的首座是云门文偃，因此，有僧问他："先师'默然'处如何上碑？"云门答云："师！"

云门以"一字关"闻名禅林；他是一个不浪费言语的人。诚然，一个人如果要说什么的话，只要用一个字就够了——不多不少。在此，"师"这个字，可以暗示很多东西，这是不难明白的；但是，云门说出此字的时候，他在心中所指的意思，究竟是哪一种呢？这便是习禅的学者要解决的一个难题了。这个字果真能够说明将要刻石的"默然"之意吗？后来的白云守端以此为题写了如下的一首偈子（附录三偈，译者添足）：

师之一字太巍巍，独向寰中定是非。
毕竟水须朝海去，到头云定觅山归！

又，佛印元亦为此作偈云：

灵树当初密对扬，时中文采已全彰。
后人不见云门老，一字千般乱度量！

又，旻古佛亦为此作偈云：

师字相酬作者知，韶阳千古特光辉。
茫茫宇宙人无数，到底谁明一字师？

又，宝峰明亦为此作偈云：

西来祖意若为酬？手把明珠已暗投。
却被云门添一字，致令千古闹啾啾！

（八）以非识心可解的无意味语作答的例子：绝大多数的禅语显然没有意味，故而亦不可解，而此处所引的答语，与主要的问题之间，亦无任何关系可言——除了使得未入门的初学者愈摸愈远之外。试看下例：

僧问石霜庆诸："如何是祖师西来意？"
这位禅师答云："空中一片石！"
僧礼拜，也许是感谢他的不指示的指示，但石霜却问："会么？"
僧云："不会。"
石霜说道："赖汝不会！若会，即打破汝头！"
南台勤禅师对于"西来意"的答复是："一寸龟毛重七斤。"
演教大师的答语则是："今日，明日。"
云门道信答云："千年古墓一条蛇，今日头上长双角。"
僧问："莫便是和尚家风么？"

道信云："解者丧生！"

这条会禅的蛇会咬这样一位自傲的僧人么？对于此等禅语，如果仅照字面加以解释的话，是不会有什么意思可言的。因此可知，此处所谓的禅悟经验，必然是吾人生活、工作以及推理的一切时空关系消除之时的经验了。我们只有一度受过此种洗礼之后，一寸龟毛才会重七斤，唯有如此，千年以前的一件事才会成为现前的一种生活经验。

（九）含有某种常言的答例：此种常言既非完全可以自明的道理，亦非如上所述的完全没有意味的陈词，而是常人日常所说的话。就吾人的推理能力而言，此种常言与此处所述的"祖师西来意"一点关系也扯不上。但毫疑问的是，禅师们说这种话时跟说别种话一样恳切，故而真理的追求者往往契悟他们随口说出的此等言辞的内在意义。因此之故，我们必须尝试看取此种表浅的言辞之下的意趣。

"如何是祖师西来意？"月顶道轮作了如下的答复："天气真凉爽！微风吹去了廊间的暑气。"

下面所引三位禅师所述的自然现象，亦可列入此类：

宝华显禅师答云："霜风吹，霜叶落。"

僧问："意旨如何？"

宝华答云："春天一到又抽芽。"

僧问广福昙章："如何是祖师西来意？"

广福答云："春天来，百花开。"

僧云："不会。"

广福接着说道："秋天到，树叶掉。"

褒禅溥禅师的答语亦与季候和植物有关。他说："株牡须是三春折。"

问话的僧人不解其意，这位禅师复以植物说明云："菊花还化九日开。"

问僧显然谈兴颇浓："这么即便是和尚为人处也？"

这位禅师的结语却是："错！"

此处所引的各种答语，比之前面所说的"一寸龟毛重七斤"或"一口吸尽西江水"之类的答话，虽然较可理解一些，但亦颇为有限。因为，我们只要想想这些话怎能说明达摩来到中国的意旨，便会觉得它们彼此之间毫不相干了；至此，我们的想象力便无法穿透遮住眼目的雾幕了。说到以自然事象解释禅的问题，文献之中的例子实在太多了，几乎令人认为所有一切的禅师都是天真的现象主义者，根本没有理想主义的向往。

（十）以诗的笔调描述眼前情境的例子：大体而言，禅师们都是诗人。显而易见，他们观待人世的方式都是综合的，富于想象的。他们欣赏而不批评；他们不但不自外于自然，而且与自然融为一体。因此，他们歌唱，吟咏；他们和光同尘而不高举他们的"自我"；他们与人共处时，只以自己为大众之中的一个分子，自然属于那一类，以同伙的身份做分内的工作。这也就是说，当禅者诗人在旷野行走时，他的"自我"便是其中的一根草叶；当他登上喜马拉雅山顶时，它（他的自我）便是高耸云霄的山峰之一；它在山洞之间喃喃；它在大海洋中怒吼；它与竹林起舞；它跃入古井之中，像青蛙一般在月下鸣唱。禅师们一旦踏上了自然之道，他们的诗情便会自自在在地，虔虔诚诚地自然而然地飞扬起来。

僧问大同济禅师："如何是祖师西来意？"

禅师以诗答云：

庭前丛竹何青青，
纵经寒霜亦复然！

僧问："此意毕竟如何？"
师以同样语调答云：

风过竹林沙沙响，
知它婆娑千万竿。

仰山光涌禅师对可能是在他那座深山寺院之中的宝塔所做的描述，是一个颇有诗趣的境界，无论译英或译白，都会丧失五个汉字中所含的诗味："一锁入寒空！"

天衣慧通禅师是另一位禅师诗人，在此，他将一道环溪而行的山径做了一番美丽的描绘；他所住持的那座寺院，大概也跟其他许多禅寺一样，位于人迹罕到的山区。因此，有人以"祖师西来意"的问题向他叩教时，他便答道："青松倒影垂幽径。"

僧云："不会。"

师云："绿竹寒声夹乱流。"

僧拜谢云："学人从此更无疑也。"

师云："且缓缓！"

天柱崇慧禅师（逝于第八世纪末），曾经有过许多富于诗趣的禅语，而他对于"祖师西来"所做的答话，亦颇著名：

　　白猿抱子来青嶂，
　　蜂蝶衔花绿蕊间。

如上所述，我要促请读者注意如下一个事实：尽管其他的禅师都非常客观，非常冷静，几乎完全超越了情感生活的一面，而天柱禅师在此述及慈爱的猿猴和勤劳的昆虫，却也带有一笔情感的色彩。他对祖师来华所做的答语，表露了人类温情的光辉。

（十一）下面，我们引了宗教或哲学史上也许没有类似例子的例子：下面引禅师所用方法的独特无二的程度，真是使人惊异不已，简直不知他们怎会想起这样的绝招的——除了只知他们热切地想把关于禅的认识传授给他们的弟子之外。

僧问马祖大师："离四句，绝百非①，请师直指西来意！"

下面所引马祖的答话中，并没有什么"直接"的东西，因为，这位大师推辞说："我今日劳倦，不能为汝说。问取智藏去。"

其僧依照指示到西堂去问智藏："如何是祖师西来意？"

堂云："何不问和尚（马祖大师）？"

僧云："和尚教来问。"

西堂智藏亦找了一个借口说："我今日头痛，不能为汝说，问取海兄（百丈怀海）去。"

僧又问百丈："如何是祖师西来意？"

丈云："我到这里却不会！"

---

① 译按："离四句，绝百非"这句话，一般读者不甚了然，今依《佛学辞典》所作解释说明如次："四句"者，如"四句偈文""四句成道""四句执着""四句推检"，以及"四句分别"等，前二者与此处所说之意没有直接关系，从略。"四句执著"者：一、"常句"，外道计过去之我，即为今我，相续不断，执之为"常"，即堕于"常见"是名"常句"；二、"无常句"，外道计我今世始生，不由过去之因，执为"无常"，即堕于"断见"，是名"无常句"；三、"亦常亦无常句"，外道于上句皆见有过失，便计我是"常"，身是"无常"，若尔，离身即无有我，此亦成过，是名"亦常亦无常句"；四、"非常非无常句"，外道计身有异，故"非常"，我无异，故"非无常"，若尔，则离身亦无有我，此亦成过，是名"非常非无常句"（见《华严大疏》卷第十六）。"四句推检"者：以"自因""他因""共因"，以及"无因"之四句，推检有为法，以证诸法不生、不可得也。例为梦为蝴蝶，此梦中之蝶，若由"自生"，则无梦，蝶可"自生"。若由他梦而生，则梦常生蝶；若蝶之"自因"与梦之"他因"自他俱生，则自他各无生因，何由相合得生？若无自他而生，则如虚空，并无自他可常生蝴蝶。如是而推诸法，便为"不生不可得"也。《中论》一曰："诸法不自生，亦不从他生，不共不无因，是故知无生。""四句分别"者：以"有""空"分别诸法，谓为"有"而"非空"，是第一句，"有"自也；反之，谓为"空"而"非有"，是第二句，"空"门也；反之，而谓"亦有亦空"，是第三句，"亦有亦空"门也；反之，而谓"非有非空"，是第四句，"非有非空"门也。"有""无"之法尽于此，更无第五句，就"一""异"，"有""无"等义而分别之，亦如是，谓之"四句"门，又云"四句分别"，此中初二句云"两单"，后二句为"俱是俱非"，亦曰"双照双非"。《三论玄义》曰："若论涅槃，体绝百非，理超四句。"此上所云"百非"，亦在"四句"推检之中，统云："离四句，绝百非"。又据《佛学大辞典》云："百"者，举大数也；"非"者，非有非无等，为非认也。《涅槃经》二十一曰："如来涅槃，非有非无；非有为，非无为（中略）；非十二因缘，非不十二因缘。"《三论玄义》曰："牟尼之道，道为真谛，体绝百非。"《演密钞》二曰："离诸过罪者，离四句百非也。"《涅槃经》就如来之金刚身出实数之百非。孤山著《百非钞》一卷。

僧却回举似马祖，马祖却说了如下的话："藏头白，海头黑。"

且不论这里所掩藏的真理究竟如何，将一位恳切的真理追求者推来推去，而每一位导师都借故装病而不能为学者举示，这岂不是一个令人讶异的故事？不过，禅可以这种小事的本身作巧妙的传达么？可能吗？

汾州无业问马祖："如何是祖师西来密传心印？"这句问话与我们所述的问语"如何是祖师西来意"略有不同，但究极的意义并无二致。对于此问，马祖，座下曾出八十多位合格禅师的这位大导师，所用的教导方法，跟刚才所引的手段，几乎完全一样，因为，他对这位问话者找个借说："大德正闹在，且去，别时来。"

但当无业刚要走出时，马祖却召唤道："大德！"接着，在无业回首探望的当儿问道："是什么？"

这一问，使得无业当下领悟了祖师西来的意思，而当无业礼拜时，马祖却又说道："这钝汉！礼拜作么？"

清平令遵问翠微无学："如何是祖师西来的大意？"

翠微答云："待无人时即向汝说。"

隔了一会，清平说道："无人也，请和尚说！"

翠微不语，却走下禅床，将清平引入竹园，但仍不语，于是，清平又说："无人也，请和尚说！"

翠微指着竹子说道："这竿得这么长！那竿得那么短！"

这使清平领会了翠微的"微言"，但仍未了悟他的"玄旨"，后来，到他自己为人之师时，向他的弟子们举示他本人初见翠微这段公案说道："先师入泥入水为我，自是我不识好恶！"

上面所举这段公案，使我们想到了归宗道诠的一则因缘——有僧问他所住持的九峰山中有没有佛法，这位禅师答道："有。"又问："如何是九蜂山中的佛法？"他即答云："石头大底大小底小！"

（十二）禅师使学者做出某种行动的例子：这种方法，在本例中没有在其他例子中运用得多。我在此处只举一两个例子而已。龙牙居遁初参翠微，问："如何是祖师西来意？"翠微说道："与我过禅版来。"当龙牙遵照指示将禅版递给翠微时，翠微接到禅版便打。

之后，龙牙去参临济，亦问："如何是祖师西来意？"临济好似与翠微有默契一般，亦命龙牙去做同样的事情："与我过蒲团来。"而当龙牙遵示将蒲团递给临济时，临济接到蒲团便打，亦如翠微接到禅版一样。但是，在这两种情况下，龙牙都拒绝承认这种待遇为正当，因为，他曾再三说道："打即任打，要且无祖师西来意！"

下面所引的一例，也许并不完全属于此类，因为其中含有使我们想到上述第十一项的东西。当泐潭法会问马祖关于"祖师西来"的问题时，马祖答云："低声！近前来，向汝道。"

泐潭近前倾听，马祖给了他一掴，说道："六耳不同谋！且去，来日再来！"

次日，泐潭单独进入法堂，说道："请和尚道！"

马祖答云："且去，待老汉上堂出来问，与汝说明！"

泐潭听了，忽然有省，遂云："谢大家证明！"乃绕法堂一匝而去。

有僧问陆州道踪关于"祖师西来"的问题，这位导师却说道："那个僧何不近前来？"

问话的僧人近前了，这位导师却表示奇怪地说道："我唤浙东人，干浙西人什么事！？"


（十三）对于问题的要点不作明确答复的例子：一般而言，禅师们的答复大都如此，就以此点而言，他们这种所谓的"答语"，从论理意义来说，根本算不得答话。只是描述身边的事物或教人发生某种动作，对于凡事皆求概念解释的学者而言，是怎么说也不能满意的。此处所举的例子，含有一切禅语所有的通性。我之所以在此将它们单列一项的原因，主要是因为无法将它们列入上述各项之中的任何一类。关于此点，读者只要看到下面所举的实例，即可明白。

有僧拿有关"祖师西来"这个难以避免的老问题去问竹庵圭，这位禅师答道："东家灯明西家暗。"

其僧不会，请再开示，而这位禅师便补充说道："是马即骑，是驴推磨。"

对于这个问题，天童怀清的答语是："眼里不着沙。"又问："如何领会？"答云："耳里不着水。"

桃园曦朗的答语十分冷酷，因为他说，"若有意，截取老僧头去。"进问"何以？"他却说理云："岂不见道：'为法亡身'？"

云盖志愿所说的古老石碑，使我们对于"祖师西来"的意思有了一线了解的希望，因为，他的答语是："古寺碑难读。"这岂不是说，用明白易晓的方式对一般人解释这个问题，是一件很难的事情么？因为，学者请他做进一步说明时，他即答道："读者尽攒眉。"

正如我曾在别处说过的一样，中文是最卓越的禅宗语言。由于它在文法上的联结非常松懈，故而其所传达的东西，往往任由读者想象和判断，而出于禅师之口的一句看似平淡无奇的表述之所以可能变得意味无穷，也因了这个缘故。例如，称心省倧有一句答语说："行人念路。"他是想到祖师的中国之行？还是想将对方企求禅悟的行为比作旅客在崎岖的路上艰苦步行？抑或是要可能行色匆匆的问话者想想他本身的事情？

这句答语，除了语句本身之外，对于所有这些可能的意义，都没有明白的陈示。当问者请这位禅师作进一步说明的时候，他只是答道："紧峭草鞋。"不多不少，止此而已。

另举一例——"如何是祖师西来意？"朝明则答云："晴天起清风。"这句话到底是指达摩的主观心灵由于一切自我的冲动悉皆清净如广阔的天空？还是指吾人完全不知风究竟如何生起、起自何处，以及去向何方？这位禅师所做的进一步的陈述："明月映长江"，也没有使问题显得明白一点。

这是不是说，月亮无意要见它的影子映入水中，它之所以映入水中，只因为有水反映它的影子而已，因此，只要是有月之时和有水之处——哪怕是路旁的污水塘——就有月映水中呢？是不是说，达摩之从印度来到中国，就像月映长江呢？他忽然想到，祖师西来，就像云消月现，因此，他来华，传禅，而后归寂——就像月亮将它的银辉流泻在长江的水波之上。

下引黑水承璟的意念，比之上面所述以澄明、超然取胜的月喻，含有某种较为雄伟、遒劲的意味，因为，据他所说，达摩来到中国的意思乃是：

广阔无边充宇宙。

云雾起散观佛日。

问者进一步请示"佛日"的作用时，他说："大地不能藏，显现在当下！"

（十四）下面到了最后一类，不过，这也许还不是最后一项——假如我们将所有一切属于"如何是祖师西来意"这个问题的全部答案做一个更为仔细的探讨的话。因为在禅宗典籍中找到更多无法列入我在此处所分配的十四类的例子，并非不可能的事情。但我相信，上面所列各项，几乎已经搜罗了各式各样的答语，已经足以使读者得到一个大致的概念了——对于"禅的陈述究竟是什么"而言，至少是就"如何是祖师西来意"这个话题而言。因此，我们不妨说这就是答复祖师西来的最后一组答语了。

这一组例子里面，或多或少述及达摩祖师其人其事的答语。直到现在为止，上面所引答案，都与问话中的主角没有关系；但是，下面不仅要谈到他本人，而且还要对他的作为提出种种主张。然虽如此，这些答语仍未触及此等问题的中心要点；这也就是说，有关达摩来到中国的意旨，并没有以我们一般人所想的任何方式加以解决。就以这一点而言，此处要举的例子，正如前面已举的其他例子一样，连边也没有触及。

"如何是祖师西来意？"香林远答云："坐久成劳！"达摩面壁九年之久，使他精疲力竭了么？或者，这只是对于坐禅（包括这位禅师本人的坐禅在内）所做的一种一般主张么？抑或只是对使他久坐这件事所表示的一种歉意么？

我们简直无法确定这里所指的究系哪一个意思。这正是禅不能以一般的思维方式加以理解的地方。单是语言实不足传达它的真意，但作为理性造物的我们，却又不得不作语言的陈述。而此等陈述，既可使我们感到不知所措，亦可使我们心开意解，全视我们本身的见地如何而定。但长平山的语意却也显然，因为，他说："来自西天，没于唐土。"下面的一句答语说的是二祖而非初祖。据福清巍说："立雪未为劳，断臂方为的。"

显而易见，依照福清的说法，二祖自断其臂，便是达摩出国的意思。或者，他指的也许是西来的意思，只有经过一番最最严格精炼之后始可明白吧？若果真如此，也许有人要说，这根本不是对这个问题所做的一种答语，只是指呈求得最后解决办法的道路而已。

对于这个问题，月华和尚的答语是："梁武不识。"问僧请他作进一步的开示，他说："只履西归。"这只是叙述达摩的生平而已，与黄山月轮的话属于同一层次："梁殿不施功，魏邦绝心迹。"

上泉古与这两位禅师同一鼻孔出气，他说："从来不曾到梁宫；到魏又携只履归。"

景福日余的答语亦未超出这些禅师的范围。"九年面壁无人识，只履西归天下闻。"问僧请再开示，这位禅师答云："欲知普通年远事，不必葱岭有音闻。"

葱岭是划分中国与中亚地方的一条山脉，据说这位中国禅宗初祖菩提达摩于任务完毕之后返回印度时，曾经越过此处。那时，他手携只履越过葱岭，消息传出后，有人揭开他的墓穴查看，发现他的另一只鞋子遗留其中，人不见了。这个故事在他的中国信徒中颇为著名。

现在，我们可以明白地看出，所有这些答语，与请问这位祖师西来的意义或原因，亦即与不同于其他各宗哲理教义的禅宗真理之间，可以说一点关系也没有。虽然，这些禅师们触及了祖师的生平事迹，但显而易见的是，他们却不愿以任何较为可解的办法揭示禅的意义。

关于"祖师西来"这个问题，将各式各样的答语做了一个叙列之后，我们至少可以从中求出一个完全合适的结论。这个结论是：初祖来华这个问题所代表的禅宗真理，既可运用人类所可能有的每一种表现方式加以举示，同时又无法传达心灵尚未成熟的他人。

这个真理既可以语言表示，亦可以动作说明——虽然，如果说它就这样得到说明、解释，或举示了，那并不是很适当的说法。因为，禅师们之所以提出那些说之不通的提示，说出那些荒诞不经的语句，乃至做出莫名其妙的动作，目的只是让他们的弟子亲自在自心之中体会想要掌握的真理。所有这些提示、语句，以及动作，只是一些指标而已，故而事实上与解说、定义，或所谓的科学语言中所用的任何其他此类术语之间，并无任何关系。我们如果在禅师的答语中寻求这些东西，那真是缘木求鱼了。由此可见，禅师们之所以提出上面所引的这些矛盾而又不经的言句或动作，就是为了达到这个目的。我们一旦明白它们只是指呈这个真理的指标，自然就会看出所有这些不同手指所指的一个标的。主人公就坐在这些指头所指之处，逍遥自在，无拘无束。

正如多条光线由中央的一个发光体放射而出。一条条光线多得不可胜数，因此，我们如果站在每一条光线的末端，就不知如何使它们彼此一致了。这儿是一条高耸云霄的山脉，那儿是一片伸至地平线外的海洋，假如我们只看到这条光线的海洋的一端或只看到这条光线的山脉的一端，我们又怎能使海洋成为山脉并以山脉作海洋呢？单就禅的不合理性而言，它永远总是不合理性，因此，我们也永远没有办法使它与理性合而为一。这个矛盾可使我们终宵不昧。

要点在于沿着一条荒诞的光线前进，以自己的眼睛去看那从其放出的那个根本源头。我们一旦见到光源的本身，自然就会知道如何走将出来，进入另一条光线，而在这条光线的末端发现另一种事物的秩序。我们大都站在边缘而欲窥视全体：禅师要我们改变此种立足点；坐在永恒和谐中央的人了知我们何去何从，而处身边缘或末端的我们则依然迷离惶惑，不知如何是好。若非如此的话，禅师们怎能那样神通变化、层出不穷地提出种种荒诞不经或互相矛盾的语句或动作，而仍能那样逍遥自在、圆满自得呢？

但是，这只是吾人受逻辑驱使的心灵想要解读禅师答语的办法。在禅师本身看来，情形也许又不同了。他也许会说，中心之外无周边，因为中心即是周边，而周边即是中心。认为这里面有两样互不相同的东西，并说从光线的末端走向光线的本身，是出于吾人的虚妄分别（parikalepa）。"一犬吠影，百犬吠声"——中国的俗语如此说。因此，你要小心那第一吠——禅师们也许会提出这样的忠告。

僧问罗汉仁禅师："如何是祖师西来意？"

这位禅师反问道："你说什么意？"

"若尔，则西来无意了？"该僧如此说道。

"来自你自己的舌头上。"这位禅师答道。

  这也许完全出于以虚妄的现实观为基础的主观分别，可是，我们的好禅师呀，如果没有这种分别的智能——不论真与假——我们又怎能如此想到你呢？禅师之所以为禅师，乃因为我们就是我们。分别总得有个开头之处。一点不错，金屑的本身虽很值钱，但一旦落入眼中，就会造成伤害。然而，金箆可以剔除目翳，那就依金屑的用途运用金屑吧。

  将禅师们所做的这些提示、暗示，或者表示做过一番检视之后，假如有人找我并提出这样的问题："达摩西来的意思到底是什么？"我该对他说些什么呢？我不是禅门大德，自然不知如何从禅的超越论观点来答复这个问题；我的答语将是一个老实人的答语，因为，我将对他说："不可避免！"（Inevitable！）这个"不可避免"如何生起的呢？谁也不知它究竟如何、究从何处，以及何以生起的；因为，这事只是如此，没有别的。"无所住者"无所从来，无所而去。

> 九年面壁无人识；
> 只履西归天下闻。①

---

① 本文所举的例子，大部分引自一本叫作《禅林类聚》的书：该书编于1307年，计有十卷，如今已不多见。